网络安全等级保护与关键信息基础设施安全保护系列丛书

《关键信息基础设施安全保护条例》《数据安全法》和 网络安全等级保护制度 解读与实施

郭启全 等编著

电子工业出版社
Publishing House of Electronics Industry
北京·BEIJING

内 容 简 介

《关键信息基础设施安全保护条例》《数据安全法》和网络安全等级保护制度是我国网络安全领域重要的法规和制度。本书对《关键信息基础设施安全保护条例》《数据安全法》和网络安全等级保护制度2.0进行了详细的解读，并针对其具体实施给出了可行性方案，为相关单位和网络运营者组织开展关键信息基础设施安全保护工作、深入开展网络安全等级保护工作提供支持，为网络安全等级保护测评机构开展日常工作提供参考。本书还对《网络产品安全漏洞管理规定》进行了解读。

本书供网络安全相关单位、网络运营者和网络安全从业者阅读。

未经许可，不得以任何方式复制或抄袭本书之部分或全部内容。
版权所有，侵权必究。

图书在版编目（CIP）数据

《关键信息基础设施安全保护条例》《数据安全法》和网络安全等级保护制度解读与实施 / 郭启全等编著．—北京：电子工业出版社，2022.2

（网络安全等级保护与关键信息基础设施安全保护系列丛书）

ISBN 978-7-121-42847-0

Ⅰ.①关… Ⅱ.①郭… Ⅲ.①信息技术－基础设施－安全管理－条例－法律解释－中国②数据安全法－法律解释－中国③计算机网络－科学技术管理法规－法律解释－中国 Ⅳ.①D922.175

中国版本图书馆 CIP 数据核字（2022）第 021616 号

责任编辑：潘　昕
印　　　刷：北京天宇星印刷厂
装　　　订：北京天宇星印刷厂
出版发行：电子工业出版社
　　　　　北京市海淀区万寿路173信箱　邮编：100036
开　　本：787×980　1/16　印张：16　字数：296千字
版　　次：2022年2月第1版
印　　次：2023年7月第5次印刷
定　　价：110.00元

凡所购买电子工业出版社图书有缺损问题，请向购买书店调换。若书店售缺，请与本社发行部联系，联系及邮购电话：(010) 88254888，88258888。

质量投诉请发邮件至 zlts@phei.com.cn，盗版侵权举报请发邮件至 dbqq@phei.com.cn。
本书咨询联系方式：010-51260888-819，faq@phei.com.cn。

前　言

《中华人民共和国网络安全法》(简称为《网络安全法》)明确规定,"国家实行网络安全等级保护制度,关键信息基础设施在网络安全等级保护的基础上实行重点保护",确立了网络安全等级保护制度作为我国网络安全保障工作中的基本制度、基本国策的法律地位,也标志着网络安全等级保护制度进入 2.0 时代。2017 年,党中央明确要求,要建立关键信息基础设施安全保护制度,由此确定了国家网络安全保护的重点是关键信息基础设施。《中华人民共和国数据安全法》(简称为《数据安全法》)和《关键信息基础设施安全保护条例》(简称为《关保条例》)于 2021 年 9 月 1 日起实施。

关键信息基础设施安全保护制度、数据安全保护制度、网络安全等级保护制度是国家网络安全的基石,在法律法规、政策、标准、措施等方面应保持协调一致,以便各地区、各部门更好地贯彻落实。公安部印发了《贯彻落实网络安全等级保护制度和关键信息基础设施安全保护制度的指导意见》。国家标准化管理委员会先后发布了国家标准《网络安全等级保护基本要求》《网络安全等级保护安全设计技术要求》《网络安全等级保护测评要求》《网络安全等级保护定级指南》。为深入开展网络安全等级保护和关键信息基础设施安全保护工作,郭启全主持编写了网络安全等级保护与关键信息基础设施安全保护系列丛书,包括:

- 《〈关键信息基础设施安全保护条例〉〈数据安全法〉和网络安全等级保护制度解读与实施》(本书)
- 《网络安全等级保护基本要求(通用要求部分)应用指南》
- 《网络安全等级保护基本要求(扩展要求部分)应用指南》
- 《网络安全等级保护安全设计技术要求(通用要求部分)应用指南》
- 《网络安全等级保护安全设计技术要求(扩展要求部分)应用指南》
- 《网络安全等级保护测评要求(通用要求部分)应用指南》
- 《网络安全等级保护测评要求(扩展要求部分)应用指南》
- 《网络安全保护平台建设应用与挂图作战》

本书主要编著者为郭启全，参加编写的有祝国邦、范春玲、张秀东、陆磊、夏雨、张宇翔、任卫红、李明、刘静。

读者可以登录中国网络安全等级保护网（www.djbh.net），了解网络安全等级保护领域的最新情况。

由于水平所限，书中难免有不足之处，敬请读者指正。

作　者

目 录

第1章 《关键信息基础设施安全保护条例》解读 1
1.1 出台《关键信息基础设施安全保护条例》的必要性和重要性 1
1.2 国家应承担的关键信息基础设施安全保护责任义务和主要任务 3
1.3 关键信息基础设施安全保护工作职责分工 10
1.4 关键信息基础设施的认定 12
1.5 运营者应履行的关键信息基础设施安全保护责任义务 13
1.6 保护工作部门关键信息基础设施安全保护职责任务 21
1.7 关键信息基础设施安全保护工作的保障和促进 22
1.8 法律责任 25

第2章 贯彻落实网络安全等级保护制度和关键信息基础设施安全保护制度 31
2.1 我国网络安全面临的新形势、新挑战和新任务 31
2.2 正确理解网络安全等级保护制度和关键信息基础设施安全保护制度的关系 33
2.3 贯彻落实网络安全等级保护制度和关键信息基础设施安全保护制度的基本原则与工作目标 34
2.4 深入贯彻实施网络安全等级保护制度 36
2.5 建立并实施关键信息基础设施安全保护制度 39
2.6 加强网络安全保护工作的协作配合 41
2.7 加强网络安全工作的组织领导和各项保障 42
2.8 采取新举措提升网络安全保护能力 44
2.8.1 实施"一带一路"网络安全战略和探索建立网络安全保险制度 44
2.8.2 研究网络空间地理学理论和技术 44
2.8.3 建设网络安全等级保护制度2.0和可信计算3.0攻关示范基地 45

2.8.4 建立健全专门人才发现培养和选拔使用机制 45

2.9 公安机关组织开展网络安全等级保护并加强关键信息基础设施安全保卫 46

第3章 网络安全等级保护制度2.0解读 51

3.1 网络安全等级保护制度的法律地位和新特性 51
  3.1.1 网络安全等级保护制度的发展变化 51
  3.1.2 新时期网络安全等级保护制度的新特点 54

3.2 网络安全等级保护制度的基本含义和职责分工 55
  3.2.1 基本概念 55
  3.2.2 网络安全等级保护工作原则 56
  3.2.3 网络安全等级保护工作环节 56
  3.2.4 网络安全等级保护中有关部门的职责分工 57
  3.2.5 行业主管部门和网络运营者的责任义务 57
  3.2.6 企业和个人的责任义务 58

3.3 网络安全等级保护工作的支持与保障 58

3.4 网络的安全保护等级 60

3.5 网络运营者应履行的网络安全义务 60

3.6 网络安全等级测评 62

3.7 网络安全等级保护相关工作要求 63

3.8 构建安全可信的网络安全技术保护生态 65

3.9 网络安全等级保护制度中的密码管理 66

3.10 网络安全等级保护工作的监督管理 67
  3.10.1 公安机关的安全监督管理 68
  3.10.2 保密监督管理和密码监督管理 70
  3.10.3 行业监督管理 70
  3.10.4 监督管理责任 70

第4章 深入开展网络安全等级保护工作 71

4.1 组织开展网络安全等级保护定级备案工作 71

- 4.1.1 网络定级工作原则 ... 71
- 4.1.2 安全保护等级划分 ... 72
- 4.1.3 确定定级对象的安全保护等级 ... 72
- 4.1.4 公安机关受理网络备案 ... 77

4.2 按照《网络安全等级保护基本要求》开展网络安全建设整改 ... 79
- 4.2.1 《网络安全等级保护基本要求》概述 ... 79
- 4.2.2 落实安全通用要求 ... 82
- 4.2.3 落实云计算安全扩展要求 ... 84
- 4.2.4 落实移动互联安全扩展要求 ... 86
- 4.2.5 落实物联网安全扩展要求 ... 88
- 4.2.6 落实工业控制系统安全扩展要求 ... 91
- 4.2.7 落实大数据安全扩展要求 ... 92
- 4.2.8 保护对象应具备的安全保护能力 ... 94
- 4.2.9 落实重要保护措施要求 ... 95
- 4.2.10 网络安全等级保护技术体系架构设计 ... 98

4.3 落实《网络安全等级保护安全设计技术要求》 ... 99
- 4.3.1 《网络安全等级保护安全设计技术要求》概述 ... 100
- 4.3.2 按照"一个中心、三重防护"要求设计安全防护技术体系 ... 102
- 4.3.3 信息系统安全架构设计 ... 103
- 4.3.4 云计算等级保护安全技术设计 ... 105
- 4.3.5 移动互联等级保护安全技术设计 ... 109
- 4.3.6 物联网安全保护环境设计 ... 111
- 4.3.7 工业控制系统安全保护环境设计 ... 114
- 4.3.8 大数据安全保护环境设计 ... 116

4.4 落实网络安全等级保护安全测评要求 ... 119
- 4.4.1 落实等级测评通用要求 ... 119
- 4.4.2 落实等级测评扩展要求 ... 121
- 4.4.3 测评结论与测评报告 ... 122

第 5 章 组织开展关键信息基础设施安全保护工作 ... 127

- 5.1 开展关键信息基础设施安全保护工作的政策要求 ... 127
- 5.2 加强关键信息基础设施的安全保卫、保护和保障 ... 128
- 5.3 关键信息基础设施安全存在的风险隐患 ... 128
- 5.4 建立网络安全综合防控体系 ... 131
- 5.5 关键信息基础设施安全保护工作的对策措施 ... 132
  - 5.5.1 加强关键信息基础设施安全保护工作的组织领导 ... 132
  - 5.5.2 大力提升关键信息基础设施安全保护能力 ... 133
  - 5.5.3 大力提高网络安全通报预警和应急处置能力 ... 135
  - 5.5.4 大力提高应对大规模网络攻击的能力 ... 137
  - 5.5.5 大力加强重要基础工作和保障 ... 139
- 5.6 开展关键信息基础设施安全保护的工作流程和要求 ... 141
  - 5.6.1 组织开展关键信息基础设施认定工作 ... 141
  - 5.6.2 开展关键信息基础设施安全保护工作的总体要求 ... 141
  - 5.6.3 关键信息基础设施安全保护应坚持的原则 ... 143
- 5.7 落实《关键信息基础设施安全保护要求》 ... 144
  - 5.7.1 分析识别 ... 144
  - 5.7.2 安全防护 ... 146
  - 5.7.3 检测评估 ... 150
  - 5.7.4 监测预警 ... 151
  - 5.7.5 技术对抗 ... 153
  - 5.7.6 事件处置 ... 154
- 5.8 加强大数据安全保护 ... 156

第 6 章 公安机关新时期网络安全综合防控体系建设 ... 157

- 6.1 指导思想和工作目标 ... 157
- 6.2 组织落实网络安全等级保护制度和关键信息基础设施安全保护制度 ... 158
- 6.3 大力加强网络安全综合防控机制和指挥调度机制建设 ... 159
- 6.4 大力加强网络安全监测预警体系和威胁情报体系建设 ... 160

  6.5 大力加强网络安全刑事执法和行政执法 161

  6.6 大力加强网络安全技术支撑体系建设和基础保障 162

第 7 章 网络安全等级保护测评机构能力要求和评估 165

  7.1 网络安全等级保护测评机构自律管理 165

  7.2 网络安全等级保护测评机构能力要求 166

    7.2.1 基本条件 166

    7.2.2 能力要求 166

  7.3 网络安全等级保护测评机构和测评人员的管理要求 168

  7.4 网络安全等级测评机构能力评估 169

第 8 章 公安机关组织开展网络安全监督检查工作 171

  8.1 组织开展网络安全监督检查的法律依据 171

  8.2 监督检查方法和工作目标 171

  8.3 监督检查分工和任务 172

  8.4 现场监督检查重点内容 174

  8.5 监督检查程序和相关要求 175

  8.6 监督检查管理和纪律要求 176

第 9 章 《网络产品安全漏洞管理规定》解读 179

  9.1 网络产品安全漏洞管理职责任务分工 179

  9.2 对组织和个人的管理要求 180

  9.3 对网络产品提供者的管理要求 183

  9.4 对网络运营者的管理要求 184

  9.5 对违反管理规定的行为的处罚 185

第 10 章 落实《数据安全法》，大力加强数据安全保护 187

  10.1 《数据安全法》的出台过程和重要意义 187

  10.2 数字化时代网络安全面临的风险和挑战 188

  10.3 数据安全方面存在的主要问题 189

10.4 有关数据和数据安全的术语定义 190
10.5 数据安全管理职责分工 190
10.6 国家在数据安全与发展方面的总体原则 191
10.7 对个人和组织在数据处理方面的一般性要求 192
10.8 国家在数据安全与发展方面的责任义务 194
10.9 建立数据安全制度和机制 196
10.10 数据安全保护义务 198
10.11 政务数据安全与开放 202
10.12 各地区、各部门开展数据安全保护工作 205
10.13 法律责任 207
10.14 公安机关认真履行数据安全监管和保卫职责 207

附录 A 《关键信息基础设施安全保护条例》 211
附录 B 网络安全监督检查通知书 219
附录 C 网络安全监督检查记录单 221
附录 D 网络安全监督检查限期整改通知书 225
附录 E 网络安全监督检查情况通报书 227
附录 F 网络安全监督检查自查表 229
附录 G 《网络产品安全漏洞管理规定》 235
附录 H 《数据安全法》 239

第 1 章 《关键信息基础设施安全保护条例》解读

2017 年，党中央要求建立关键信息基础设施安全保护制度。2021 年 7 月 30 日，国务院总理李克强签署国务院令，《关键信息基础设施安全保护条例》自 2021 年 9 月 1 日起实施。该条例共六章五十一条。第一章为"总则"，阐述了立法目的，明确了关键信息基础设施的范畴、职责分工、主要任务等内容；第二章为"关键信息基础设施认定"；第三章为"关键信息基础设施运营者责任义务"；第四章为"保障和促进"；第五章为"法律责任"；第六章为"附则"。

本章结合实际工作对《关键信息基础设施安全保护条例》进行解读，对建立关键信息基础设施安全保护制度进行分析研究，重点阐述关键信息基础设施的认定方法，以及网络安全职能部门、保护工作部门、关键信息基础设施运营者和公民个人的责任义务、应采取的措施、法律责任等内容。

1.1 出台《关键信息基础设施安全保护条例》的必要性和重要性

《关键信息基础设施安全保护条例》所规范的对象是关键信息基础设施，即指重要行业和领域的以及其他涉及可能严重危害国家安全、国计民生、公共利益的重要网络设施、信息系统等；明确了关键信息基础设施的认定方法，规定了国家、网络安全职能部门、关键信息基础设施保护工作部门（简称为"保护工作部门"）、关键信息基础设施运营者（简称为"运营者"）和公民个人的责任义务、应采取的措施；确定了网络安全职能部门、保护工作部门、运营者、公民个人应承担的法律责任；明确了关键信息基础设施安全保护与网络安全等级保护的关系。关键信息基础设施是经济社会运行的神经中枢，发挥着基础性、全局性、支撑性作用。保证关键信息基础设施安全，对于维护国家网络空间主权和国家安全、保障经济社会健康发展、维护公共利益和公民合法权益具有重大意义。

党中央、国务院高度重视关键信息基础设施安全保护工作,就加强关键信息基础设施安全保护作出了一系列重大决策部署,强调完善关键信息基础设施安全保护等法律法规,专门出台《关保条例》,加快构建关键信息基础设施安全保障体系。为适应网络安全新形势、新任务、新要求,《网络安全法》从网络安全工作的实际需要出发,对关键信息基础设施安全保护作出了法律规定。按照国务院立法工作安排,2015年起,中央网信办会同公安部等部门着手开展关键信息基础设施安全保护立法研究工作,研究国外相关政策法规,广泛听取了有关部门、网络运营者、网络安全企业和专家学者的意见。2017年年初,中央网信办会同工业和信息化部、公安部、国家保密局、国家密码管理局等部门组成联合起草组,启动《关保条例》起草工作;2017年3月,起草形成征求意见稿,征求了中央有关部门和地方的意见;2017年7月至8月,面向社会公开征求意见;2018年1月,再次征求中央有关部门意见,完善后由中央网信办、公安部和工业和信息化部共同会签上报国务院。随后,由司法部牵头,会同中央网信办、公安部和工业和信息化部等部门,对送审稿进行研究、修改、完善,于2019年6月将《关保条例》(草案)上报国务院。2020年10月,对《关保条例》(草案)进一步修改完善并会签上报国务院。2021年4月,国务院常务会议原则通过《关保条例》(草案)。

《关保条例》的指导思想是:深入贯彻落实网络强国战略思想,全面落实中央的决策部署,坚持总体国家安全观,坚持安全发展、改革创新、问题导向,坚持综合协调、分工负责、依法保护,充分发挥行政法规的引领和推动作用,突出强化网络安全保卫、保护和保障工作,加快推进关键信息基础设施安全保障体系建设,全面提升关键信息基础设施安全保护能力,切实维护国家安全、国计民生、公共利益。

《关保条例》坚持以下三个原则。

一是突出重点保护。针对日益严峻的网络安全形势,总结网络安全工作实践经验,借鉴国外有益经验和通行做法,围绕关键、信息、基础三个要素,将关键信息基础设施界定在一个较小的范围,并对安全保护工作作出制度性安排,体现突出重点和保护重点的思想。在《网络安全法》有关网络运行安全一般规定的基础上,进一步明确了关键信息基础设施安全保护的综合性、管理性要求,强调了国家、有关部门、运营者及社会各方面的保护责任和义务。《关保条例》重在强调关键信息基础设施的运行安全和数据安全,同时强调了公民个人信息和隐私安全,不涉及信息内容安全和舆论安全。

二是坚持问题导向。《关保条例》是关键信息基础设施安全保护的专门法规,针对关键信息基础设施安全保护实践中存在的突出问题，将《网络安全法》的有关规定进一步明确和具体化，将实践证明成熟的做法利用制度的形式确定下来，为关键信息基础设施安全保护提供了法制保障。考虑到行政法规重在制度建设，需要保持一定的稳定性，同时，网络技术发展变化快，行业安全需求差异大，《关保条例》未就具体的技术性要求进行规定（技术性要求可通过制定出台相应标准来规范）。

三是处理好与现行相关法律法规的关系。《关保条例》与上位法《网络安全法》确立的制度框架严格保持一致；与《保守国家秘密法》《数据安全法》《计算机信息系统安全保护条例》等专门法律法规协调配合，对相关法律法规已经明确的事项不再重复规定；与国家网络安全审查、个人信息保护和重要数据出境安全评估等专项制度进行了有机衔接。

1.2 国家应承担的关键信息基础设施安全保护责任义务和主要任务

关键信息基础设施是网络安全防护的重中之重，各部门必须"守土有责、守土尽责"。关键信息基础设施安全保护，需要集中国家力量和资源，全方位实施安全保卫、保护和保障工作。为统筹加强国家保护，条例明确了建立网络安全信息共享机制、完善监测预警和应急体系、组织开展检查检测、能源和通信服务重点保障、加强安全保卫和防范打击违法犯罪、出台相应标准指导规范等六个方面的保护措施，特别是在第五条明确国家对关键信息基础设施实施重点保护，以及第六条明确运营者在网络安全等级保护的基础上，采取保护措施应对网络攻击。为体现国家重点支持，《关保条例》从人才培养、财政金融、技术创新、产业发展、军民融合、表彰奖励、宣传教育等七个方面提出了支持和促进措施，规定了国家在关键信息基础设施安全保护方面应承担的责任义务和主要任务。下面主要介绍其中的十条内容，其他责任义务和主要任务将在本章的相关节中说明。

第一条 为了保障关键信息基础设施安全，维护网络安全，根据《中华人民共和国网络安全法》，制定本条例。

本条明确了制定《关保条例》的依据是《网络安全法》，制定《关保条例》的目的是保障关系国家安全、国计民生的关键信息基础设施安全，突出保护重点，保障关键信息基础设施安全稳定运行，维护数据的完整性、保密性和可用性，进而维护网络安全、国家安全和公共利益。《关保条例》是依据上位法《网络安全法》制定的，因此，在有关保护要求、法律责任等方面与上位法保持协调一致，对上位法中有关关键信息基础设施安全保护方面的要求进行了细化，以利于《网络安全法》的有效落实，提高了关键信息基础设施安全保护措施的可操作性。

第二条 本条例所称关键信息基础设施，是指公共通信和信息服务、能源、交通、水利、金融、公共服务、电子政务、国防科技工业等重要行业和领域的，以及其他一旦遭到破坏、丧失功能或者数据泄露，可能严重危害国家安全、国计民生、公共利益的重要网络设施、信息系统等。

本条明确了关键信息基础设施的范围和对象。这是开展关键信息基础设施安全保护工作的基础和前提。依据《网络安全法》，总结近年来我国重要行业和领域网络安全保护工作经验，结合当前信息技术迅猛发展、新应用新业态不断涌现、网络高度开放互联的时代背景，从国家安全和经济社会的重要性、遭到破坏的后果严重性两个维度，将关键信息基础设施定义为支撑国家经济社会运行，一旦遭到破坏、丧失功能、数据泄露会严重危害国家安全、国计民生和公共利益的网络设施、信息系统、数字资产等，突出强调保护对象的整体性、关联性和保护工作的全局性、系统性。

从我国国情出发，借鉴国外的通行做法，《关保条例》明确了关键信息基础设施的范围，包括公共通信和信息服务、能源、交通、水利、金融、公共服务、电子政务、国防科技工业等重要行业和领域，主要考虑以下因素：一是行业和领域的重要性，聚焦关系国家安全、国计民生、公众利益，对经济社会运行具有基础性、全局性支撑作用的行业和领域，切实体现"重中之重"；二是行业和领域的信息化水平，核心业务的信息化程度高，对网络依赖性强；三是立足基本国情，确定有限目标，集中有限资源，实施重点保护，避免范围过于宽泛。在确定关键信息基础设施的范围和对象的过程中，中央网信办、公安部、司法部、工业和信息化部及保护工作部门认真落实中央要求，充分调研，广泛听取社会各界意见，达成广泛共识，形成了关键信息基础设施的范围和对象。特别是公安部在组织保护工作部门认定关键信息基础设施的过程中，充分研究、认真细致组织运营者和专家反复论证，取得了良好的成效。

第五条 国家对关键信息基础设施实行重点保护，采取措施，监测、防御、处置来源于中华人民共和国境内外的网络安全风险和威胁，保护关键信息基础设施免受攻击、侵入、干扰和破坏，依法惩治危害关键信息基础设施安全的违法犯罪活动。

任何个人和组织不得实施非法侵入、干扰、破坏关键信息基础设施的活动，不得危害

关键信息基础设施安全。

本条规定了国家应承担的关键信息基础设施安全保护的主要责任和任务。国家对关键信息基础设施实行重点保护,采取安全保卫、保护和保障等多种措施,监测、防御、处置来源于境内外的网络安全风险和威胁,保护关键信息基础设施免受攻击、侵入、干扰、破坏,依法惩治危害关键信息基础设施安全的违法犯罪活动。本条充分体现了党中央和国务院对关键信息基础设施安全保护提出的大的方面要求:一是重点强调采取监测、防御、处置、保护、惩治等"打防管控"重要措施;二是强调有效处置来自境内外的风险和威胁,这里既包含自身网络安全存在的突出问题、隐患、差距和不足,也包含外在的攻击、侵入、干扰、破坏等风险、威胁和挑战。

关键信息基础设施安全保护仅靠保护工作部门、运营者、网络安全企业是无法完成的。一些保护工作部门和运营者存在资金不足、人才短缺、能力不强、管理和技术水平低等突出问题。同时,我国网络安全产业发展、企业发展不够,国家整体投入不足,网络安全企业面临许多困难。因此,国家需要通盘考虑,统筹协调,合理布局,组织全社会各方力量,充分发挥各自职能作用,各方密切配合,综合采取措施,才能把关键信息基础设施保护好、应用好。

《网络安全法》第三十一条规定,国家对公共通信和信息服务、能源、交通、水利、金融、公共服务、电子政务等重要行业和领域,以及其他一旦遭到破坏、丧失功能或数据泄露就可能严重危害国家安全、国计民生、公共利益的关键信息基础设施,在网络安全等级保护制度的基础上实行重点保护。国家对关键信息基础设施实行重点保护,应从安全保卫、安全保护和安全保障三个方面采取措施,从而有效监测、防御、处置来源于境内外的网络安全风险和威胁,保护关键信息基础设施免受攻击、侵入、干扰、破坏。关键信息基础设施安全保卫包括威胁情报、打击网络违法犯罪等工作,安全保护是指在落实网络安全等级保护基本要求的基础上加强保护,安全保障是指在人、财、物、工程、科研、机构、编制、科技创新、产业发展等方面提供支持。这些是关键信息基础设施安全保护最重要的原则,要有机结合,缺一不可。在《关保条例》的制定过程中始终秉承这些原则,在《关保条例》的内容中这些原则也得到了充分体现。

第七条 对在关键信息基础设施安全保护工作中取得显著成绩或者作出突出贡献的单位和个人,按照国家有关规定给予表彰。

本条规定了应建立表彰制度,对在关键信息基础设施安全保护工作中取得显著成绩或者作出突出贡献的单位和个人，包括网络安全职能部门、保护工作部门、运营者、企业、研究机构等单位和专家、突出贡献者，按照国家有关规定，给予立功、嘉奖、通报表扬等多种形式的表彰奖励，鼓励关键信息基础设施安全保护工作的先进集体和个人，同时引导网络安全优秀人才投身关键信息基础设施安全保卫、安全保护和安全保障工作，为维护关键信息基础设施安全和国家安全贡献力量。

第三十二条　国家采取措施，优先保障能源、电信等关键信息基础设施安全运行。

能源、电信行业应当采取措施，为其他行业和领域的关键信息基础设施安全运行提供重点保障。

本条规定了国家应采取多种措施，优先保障能源、电信等重点领域关键信息基础设施安全运行。能源、电信等行业的关键信息基础设施安全稳定运行，是其他重要行业的重要基础和支撑。能源、电信等行业的关键信息基础设施安全具有极端重要性，如果发生大规模停电、断网，将给国家带来重大灾难。因此，国家应采取多种措施，在政策、经费、装备、工程建设、科技创新、人才培养等方面加大投入，提升关键信息基础设施安全保障能力，优先保障能源、电信等行业关键信息基础设施的运行安全和数据安全。同时，能源、电信等行业应积极作为，采取重要措施，加强保障，与公安机关等网络安全职能部门、其他保护工作部门、网络安全企业等密切配合，优先保障自身关键信息基础设施的运行安全和数据安全，并为其他行业、领域的关键信息基础设施安全运行和数据安全提供重点保障及支撑。

2020年3月，中央决定加快信息基础设施、融合基础设施、创新基础设施建设，包括5G网络和基站、特高压、城际高速铁路和城市轨道交通、新能源汽车充电桩、大数据中心、人工智能、工业互联网等，新型基础设施，以及由新技术构成的新业态，是敌对国家、敌对分子攻击的重点目标。国家新基建全面启动，维护能源、电信等关键信息基础设施安全的任务更加艰巨。云计算、大数据的广泛应用带来数据的集中，加大了安全风险，对安全保护能力提出了更高的要求。IPv6的规模部署和5G的应用，加快了物联网、车联网、自动驾驶、智能家居、智慧城市等的发展，同时带来了新的未知风险。人工智能技术、大数据分析技术等新技术的双刃剑作用日益突显，新技术新应用快速发展，网络安全面临更大挑战。

当前，能源和电信等重点领域的关键信息基础设施安全保护工作还存在一些突出问题：一是敌情意识、危机意识不强，认识不到谁是我国网络安全的最大对手；二是网络安全综合防控体系尚未建立；三是关键信息基础设施安全保卫、安全保护和安全保障工作没有协调发展；四是实战型人才缺乏，创新能力不强；五是全行业的组织领导和督促指导力度不足；六是网络安全等级保护制度尚未有效落实；七是网络安全责任制、责任追究措施落实不到位。

能源、电信等重点领域的关键信息基础设施安全防护存在一些短板：一是互联网暴露点过多，非法外联问题突出；二是老旧漏洞不修补、弱口令等低级问题大量存在；三是内网分区分域隔离措施不强，重要数据保护措施不到位；四是"神经中枢"类系统防护薄弱，系统和网络访问控制不健全；五是供应链成为防护薄弱点，也成为黑客攻击的桥梁；六是重要数据信息在互联网上泄露的问题严重；七是零日漏洞防范能力急需加强。

客观上，能源、电信等重点领域的网络系统与其他行业部门的网络系统连接多，网络安全防护点多、面广、线长，其关键信息基础设施是敌对势力网络攻击的重点目标。能源、电信等重点领域应针对关键信息基础设施安全保护工作中存在的突出问题和安全防护方面存在的短板，改进和完善相关管理制度及技术措施，认真落实"三化六防"措施，大力加强关键信息基础设施安全防护，大力提升应对敌对势力网络战威胁的能力，确保关键信息基础设施和大数据绝对安全。

第三十四条 国家制定和完善关键信息基础设施安全标准，指导、规范关键信息基础设施安全保护工作。

本条规定国家有关部门应组织制定关键信息基础设施安全标准，用以指导和规范关键信息基础设施安全保护工作，为网络安全职能部门、保护工作部门、运营者、网络安全企业和监管部门开展关键信息基础设施安全保护工作提供重要保障。《网络安全法》规定，关键信息基础设施在网络安全等级保护的基础上实行重点保护，因此，关键信息基础设施安全标准要与网络安全等级保护标准保持协调一致。也就是说，网络安全等级保护标准对第三级、第四级网络提出了安全保护基本要求、等级测评要求和安全设计技术要求，关键信息基础设施安全标准要在网络安全等级保护标准要求的基础上提出增强性的安全保护要求，而不能与网络安全等级保护标准要求重复，二者要衔接好，才能制定出科学、实用的关键信息基础设施安全标准。

十多年来，公安部在有关部门、企业、研究机构、专家的大力支持下，牵头制定了一系列网络安全等级保护标准，构建了国家网络安全等级保护标准体系。网络安全等级保护系列标准包括网络安全等级保护基本要求、安全设计要求、测评要求、测评过程指南、定级指南、实施指南等,以及数十种网络安全产品标准。网络安全等级保护制度进入2.0时代,2019—2020年国家出台的网络安全等级保护新标准,覆盖了网络基础设施、信息系统、大数据、云平台、物联网、工业控制系统、移动互联等保护对象,为各地区、各部门开展网络安全等级保护工作提供了重要保障。

近年来,有关研究机构和企业开展了关键信息基础设施安全标准的起草和制定工作。公安部高度重视关键信息基础设施安全标准的制定工作,会同全国信息安全标准化技术委员会,组织、指导有关研究机构和企业,在认真研究分析网络安全等级保护标准的基础上,科学设计关键信息基础设施安全标准的架构和体系,使其与网络安全等级保护标准有机衔接、密切配合,关键信息基础设施安全标准的起草和制定工作取得了较大进展。目前,公安部会同有关部门正在组织研究制定关键信息基础设施识别认定指南、安全保护要求、安全测评要求、安全测评过程指南、安全监测预警要求、安全对抗技术要求、安全事件应急处置要求等标准。关键信息基础设施安全标准的陆续出台,将为重要行业部门开展关键信息基础设施安全保护工作提供重要支撑。

第三十五条　国家采取措施,鼓励网络安全专门人才从事关键信息基础设施安全保护工作;将运营者安全管理人员、安全技术人员培训纳入国家继续教育体系。

本条规定了国家对关键信息基础设施安全保护人才培养的责任义务。网络空间的竞争,归根结底是人才竞争。国家对关键信息基础设施安全保护工作的高度重视也体现在教育、训练和人才培养上:鼓励和支持网络安全专门人才从事关键信息基础设施安全保护工作;同时,将运营者中的安全管理人员和技术人员培训纳入国家继续教育体系,包括在职学历教育、培训和实战训练等多种方式。2015年,教育部将网络空间安全设为一级学科,许多高校开设了博士点、硕士点。目前,教育部已批准十余所高校设置网络空间安全学院,许多高校开办了网络安全专业,许多研究机构和网络安全企业开展了网络安全业务培训,通过多种方式加快培养专门人才。国家支持研究机构、企业及高等院校、职业学校等,开展网络安全教育、培训,建立培训基地,建设网络靶场和网络攻防实验室,开展攻防对抗,全面提升技术能力和网上行动能力。公安部和教育部密切配合,采取重要措施,在高等院校加快培养网络安全实战型人才。

2020年5月,人力资源和社会保障部发布了《关于对拟发布新职业信息进行公示的公告》,新增了"信息安全测试员"这一社会职业。有关单位和部门对接新职业"信息安全测试员",采信"信息安全测试员"职业资格证书作为检测、测评人员能力要求,吸引更多具有网络安全检测技术能力的人员参与关键信息基础设施安全保护工作。公安部会同人力资源和社会保障部加快制定新职业"信息安全测试员"的从业标准，完善职业教材、培训考试等配套政策，尽快推动新职业"信息安全测试员"落地实施。

第三十六条 国家支持关键信息基础设施安全防护技术创新和产业发展，组织力量实施关键信息基础设施安全技术攻关。

本条规定国家应采取措施，统筹规划，加大投入，支持关键信息基础设施安全保护技术创新和产业发展，组织研究机构、高等院校、网络安全企业开展关键信息基础设施安全技术攻关。关键信息基础设施安全保护技术涉及情报分析技术、实时监测技术、态势感知技术、通报预警技术、应急处置技术、追踪溯源技术、侦查打击技术、攻防对抗技术、安全保护技术、管理控制技术等多种技术，以及高质量的技术装备和工具，形成了科学、完备的技术和装备体系。在技术攻关中，要应用新一代网络技术、云计算技术、大数据技术、端计算技术、量子通信与量子计算技术、人工智能技术、区块链技术、虚拟现实技术、可信计算技术、密码技术、智能防护技术、生物识别技术等，研发和应用网络犯罪侦查打击、安全防护、应急处置、攻防对抗等装备，研发和应用网络靶场，提高网络技术对抗能力。各级人民政府，特别是财政、发改、科技等部门，应加大投入，支持关键信息基础设施安全产业发展和技术研究，为关键信息基础设施的安全保卫和安全保护提供重要的基础保障。在关键信息基础设施安全防护技术创新方面，应从网络安全保卫、保护、保障三个方面开展创新，从"实战化、体系化、常态化"和"动态防御、主动防御、纵深防御、精准防护、整体防控、联防联控"的"三化六防"措施方面进行创新，从供应链各环节开展创新，构建关键信息基础设施安全技术创新体系，提升网络安全综合保障能力和水平。

第三十七条 国家加强网络安全服务机构建设和管理，制定管理要求并加强监督指导，不断提升服务机构能力水平，充分发挥其在关键信息基础设施安全保护中的作用。

本条规定国家应加强网络安全服务机构（包括网络安全产品供应商，以及网络安全认证、等级测评、风险评估、产品检测、安全建设和运行维护等第三方安全服务机构）建设和管理，支持和扶持有关企业、机构开展安全服务，制定管理要求并对服务机构及服务质量进行监督管理，不断提升能力水平，充分发挥其在关键信息基础设施安全保护中的支撑作用。网络安全服务机构应努力提高技术服务能力和水平，按照国家有关网络安全管理制度和相关标准要求，为运营者提供安全、客观、公正的网络安全综合服务。

网络安全服务机构应对运营者的网络安全保护工作提供技术支持和服务，按照国家有关法律法规和标准规范开展安全规划、日常运维、安全监测、事件处置、安全建设整改、威胁情报搜集、安全咨询、人员培训等工作。服务机构应加强自身服务能力建设，为公安机关开展安全监测、事件处置、案件调查、威胁情报等网络安全保卫与执法工作提供技术支持。服务机构应接受网络安全保卫部门的监督管理，当发现关键信息基础设施存在重大安全问题、风险隐患时应及时报告公安机关。

第三十八条 国家加强网络安全军民融合，军地协同保护关键信息基础设施安全。

本条规定在网络安全领域应加强军民融合、军地协同配合，发挥军地各自优势，共同维护关键信息基础设施安全，维护国家安全。要立足于网络备战、平战结合。和平时期，国家网络安全工作主要由有关职能部门组织开展，军队在威胁情报、技术支援等方面发挥作用，对外形成强大威慑；特殊时期，应按照党中央要求，军队和地方密切配合，形成共同对敌的国家力量，协同保护关键信息基础设施安全。

1.3 关键信息基础设施安全保护工作职责分工

关键信息基础设施安全保护工作极端重要。为了开展好这项工作，《关保条例》明确了相关部门的职责分工和有关责任义务。关键信息基础设施安全保护坚持"综合协调、分工负责、依法保护"的原则，强化和落实关键信息基础设施运营者主体责任，充分发挥政府及社会各方面的积极作用，共同保护关键信息基础设施安全。

第三条 在国家网信部门统筹协调下，国务院公安部门负责指导监督关键信息基础设施安全保护工作。国务院电信主管部门和其他有关部门依照本条例和有关法律、行政法规的规定，在各自职责范围内负责关键信息基础设施安全保护和监督管理工作。

省级人民政府有关部门依据各自职责对关键信息基础设施实施安全保护和监督管理。

按照党中央、国务院有关文件规定要求，中央网信办负责统筹协调关键信息基础设施安全保护工作。公安部是关键信息基础设施安全的国家监管部门，主要职责任务：一是指导监督关键信息基础设施安全保护工作；二是保卫关键信息基础设施安全；三是防范打击危害关键信息基础设施安全的违法犯罪活动。

省级人民政府有关部门应按照国家有关部门的职责任务和分工，实施关键信息基础设施安全保护和监督管理工作。这里要突出强调的是，大多数关键信息基础设施都是纵向大网络、大系统、大平台，在确定关键信息基础设施时应以保护工作部门为主，但部、省、市、区县级运营者都有保护关键信息基础设施的责任和义务。因此，关键信息基础设施延伸和应用到哪一级，哪一级就有保护责任，各省、市、区县都应按照中央要求和公安部的具体部署要求，履行好关键信息基础设施安全保护责任和义务。

关键信息基础设施安全保护工作涉及的责任方较多，包括网络安全职能部门、保护工作部门、运营者、保障部门、网络安全企业、研究机构等。在工作中，全国要形成一盘棋，密切配合，协同作战。关键信息基础设施安全保护工作涉及保卫、保护和保障三个方面，包括威胁情报、侦查打击、监测预警、应急处置、安全防护、产业发展、企业支持、技术研究、产品研发、人才培养、经费投入、科技攻关、机构编制、队伍建设、国际合作等工作。国家网信部门要加大统筹协调力度，着力解决关键信息基础设施安全保护工作中存在的困难和问题，为关键信息基础设施安全保护工作提供有力支撑；公安、安全、保密、密码等部门要充分发挥职能部门的作用，加强安全保卫；网络安全企业和研究机构要加强技术研究和创新，提高技术支撑能力；保护工作部门和运营者是关键信息基础设施安全保护的主责部门，要按照中央要求和法律规定，切实承担主体责任，履行好保护关键信息基础设施安全的责任义务。

第八条 本条例第二条涉及的重要行业和领域的主管部门、监督管理部门是负责关键信息基础设施安全保护工作的部门（以下称保护工作部门）。

本条定义了关键信息基础设施安全保护工作部门。关键信息基础设施主要涉及公共通信和信息服务、能源、交通、水利、金融、公共服务、电子政务、国防科技工业等重要行业和领域，这些行业和领域的主管部门、监督管理部门是负责关键信息基础设施安全保护工作的部门（即保护工作部门）。因此，工业和信息化部、国家广播电视总局、国家能源局、中国人民银行、交通运输部、国家铁路局、中国民航局、国家邮政局、水利部、应急管理部、国家卫生健康委员会、人力资源和社会保障部、国家国防科技工业局等部门都是保护工作部门。随着关键信息基础设施的进一步确定，其运营者和保护工作部门将会增加。

保护关键信息基础设施安全，需要有效的组织领导和指导监督。考虑到重点行业、领域的业务及网络安全需求的特殊性和专业性，依据《网络安全法》的有关规定，按照"谁主管谁负责"的原则，将行业和领域的主管部门、监督管理部门明确为保护工作部门，由其组织领导和指导监督本行业、本领域关键信息基础设施安全保护工作，负责制定关键信息基础设施认定规则并组织认定，编制并组织实施关键信息基础设施安全规划，指导督促运营者落实安全责任，统筹加强本行业、本领域的关键信息基础设施安全保护工作，落实主管责任。

1.4　关键信息基础设施的认定

依据《网络安全法》等法律法规和中央有关政策要求，公安部出台了关键信息基础设施识别认定指南，以指导重点行业、领域关键信息基础设施保护工作部门制定认定规则，规范开展关键信息基础设施认定工作。

第九条　保护工作部门结合本行业、本领域实际，制定关键信息基础设施认定规则，并报国务院公安部门备案。

制定认定规则应当主要考虑下列因素：

（一）网络设施、信息系统等对于本行业、本领域关键核心业务的重要程度；

（二）网络设施、信息系统等一旦遭到破坏、丧失功能或者数据泄露可能带来的危害程度；

（三）对其他行业和领域的关联性影响。

本条规定保护工作部门应结合本行业、本领域实际，制定关键信息基础设施认定规则，并报公安部备案。保护工作部门应按照本条中列举的三个因素和下列原则制定关键信息基础设施认定规则。一是要聚焦行业、领域关键业务。以保障本行业和本领域关键业务安全，维护国家安全、社会公共安全、人民群众利益为目标，识别关键业务运行所依赖的网络设施、信息系统、公共服务平台的主要部分或整体，将其纳入关键信息基础设施范围（这些网络设施、信息系统等一旦遭到破坏，可能会给国家安全、社会公共安全带来严重危害；或者，这些网络设施、信息系统的损坏，将对其他行业和领域造成严重的关联性影响）。二是要紧密结合网络安全等级保护制度。以网络安全等级保护定级备案为基础，关键信息基础设施应从第三级（含）以上信息系统中选择，可以是单独的第三级（含）以上网络设施、信息系统，也可以是第三级（含）以上网络设施、信息系统的集合。三是要明确安全责任单位。根据关键信息基础设施的重要程度和受到破坏后的危害程度，明确关键业务、关键环节的指标，筛选确定关键信息基础设施运营者，并与运营者一起制定关键信息基础设施认定规则。

保护工作部门在制定关键信息基础设施认定规则的过程中，应组织专家认真进行评审，并征求公安部意见；制定好关键信息基础设施认定规则后，应报公安部备案。关键信息基础设施发生变化后，认定规则要及时调整，调整后也要及时报公安部备案。

第十条 保护工作部门根据认定规则负责组织认定本行业、本领域的关键信息基础设施，及时将认定结果通知运营者，并通报国务院公安部门。

本条规定保护工作部门应根据关键信息基础设施认定规则，组织认定本行业、本领域的关键信息基础设施。保护工作部门应聚焦本行业、本领域的核心业务，在网络安全等级保护工作的基础上，按照公安部部署要求，根据本行业、本领域关键信息基础设施认定规则，组织运营者共同研究确定本行业、本领域的关键信息基础设施清单。保护工作部门应组织专家对拟纳入清单的关键信息基础设施进行评审，并征求公安部意见，以确保科学、准确地确定本行业、本领域的关键信息基础设施。关键信息基础设施清单确定后，应及时报送公安部。

第十一条 关键信息基础设施发生较大变化，可能影响其认定结果的，运营者应当及时将相关情况报告保护工作部门。保护工作部门自收到报告之日起 3 个月内完成重新认定，将认定结果通知运营者，并通报国务院公安部门。

本条规定了当关键信息基础设施发生较大变化时需要重新认定，并将认定结果通报公安部。当关键信息基础设施发生较大变化时，运营者应及时将相关情况报告保护工作部门，保护工作部门应及时组织重新认定，组织专家评审，将认定结果通知运营者，并报公安部备案。经认定不再属于关键信息基础设施的，运营者应按照有关要求对相关网络设施、信息系统和数据进行妥善处置，确保安全。对新建关键信息基础设施，保护工作部门和运营者应按照上述要求，在关键信息基础设施上线运行前进行认定，并将认定结果及时报公安部备案。

1.5 运营者应履行的关键信息基础设施安全保护责任义务

运营者应依据有关法律、行政法规的规定及国家标准的强制性要求，落实主体责任，在落实网络安全等级保护制度的基础上，采取有效措施，应对网络安全威胁，有效处置网络安全事件，防范网络攻击和违法犯罪活动，保障关键信息基础设施安全稳定运行，维护数据安全，确保数据的完整性、保密性和可用性。

第四条 关键信息基础设施安全保护坚持综合协调、分工负责、依法保护，强化和落实关键信息基础设施运营者（以下简称运营者）主体责任，充分发挥政府及社会各方面的作用，共同保护关键信息基础设施安全。

本条规定了关键信息基础设施安全保护坚持的原则，运营者的主体责任，以及政府和社会力量的作用。关键信息基础设施安全保护应坚持"综合协调、分工负责、依法保护"的原则，保障关键信息基础设施安全。运营者是保护本单位关键信息基础设施安全的第一责任人，应承担主体责任，同时，要注重发挥政府部门及企业、研究机构等社会各方面的作用，共同保护关键信息基础设施安全。运营者要建立并落实关键信息基础设施安全责任制：一是建立"一把手负责制"，明确运营者主要负责人负总责，保障人、财、物投入；二是强化网络安全专门管理机构的履职能力，在主要负责人领导下具体承担管理职责；三是运营者在有关经费预算、项目安排、岗位设置、重大决策及表彰奖励等事项上应听取专门管理机构的意见；四是吸引、培养、留住网络安全高水平人才，将其放到关键信息基础设施安全管理岗位；五是明确网络安全事件报告义务，以及检测评估和执法配合义务；六是明确优先采购安全可控产品和服务，采购重要产品和服务应与提供商签订安全保密协议。

第六条 运营者依照本条例和有关法律、行政法规的规定以及国家标准的强制性要求，在网络安全等级保护的基础上，采取技术保护措施和其他必要措施，应对网络安全事件，防范网络攻击和违法犯罪活动，保障关键信息基础设施安全稳定运行，维护数据的完整性、保密性和可用性。

本条规定运营者应依照有关网络安全法律法规的规定，以及一系列网络安全国家标准和关键信息基础设施安全国家标准的要求，在网络安全等级保护的基础上，采取技术保护措施和其他必要措施：一是保障关键信息基础设施安全稳定运行，应对网络安全事件，防范网络攻击和违法犯罪活动；二是保护数据安全，维护数据的完整性、保密性和可用性。具体应履行以下责任义务。

（1）依法落实网络安全等级保护制度。对网络开展定级、备案、等级测评、安全建设整改、自查等工作，特别是要按照网络安全等级保护制度2.0国家标准要求，对网络设施、信息系统、云计算、大数据、物联网、移动互联等开展定级备案，并按照不同等级实施不同强度的保护，建设安全保护生态和综合防御体系，提升安全保护能力。

（2）在落实网络安全等级保护制度的基础上，落实关键信息基础设施安全保护制度。按照有关法律法规要求和关键信息基础设施安全国家标准要求，从领导体系、机构编制、管理制度、技术防护、经费保障、教育训练等方面采取有效措施，并与公安机关密切配合，在网络安全企业和专家的大力支持下，开展网络安全监测、安全保护、检测评估、通报预警、应急处置、技术对抗等工作，加强供应链安全管控，及时有效处置网络安全事件，防范网络攻击和违法犯罪活动，保障关键信息基础设施安全稳定运行和大数据安全。

（3）加强大数据安全保护。全面梳理掌握本单位大数据底数和安全保护状况，对大数据在采集、存储、传输、应用、销毁等环节进行全面风险分析与隐患排查，对重要系统和数据库进行备份，并采取国产密码保护、可信计算等关键技术防护措施，保护大数据在采集、存储、传输、应用、销毁等环节全生命周期的安全，维护数据的完整性、保密性和可用性。在境内运营中收集和产生的个人信息、重要数据应当在境内存储；因业务需要，确需向境外提供的，应当遵守国家法律法规和有关规定。

（4）构建国家关键信息基础设施安全综合防御体系。根据有关网络安全规划，公安机关应建设安全保卫平台，全力打造集网络安全实时监测、态势感知、通报预警、事件处置、等级保护、侦查打击、指挥调度、协同联动等功能于一体的网络安全保卫业务平台。网络安全专门管理机构应按照公安部要求，建设本单位关键信息基础设施安全保护平台，并与公安机关的平台对接，形成纵横联通、协同作战的立体化关键信息基础设施安全保卫大系统，构建国家关键信息基础设施安全综合防御体系。

第十二条　安全保护措施应当与关键信息基础设施同步规划、同步建设、同步使用。

本条规定运营者在规划、建设、使用关键信息基础设施时，应落实"三同步"要求，即"同步规划、同步建设、同步使用"安全保护措施。运营者在规划设计关键信息基础设施时，不仅要满足业务需求、保证业务的连续性和稳定性，还一定要同步规划、同步设计安全技术措施和管理措施，按照国家标准和行业标准同步制定关键信息基础设施安全建设方案，聘请专家进行评审，确保安全保护方案符合要求；安全保护方案通过评审后，运营者应在建设、使用关键信息基础设施时，按照安全保护方案，将安全保护措施与信息化设施同步建设、同步使用，确保关键信息基础设施的功能、性能正常发挥。关键信息基础设施在上线之前，要进行源代码检测、等级测评、风险评估，确保其运行安全和数据安全。

第十三条　运营者应当建立健全网络安全保护制度和责任制，保障人力、财力、物力投入。运营者的主要负责人对关键信息基础设施安全保护负总责，领导关键信息基础设施安全保护和重大网络安全事件处置工作，组织研究解决重大网络安全问题。

本条规定运营者应建立健全网络安全保护制度和责任制，落实关键信息基础设施安全保护责任，保障人力、财力、物力投入。具体来讲，运营者要从专门机构、编制、人员、经费、装备、科研、工程等方面，大力加强关键信息基础设施安全保障，才能使关键信息基础设施安全保护责任落到实处。同时，运营者要严格落实有关党委（党组）网络安全工作责任制实施办法，主要负责人对关键信息基础设施安全保护负总责，领导关键信息基础设施安全保护和重大网络安全事件处置工作，组织研究解决重大网络安全问题。要明确一名领导班子成员作为首席网络安全官分管安全保护工作，要建立健全网络安全管理和评价考核制度，加强网络安全统筹规划和贯彻实施。

第十四条　运营者应当设置专门安全管理机构，并对专门安全管理机构负责人和关键岗位人员进行安全背景审查。审查时，公安机关、国家安全机关应当予以协助。

本条规定了运营者应设置专门的网络安全管理机构。根据运营者的行政或事业编制级别，可设置相应的网络安全处或科。有的企业设置了网络安全管理部。这些均属于专门网络安全管理机构。运营者应确定网络安全关键岗位（例如安全管理员、系统管理员、安全审计员等岗位），对机构负责人和关键岗位人员进行安全背景审查。在进行安全背景审查时，公安机关、国家安全机关应予以协助并把关。通过安全审查的，可以进入网络安全关键岗位，否则不许进入，已进入的要及时调整，避免由于关键岗位的人员出现问题而危害网络安全和业务安全，甚至危害国家安全。

第十五条　专门安全管理机构具体负责本单位的关键信息基础设施安全保护工作，履行下列职责：

（一）建立健全网络安全管理、评价考核制度，拟订关键信息基础设施安全保护计划；

（二）组织推动网络安全防护能力建设，开展网络安全监测、检测和风险评估；

（三）按照国家及行业网络安全事件应急预案，制定本单位应急预案，定期开展应急演练，处置网络安全事件；

（四）认定网络安全关键岗位，组织开展网络安全工作考核，提出奖励和惩处建议；

（五）组织网络安全教育、培训；

（六）履行个人信息和数据安全保护责任，建立健全个人信息和数据安全保护制度；

（七）对关键信息基础设施设计、建设、运行、维护等服务实施安全管理；

（八）按照规定报告网络安全事件和重要事项。

本条规定了专门安全管理机构在关键信息基础设施安全保护工作中的具体职责任务。这些规定的内容是基本责任义务。

（1）建立健全网络安全管理、评价考核制度，拟订关键信息基础设施安全保护计划。网络安全等级保护制度进入2.0时代，网络安全专门管理机构应按照《网络安全法》《关保条例》的要求，认真落实网络安全等级保护制度和关键信息基础设施安全保护制度，建立健全本单位网络安全管理、评价考核制度，依据《网络安全等级保护基本要求》《网络安全等级保护安全设计技术要求》《关键信息基础设施安全保护要求》等国家标准，拟订关键信息基础设施安全保护计划和安全建设方案，开展关键信息基础设施安全建设，构建以可信计算、人工智能、大数据分析等技术为核心的关键信息基础设施综合防御体系。

（2）组织推动网络安全防护能力建设，开展网络安全监测、检测和风险评估。网络安全问题具有很强的隐蔽性，感知网络安全态势是最基本、最基础的工作。网络安全专门管理机构应在各级网络与信息安全信息通报机构的指导下，建立健全本单位网络安全实时监测和信息通报预警机制，建立网络安全监控指挥中心，落实7×24小时值班值守机制，利用网络安全态势感知平台，大力开展网络安全实时监测、威胁情报、通报预警、应急处置、风险评估、指挥调度等工作，大力提升网络安全突发事件的应对能力，变被动防护为主动防护，变静态防护为动态防护，变单点防护为整体防控，变粗放防护为精准防护，确保关键信息基础设施和大数据安全，确保国家重大活动期间网络安全。

（3）建立健全关键信息基础设施应急处置机制，按照国家和行业网络安全事件应急预案，制定本单位关键信息基础设施应急预案，定期开展应急演练，并通过演练不断健全完善应急预案。当发生网络安全突发事件时，应及时启动应急预案，立即报告有关部门，快速处置，将损失降到最低，并及时恢复网络系统运行；及时向公安机关报告，配合开展侦查调查。

（4）认定网络安全关键岗位，包括系统管理员、安全管理员、安全审计员等重要岗位；制定考核规范和考核计划，明确奖励和惩处措施，组织开展网络安全工作考核，并提出奖励和惩处建议，报有关部门和领导审批。

（5）组织网络安全教育、培训。网络空间的竞争，归根结底是人才竞争。组织网络安全教育、培训，大力加强高端人才培养，选好用好特殊人才，是网络安全工作的重要保障。公安机关通过组织开展网络安全比武竞赛，发现了一批高端人才并通报给有关保护工作部门、运营者。网络安全专门管理机构对公安机关通报的人才及自行选拔发现的人才，应建议给予特殊待遇和专门经费支持；建立特殊网络攻防人才发现、选拔、使用机制，与公安机关密切配合，通过培训和训练，提升网络安全人才的实战化能力。

（6）建立健全个人信息和数据安全保护制度，落实个人信息和数据安全的管理措施和技术保护措施，对个人信息和数据的采集、存储、传输、使用、提供、销毁等环节，认真查找安全风险，落实个人信息和数据全生命周期安全，履行安全保护责任。

（7）对关键信息基础设施设计、建设、运行、维护等服务实施安全管理。为关键信息基础设施提供安全服务，不同于普通的第三方安全服务。关键信息基础设施安全主管部门应出台相应的政策规范，加强对服务机构的监督和指导。网络安全专门管理机构应按照有关管理规范，对开展关键信息基础设施设计、建设、运行、维护等服务环节以及机构和人员实施安全管理，落实安全责任，以确保关键信息基础设施的供应链安全。

（8）按规定报告网络安全事件和重要事项。当发生网络安全事件或重大安全威胁及有关网络安全重要事项时，网络安全专门管理机构应按照有关规定及时向保护工作部门、公安机关报告。当发生特别重大网络安全事件和威胁时，还应同时向国家网信部门报告。网络安全专门管理机构应按照有关规定及网络安全职能部门、保护工作部门的要求，有效处置事件和威胁，确保关键信息基础设施运行安全。

第十六条 运营者应当保障专门安全管理机构的运行经费、配备相应的人员，开展与网络安全和信息化有关的决策应当有专门安全管理机构人员参与。

本条规定运营者应对网络安全专门管理机构开展关键信息基础设施安全保护提供各方面保障：一是为专门安全管理机构提供充足的运维经费和安全建设经费，以及办公环境、设备、装备等条件，确保日常安全工作的开展；二是配备相应的编制和安全管理人员、技术人员，确保有能力开展安全监测、通报预警、安全防护、应急处置等工作；三是在对网络安全和信息化建设进行有关决策时，应有网络安全专门管理机构人员参与，听取网络安全人员意见，确保决策科学、正确、合理。

第十七条 运营者应当自行或者委托网络安全服务机构对关键信息基础设施每年至少进行一次网络安全检测和风险评估，对发现的安全问题及时整改，并按照保护工作部门要求报送情况。

本条规定运营者应每年组织对关键信息基础设施开展检测评估，并对发现的问题及时整改，消除安全问题隐患。由于网络安全漏洞层出不穷、网络安全威胁不断变化，因此，运营者应组织技术力量或委托安全服务机构，每年至少进行一次关键信息基础设施安全检测和风险评估，并按照保护工作部门要求报送情况。运营者首先应落实《网络安全法》，并按照网络安全等级保护制度要求，对第三级及以上网络系统，选择符合国家要求的测评机构，依据《网络安全等级保护测评要求》等国家标准，每年开展等级测评和风险评估，对发现的问题和隐患有针对性地开展整改。

在此基础上，为了进一步提升关键信息基础设施安全保护能力，运营者应每年至少开展一次网络安全自查、自检和自评估。可以聘请第三方评估机构，按照关键信息基础设施安全检测评估要求等国家标准开展安全检测评估，对发现的问题和隐患及时进行整改。针对第三方开展的等级测评和风险评估及运营者自查、自检、自评估发现的问题和隐患，可一并制定整改方案进行整改加固，及时消除风险。

第十八条 关键信息基础设施发生重大网络安全事件或者发现重大网络安全威胁时，运营者应当按照有关规定向保护工作部门、公安机关报告。

发生关键信息基础设施整体中断运行或者主要功能故障、国家基础信息以及其他重要数据泄露、较大规模个人信息泄露、造成较大经济损失、违法信息较大范围传播等特别重大网络安全事件或者发现特别重大网络安全威胁时，保护工作部门应当在收到报告后，及时向国家网信部门、国务院公安部门报告。

本条规定了当发生网络安全事件或者发现重大网络安全威胁时运营者的报告义务。运营者应建立健全关键信息基础设施案事件报告制度。关键信息基础设施一旦发生重大和特别重大网络安全事（案）件或者发现重大网络安全威胁，运营者应第一时间向保护工作部门和受理备案的公安机关报告，保护现场和证据，开展应急处置，协助配合公安机关开展调查处置和侦查打击。

当关键信息基础设施发生特别重大网络安全事件或者发现特别重大网络安全威胁时，保护工作部门应在收到报告后及时向国家网信部门、国务院公安部门报告。特别重大网络安全事件、特别重大网络安全威胁包括：关键信息基础设施整体中断运行或主要功能发生故障；人口、医疗、教育、自然资源、经济等国家基础信息及其他重要数据泄露；较大规模公民个人信息遭泄露；违法信息较大范围传播影响国家安全和社会稳定；事件给国家、单位或人民群众带来较大经济损失等。

第十九条 运营者应当优先采购安全可信的网络产品和服务；采购网络产品和服务可能影响国家安全的，应当按照国家网络安全规定通过安全审查。

本条规定运营者应强化关键信息基础设施的供应链安全：要高度重视关键信息基础设施涉及的网络安全规划、方案设计、系统建设、运行维护、重大活动网络安保等环节的服务安全和信息技术产品供应等供应链安全，应优先采购安全可信的网络产品和服务，落实安可工程要求；对可能影响国家安全的，应按照国家有关规定进行安全审查，确保购买的产品和服务符合国家有关政策要求。

第二十条 运营者采购网络产品和服务，应当按照国家有关规定与网络产品和服务提供者签订安全保密协议，明确提供者的技术支持和安全保密义务与责任，并对义务与责任履行情况进行监督。

本条规定运营者在采购网络产品和服务时，应按照国家有关规定与网络产品和服务提供者签订安全保密协议，明确提供者的技术支持和安全保密义务与责任，并对提供者的义务与责任履行情况进行监督管理，严防发生以产品和服务为跳板入侵攻击关键信息基础设施的事件发生。采购网络产品和服务属于关键信息基础设施供应链安全的范畴。

第二十一条 运营者发生合并、分立、解散等情况，应当及时报告保护工作部门，并按照保护工作部门的要求对关键信息基础设施进行处置，确保安全。

本条规定了在运营者发生合并、分立、解散等情况时，应及时报告保护工作部门，并按照保护工作部门的要求对关键信息基础设施进行处置，确保安全。同时，要向公安机关报告，以便及时对备案的关键信息基础设施进行处置，做好后续工作的衔接。运营者应在保护工作部门、公安机关的指导下处置关键信息基础设施，避免由于运营者发生合并、分立、解散等情况影响关键信息基础设施和数据安全。

第二十八条 运营者对保护工作部门开展的关键信息基础设施网络安全检查检测工作，以及公安、国家安全、保密行政管理、密码管理等有关部门依法开展的关键信息基础设施网络安全检查工作应当予以配合。

本条规定运营者对保护工作部门及公安机关、国家安全机关、保密行政管理、密码管理等有关部门开展的检查检测等工作应予以配合。检查检测的目的，既是有关部门履行职责，也是为了及时发现和整改问题及隐患，共同保护关键信息基础设施安全。保护工作部门开展的关键信息基础设施安全检查检测属于行业内部组织的检查，是运营者的上级单位对下级的检查；公安、国家安全、保密行政管理、密码管理等有关部门对运营者开展的检查，是网络安全职能部门依据法定职责对运营者开展的检查。公安、保密行政管理、密码管理等有关部门在检查时，由于检查对象、检查内容不同，不存在重复检查、交叉检查问题。因此，运营者要按照保护工作部门及公安、国家安全、保密行政管理、密码管理等有关部门事先发出的检查通知要求，对检查工作予以配合，准备检查材料，协助开展技术检测。

1.6 保护工作部门关键信息基础设施安全保护职责任务

第二十二条 保护工作部门应当制定本行业、本领域关键信息基础设施安全规划，明确保护目标、基本要求、工作任务、具体措施。

本条规定了保护工作部门应制定本行业、本领域关键信息基础设施安全规划。在确定本行业、本领域关键信息基础设施名录的基础上，要按照国家有关法律、政策、标准要求，结合本行业、本领域网络安全和信息化建设特点，在公安部和专家组的指导下，制定本行业、本领域关键信息基础设施安全规划，明确保护目标、基本要求、工作任务、具体措施等内容，实施关键信息基础设施安全保护工程，把规划落到实处。在制定关键信息基础设施安全规划的过程中，应多听取专家意见，并与有关行业部门交流，吸取电力、银行等先进单位的经验做法，使规划具有科学性、针对性和适用性。

第二十四条 保护工作部门应当建立健全本行业、本领域的关键信息基础设施网络安全监测预警制度，及时掌握本行业、本领域关键信息基础设施运行状况、安全态势，预警通报网络安全威胁和隐患，指导做好安全防范工作。

本条规定保护工作部门应按照党中央和国务院的要求，在国家网络与信息安全信息通报中心的指导下，建立健全本行业、本领域的关键信息基础设施安全监测预警机制，明确责任部门和责任人，组织力量，建设并利用网络安全态势感知平台，建立网络安全监控指挥中心，落实 7×24 小时值班值守制度，大力开展网络安全实时监测、威胁情报、通报预警、应急处置、风险评估、指挥调度等工作，及时掌握本行业、本领域关键信息基础设施运行状况、安全态势、外在威胁和问题隐患，通报预警网络安全威胁和隐患，指导并支持运营者做好关键信息基础设施安全防范工作，大力提升网络安全突发事件应对能力，确保关键信息基础设施和大数据安全。

第二十五条 保护工作部门应当按照国家网络安全事件应急预案的要求，建立健全本行业、本领域的网络安全事件应急预案，定期组织应急演练；指导运营者做好网络安全事件应对处置，并根据需要组织提供技术支持与协助。

本条规定保护工作部门应建立健全关键信息基础设施应急处置机制，按照国家网络安全事件应急预案的要求，制定本行业、本领域的应急预案，定期组织开展应急演练，处置网络安全事件，通过演练不断健全完善应急预案；指导运营者制定本单位的应急预案，开展演练和网络安全事件应急处置，并根据需要提供技术支持与协助。保护工作部门和运营者制定应急预案、开展应急演练的过程,应与公安机关密切配合,在公安机关及专家、社会力量的支持下开展。如果发生了网络安全事件,保护工作部门和运营者就应按要求及时报告公安机关、网信部门,在公安机关的支持下启动应急预案,开展应急处置,把损失降到最低,并配合公安机关开展溯源、固证和侦查打击。

第二十六条 保护工作部门应当定期组织开展本行业、本领域关键信息基础设施网络安全检查检测,指导监督运营者及时整改安全隐患、完善安全措施。

本条规定保护工作部门应履行主管(监管)责任,定期组织开展安全检查和检测。应每年制定检查检测方案,组织技术队伍,首先开展远程渗透,查找关键信息基础设施是否有非法外连,是否可以从互联网、App侵入内网,是否有重大漏洞隐患;由保护工作部门领导带队,对运营者应履行的关键信息基础设施安全保护责任义务各方面及在远程渗透中发现的问题隐患开展现场检查,指导监督运营者及时整改安全隐患、完善安全措施,提升关键信息基础设施安全保护能力和应对网络攻击的能力。保护工作部门可根据检查内容、检查对象的不同,分别会同公安、保密行政管理、密码管理等有关职能部门,对运营者开展网络安全检查检测、保密检查检测和密码检查检测。

1.7 关键信息基础设施安全保护工作的保障和促进

第二十三条 国家网信部门统筹协调有关部门建立网络安全信息共享机制,及时汇总、研判、共享、发布网络安全威胁、漏洞、事件等信息,促进有关部门、保护工作部门、运营者以及网络安全服务机构等之间的网络安全信息共享。

本条规定国家建立网络安全信息共享机制。国家高度重网络安全信息共享机制建设,2003年中央决定建立网络安全信息通报机制,2004年批准公安部成立国家网络与信息安全信息通报中心。国家建立了专门机构,组织各级公安机关、重要行业部门和社会力量开展信息通报机制、通报力量建设,建立了专家队伍和技术支持队伍,开展信息收集汇总、分析研判、上报反馈等工作,建立了网络安全信息共享机制和"三层两百纵"的全国立体化信息通报预警体系。重要行业部门在国家网络与信息安全信息通报中心的指导下,建立了行业网络安全信息通报机制,与公安机关密切配合,以信息通报机制为平台,以网络安全等级保护为抓手,以威胁情报为突破,以侦查打击为支撑,构建了"打防管控"一体化的网络安全综合防控体系。各地公安机关按照法律授权和公安部要求,建立了本地网络与信息安全信息通报中心，并建立了网络安全信息共享机制，以网络安全案事件为主线，建设并利用安全保卫平台，开展实时监测、通报预警、快速处置、追踪溯源、态势感知、情报信息、侦查打击、等级保护、指挥调度等工作。

进入新时代，保护工作部门和运营者应在国家网络与信息安全信息通报中心的指导下，按照国家网络与信息安全信息通报机制建设要求，全面加强本行业、本领域的网络与信息安全信息通报机制建设，大力开展网络安全信息通报预警工作，并在现有工作的基础上进一步强化网络安全信息共享机制。按照职责分工，各级网络与信息安全信息通报中心应依托公安机关的职能优势、力量优势，结合公安机关的威胁情报、侦查打击、网络安全等级保护、关键信息基础设施安全保护等工作，及时汇总、研判、共享、发布网络安全威胁、漏洞、事件等信息，进一步强化全国网络与信息安全信息通报机制建设，促进有关部门、保护工作部门、运营者及网络安全服务机构等之间的网络安全信息共享，为关键信息基础设施安全保护提供重要支撑和保障。

第二十七条 国家网信部门统筹协调国务院公安部门、保护工作部门对关键信息基础设施进行网络安全检查检测，提出改进措施。

有关部门在开展关键信息基础设施网络安全检查时，应当加强协同配合、信息沟通，避免不必要的检查和交叉重复检查。检查工作不得收取费用，不得要求被检查单位购买指定品牌或者指定生产、销售单位的产品和服务。

本条规定了有关部门在开展关键信息基础设施安全检查检测时的相关要求。依据法定职责，公安机关、保密行政管理部门，密码管理部门分别组织开展网络安全执法检查、网络安全保密执法检查、密码管理执法检查，由于检查对象、检查内容不同，不存在重复检查和交叉检查问题。保护工作部门组织开展的检查属于行业内部检查。为了避免不必要的检查和交叉重复检查，应强协调配合、信息沟通，可以分别会同公安机关、保密行政管理部门、密码管理部门开展检查。

公安机关、保密行政管理部门、密码管理部门、保护工作部门在检查时，不得收取费用，不得要求被检查单位购买指定品牌或者指定生产、销售单位的产品和服务。

第二十九条 在关键信息基础设施安全保护工作中，国家网信部门和国务院电信主管部门、国务院公安部门等应当根据保护工作部门的需要，及时提供技术支持和协助。

本条规定国家网信部门和国务院电信主管部门、国务院公安部门对关键信息基础设施安全保护具有支持和协助义务。关键信息基础设施安全保护工作是一个系统性工程，需要举国家之力，调动全社会力量，大力开展保卫、保护和保障工作。在关键信息基础设施安全保护工作中：国家网信部门作为统筹协调部门，应协调发改、财政、税务、教育、科技、编制等部门，在重大工程、资金投入、税收、人才培养、科技攻关、机构编制等方面，对运营者加大保障力度，对网络安全产业和企业发展提供支持；国务院电信主管部门应协调电信运营商，在电信网络建设方面大力支持运营者，同时提供安全可靠的电信网络环境支撑；公安部作为国家网络安全重要职能部门、关键信息基础设施指导监督部门，承担着网络安全威胁情报、侦查打击、安全监管、等级保护、信息通报等职责任务，组织全国公安机关网络安全保卫队伍和社会力量，大力开展关键信息基础设施安全保卫和保护工作，全力支持和协助运营者。

第三十条 网信部门、公安机关、保护工作部门等有关部门、网络安全服务机构及其工作人员对于在关键信息基础设施安全保护工作中获取的信息，只能用于维护网络安全，并严格按照有关法律、行政法规的要求确保信息安全，不得泄露、出售或者非法向他人提供。

本条规定了有关部门和个人对工作中获取的信息的安全保护、保密要求。网信部门、公安机关、安全机关、保密行政管理部门、密码管理部门、保护工作部门等有关部门，以及网络安全服务机构及其工作人员，在开展关键信息基础设施安全检查、检测或服务的过程中会获得运营者的许多重要信息和数据。这些信息和数据只能用于维护网络安全的工作。应严格按照有关法律、行政法规的要求，确保所获信息和数据的安全，严格落实保密措施，不得泄露、出售或者非法向他人提供，否则将追究有关单位和人员的法律责任。网信部门、公安机关、安全机关、保密行政管理部门、密码管理部门、保护工作部门等有关部门，以及网络安全服务机构及其工作人员，有责任和义务对运营者的信息和数据进行保密，不能非法使用，更不能外泄。要从管理制度、技术措施、责任追究等方面综合采取措施，确保运营者的信息和数据安全。

第三十一条 未经国家网信部门、国务院公安部门批准或者保护工作部门、运营者授权，任何个人和组织不得对关键信息基础设施实施漏洞探测、渗透性测试等可能影响或者危害关键信息基础设施安全的活动。对基础电信网络实施漏洞探测、渗透性测试等活动，应当事先向国务院电信主管部门报告。

本条规定了对关键信息基础设施实施漏洞探测、渗透性测试等活动的约束。未经国家网信部门、公安部批准或者保护工作部门、运营单位授权，任何个人和组织不得对关键信息基础设施实施漏洞探测、渗透性测试等活动,以确保关键信息基础设施安全稳定运行。鉴于基础电信网络的基础性地位和极端重要性,任何个人和组织对基础电信网络实施漏洞探测、渗透性测试等活动,应事先向工业和信息化部报告。

为了规范网络产品安全漏洞发现、报告、修补和发布等行为,防范网络安全风险,加强漏洞管理,工业和信息化部、公安部、国家互联网信息办公室联合制定出台了《网络产品安全漏洞管理规定》(自 2021 年 9 月 1 日起施行)。国家互联网信息办公室负责统筹协调网络产品安全漏洞管理工作。工业和信息化部负责网络产品安全漏洞综合管理,承担电信和互联网行业网络产品安全漏洞监督管理。公安部负责网络产品安全漏洞监督管理,依法打击利用网络产品安全漏洞实施的违法犯罪活动。

《网络产品安全漏洞管理规定》第四条明确了:任何组织或个人不得利用网络产品安全漏洞从事危害网络安全的活动,不得非法收集、出售、发布网络产品安全漏洞信息;明知他人利用网络产品安全漏洞从事危害网络安全的活动的,不得为其提供技术支持、广告推广、支付结算等帮助。《网络产品安全漏洞管理规定》的详细解读见第 9 章。

第三十三条 公安机关、国家安全机关依据各自职责依法加强关键信息基础设施安全保卫,防范打击针对和利用关键信息基础设施实施的违法犯罪活动。

本条规定公安机关、国家安全机关依据各自职责,依法对来自境内外的网络攻击等违法犯罪活动、间谍活动进行侦察调查和立案打击,对境内外敌对分子的网络攻击活动开展安全监测预警和应急处置,与保护工作部门、运营者密切配合,在社会力量的支持下,共同加强关键信息基础设施安全保卫,有效防范打击针对和利用关键信息基础设施的违法犯罪活动。公安机关、国家安全机关加强关键信息基础设施安全保卫,主要体现在开展威胁情报和侦查打击工作上,包括:掌握攻击对手情况、攻击线索等;支撑固证、溯源和侦查打击;支持开展安全防范。

1.8 法律责任

《关保条例》第五章规定了 11 条法律责任,主要是对运营者以及网信部门、公安机关、保护工作部门和其他有关部门及其工作人员不履行法律义务或违反有关规定的情形的处罚。在实施处罚时,应明确有关事项和原则:一是条款中的有关部门,是指公安机关、国家安全机关、网信部门、保护工作部门,这些部门都有处罚权;二是按照"一事不二罚"

原则，运营者违反某条规定被一个部门处罚了，其他部门不能重复处罚。

第三十九条　运营者有下列情形之一的，由有关主管部门依据职责责令改正，给予警告；拒不改正或者导致危害网络安全等后果的，处10万元以上100万元以下罚款，对直接负责的主管人员处1万元以上10万元以下罚款：

（一）在关键信息基础设施发生较大变化，可能影响其认定结果时未及时将相关情况报告保护工作部门的；

（二）安全保护措施未与关键信息基础设施同步规划、同步建设、同步使用的；

（三）未建立健全网络安全保护制度和责任制的；

（四）未设置专门安全管理机构的；

（五）未对专门安全管理机构负责人和关键岗位人员进行安全背景审查的；

（六）开展与网络安全和信息化有关的决策没有专门安全管理机构人员参与的；

（七）专门安全管理机构未履行本条例第十五条规定的职责的；

（八）未对关键信息基础设施每年至少进行一次网络安全检测和风险评估，未对发现的安全问题及时整改，或者未按照保护工作部门要求报送情况的；

（九）采购网络产品和服务，未按照国家有关规定与网络产品和服务提供者签订安全保密协议的；

（十）发生合并、分立、解散等情况，未及时报告保护工作部门，或者未按照保护工作部门的要求对关键信息基础设施进行处置的。

本条规定了运营者不遵守《关保条例》规定的关键信息基础设施安全保护义务应承担的法律责任。运营者存在这十种情形之一的，由公安机关或保护工作部门依据职责责令改正，给予警告。运营者拒不改正或者导致危害网络安全等后果的，处10万元以上100万元以下罚款，对直接负责的主管人员处1万元以上10万元以下罚款。

第四十条　运营者在关键信息基础设施发生重大网络安全事件或者发现重大网络安全威胁时，未按照有关规定的要求向保护工作部门、公安机关报告的，由保护工作部门、公安机关依据职责责令改正，给予警告；拒不改正或者导致危害网络安全等后果的，处10万元以上100万元以下罚款，对直接负责的主管人员处1万元以上10万元以下罚款。

本条规定了运营者不遵守《关保条例》规定的事件和威胁报告义务应承担的法律责任。

当关键信息基础设施发生重大网络安全事件或者发现重大网络安全威胁时（例如，发生重大网络攻击窃密、控制权被剥夺，或者重要数据被窃取、存在重大漏洞隐患），运营者没有按照有关规定的要求及时向保护工作部门、公安机关报告的，由保护工作部门、公安机关依据职责责令改正，给予警告。运营者应及时制定整改方案并开展整改，直到消除隐患和威胁。运营者拒不改正或者导致危害网络安全等后果的，保护工作部门、公安机关可对其处 10 万元以上 100 万元以下罚款，对直接负责的主管人员处 1 万元以上 10 万元以下罚款。

第四十一条 运营者采购可能影响国家安全的网络产品和服务，未按照国家网络安全规定进行安全审查的，由国家网信部门等有关主管部门依据职责责令改正，处采购金额 1 倍以上 10 倍以下罚款，对直接负责的主管人员和其他直接责任人员处 1 万元以上 10 万元以下罚款。

本条规定了运营者不遵守《关保条例》规定的安全审查义务应承担的法律责任。运营者在针对关键信息基础设施采购网络产品、网络安全产品、网络规划设计、网络系统建设、安全咨询、安全运维等服务时，应事先进行分析评估。如果产品可能影响国家安全，则应按照国家网络安全规定程序，申请进行安全审查；审查通过的，方可进行采购。否则，将由国家网信部门、公安机关或保护工作部门依据职责责令运营者改正，处采购金额 1 倍以上 10 倍以下罚款，对直接负责的主管人员和其他直接责任人员处 1 万元以上 10 万元以下罚款。

第四十二条 运营者对保护工作部门开展的关键信息基础设施网络安全检查检测工作，以及公安、国家安全、保密行政管理、密码管理等有关部门依法开展的关键信息基础设施网络安全检查工作不予配合的，由有关主管部门责令改正；拒不改正的，处 5 万元以上 50 万元以下罚款，对直接负责的主管人员和其他直接责任人员处 1 万元以上 10 万元以下罚款；情节严重的，依法追究相应法律责任。

本条规定了运营者不遵守《关保条例》规定的安全检查检测配合义务应承担的法律责任。对保护工作部门组织开展的关键信息基础设施安全检查检测工作，以及公安、国家安全、保密行政管理、密码管理等有关部门依法开展的检查工作，运营者应予以协助配合；不予配合的，由保护工作部门以及公安、国家安全、保密行政管理、密码管理等职能部门责令其改正；拒不改正的，处 5 万元以上 50 万元以下罚款，对直接负责的主管人员和其他直接责任人员处 1 万元以上 10 万元以下罚款；情节严重的，依法追究相应法律责任。

第四十三条　实施非法侵入、干扰、破坏关键信息基础设施，危害其安全的活动尚不构成犯罪的，依照《中华人民共和国网络安全法》有关规定，由公安机关没收违法所得，处5日以下拘留，可以并处5万元以上50万元以下罚款；情节较重的，处5日以上15日以下拘留，可以并处10万元以上100万元以下罚款。

单位有前款行为的，由公安机关没收违法所得，处10万元以上100万元以下罚款，并对直接负责的主管人员和其他直接责任人员依照前款规定处罚。

违反本条例第五条第二款和第三十一条规定，受到治安管理处罚的人员，5年内不得从事网络安全管理和网络运营关键岗位的工作；受到刑事处罚的人员，终身不得从事网络安全管理和网络运营关键岗位的工作。

本条规定了对危害关键信息基础设施安全的活动尚不构成犯罪的情形的处罚，处罚实施者为公安机关。任何单位或个人不得对关键信息基础设施实施非法侵入、干扰和破坏活动。对危害关键信息基础设施安全的活动，尚不构成犯罪的，依照《网络安全法》有关规定，由公安机关没收违法所得，处5日以下拘留，可以并处5万元以上50万元以下罚款；情节较重的，处5日以上15日以下拘留，可以并处10万元以上100万元以下罚款。

单位有危害关键信息基础设施安全的活动，尚不构成犯罪的，由公安机关没收违法所得，处10万元以上100万元以下罚款，并对直接负责的主管人员和其他直接责任人员依照前款规定处罚。

本条第三款规定了对违反《关保条例》第五条第二款和第三十一条规定，受到治安管理处罚、刑事处罚的人员实施禁业。受到治安管理处罚的人员，5年内不得从事网络安全管理和网络运营关键岗位的工作；受到刑事处罚的人员，终身不得从事网络安全管理和网络运营关键岗位的工作。

第四十四条　网信部门、公安机关、保护工作部门和其他有关部门及其工作人员未履行关键信息基础设施安全保护和监督管理职责或者玩忽职守、滥用职权、徇私舞弊的，依法对直接负责的主管人员和其他直接责任人员给予处分。

本条规定了对有关网络安全职能部门、保护工作部门及工作人员未履行监管职责或违规行为的处罚。网信部门、公安机关、国家安全机关、保密行政管理、密码管理等职能部门以及保护工作部门及其工作人员，未按照《网络安全法》等法律法规、中央有关文件要求履行关键信息基础设施安全保护和监督管理职责，或者存在玩忽职守、滥用职权、徇私舞弊的，有关部门应依法对直接负责的主管人员和其他直接责任人员给予警告、降职、撤职等处分。

第四十五条　公安机关、保护工作部门和其他有关部门在开展关键信息基础设施网络安全检查工作中收取费用，或者要求被检查单位购买指定品牌或者指定生产、销售单位的产品和服务的，由其上级机关责令改正，退还收取的费用；情节严重的，依法对直接负责的主管人员和其他直接责任人员给予处分。

本条规定了对有关网络安全职能部门和保护工作部门在监督检查中的违规行为的处罚。公安机关、国家安全机关、保密行政管理、密码管理等职能部门及保护工作部门，在开展网络安全检查工作时收取费用，或者要求被检查单位购买指定品牌或指定生产、销售单位的产品和服务的，由其上级机关责令改正，退还收取的费用；情节严重的，依法对直接负责的主管人员和其他直接责任人员给予警告、降职、撤职等处分。

第四十六条　网信部门、公安机关、保护工作部门等有关部门、网络安全服务机构及其工作人员将在关键信息基础设施安全保护工作中获取的信息用于其他用途，或者泄露、出售、非法向他人提供的，依法对直接负责的主管人员和其他直接责任人员给予处分。

本条规定了对有关网络安全职能部门、保护工作部门、网络安全服务机构及其工作人员违规处理用户信息行为的处罚。网信部门、公安机关、国家安全机关、保密行政管理、密码管理等职能部门以及保护工作部门、网络安全服务机构及其工作人员，在开展关键信息基础设施安全保护工作时，应依法保护获取的关键信息基础设施相关信息和数据，不能用于其他用途，更不能发生泄露、出售、非法向他人提供等违规行为；如果发生，则将依据情节严重程度依法对直接负责的主管人员和其他直接责任人员给予处分，构成犯罪的将依法追究刑事责任。

第四十七条　关键信息基础设施发生重大和特别重大网络安全事件，经调查确定为责任事故的，除应当查明运营者责任并依法予以追究外，还应查明相关网络安全服务机构及有关部门的责任，对有失职、渎职及其他违法行为的，依法追究责任。

本条规定了在关键信息基础设施发生责任事故时对相关方的处罚。关键信息基础设施发生重大和特别重大网络安全事件，经公安机关和有关部门调查确定为责任事故的，应查明运营者责任并依有关法律法规予以追究责任。同时，应查明网络建设机构、产品厂商、运维机构、检测评估机构等相关网络安全服务机构及有关部门的责任，对有失职、渎职及其他违法行为的，依法追究责任。当关键信息基础设施发生重大和特别重大网络安全事件时，有关部门应对事件的类型、造成事件的原因等认真分析评判，充分掌握证据，并在此基础上分清有关单位、机构的责任，依法依规进行处理，切不可草率决定、伤及无辜。

第四十八条 电子政务关键信息基础设施的运营者不履行本条例规定的网络安全保护义务的，依照《中华人民共和国网络安全法》有关规定予以处理。

本条规定了对电子政务关键信息基础设施运营者不履行安全保护义务的情形的处罚。电子政务关键信息基础设施的运营者不履行本条例规定的网络安全保护义务的，除按照本条例有关规定进行处罚外，还可以依照《网络安全法》第六章第五十九条至第七十五条的规定予以处理。

第四十九条 违反本条例规定，给他人造成损害的，依法承担民事责任。

违反本条例规定，构成违反治安管理行为的，依法给予治安管理处罚；构成犯罪的，依法追究刑事责任。

本条规定了个人和组织违反《关保条例》的民事责任、治安管理处罚和刑事责任。任何组织或个人，违反《关保条例》规定，给他人造成损害的，依法承担民事责任；构成违反治安管理行为的，应依据《治安管理处罚法》给予治安管理处罚；构成犯罪的，应依据《刑法》给予刑事处罚。

第 2 章　贯彻落实网络安全等级保护制度和关键信息基础设施安全保护制度

网络安全等级保护制度和关键信息基础设施安全保护制度是《网络安全法》和党中央有关文件确定的基本制度。2020年3月，党中央决定由公安部指导监督关键信息基础设施安全保护工作。为深入贯彻党中央有关文件精神和《网络安全法》，指导重点行业、部门全面落实网络安全等级保护制度和关键信息基础设施安全保护制度，健全完善国家网络安全综合防控体系，有效防范网络安全威胁，有力处置重大网络安全事件，严厉打击危害网络安全的违法犯罪活动，切实保障关键信息基础设施、重要网络和数据安全，公安部2020年制定出台了《贯彻落实网络安全等级保护制度和关键信息基础设施安全保护制度的指导意见》（公网安〔2020〕1960号），印送中央和国家机关各部委，国务院各直属机构、办事机构、事业单位，组织各地区、各部门深入开展网络安全等级保护和关键信息基础设施安全保护工作，积极构建国家网络安全综合防控系统，大力提升网络安全保障能力和水平。为了认真贯彻落实公网安〔2020〕1960号文件精神，公安部向各地公安机关下发了《关于深入组织开展网络安全等级保护工作加强关键信息基础设施安全保卫的通知》。全国公安机关应充分发挥职能作用，切实担负起党中央和法律赋予公安机关牵头组织开展网络安全等级保护工作和关键信息基础设施安全保护工作的职责任务。

本章对公安部出台的《贯彻落实网络安全等级保护制度和关键信息基础设施安全保护制度的指导意见》进行简要解读和说明，以便读者更好地贯彻落实这个文件。

2.1　我国网络安全面临的新形势、新挑战和新任务

近年来，国际上重大网络安全事件频发。2019年以来，委内瑞拉多次遭受大规模网络攻击、电磁攻击，造成多次全国大停电事件，突显出网络战的巨大危害。与此同时，我国网络安全也面临新的严重威胁和挑战，来自网络空间的对我国国家安全的威胁日益上升、挑战日益严重，敌对国家对我国实施贸易战、科技战、舆论战和网络战，严重威胁我国的

国家安全。在网络空间和网络安全方面，表现为以下七点。

一是敌对国家将我国作为网络空间的最主要战略对手，大力扩充网络战部队、装备网络战武器，强调先发制人和攻防兼备，对我国发动网络攻击、威胁我国国家安全的趋势上升。

二是有国家背景的网络攻击窃密活动日益猖獗，敌对势力、黑客组织对我国关键信息基础设施、重要网络和大数据平台大肆进行网络攻击、渗透、入侵、窃密活动。监测发现，许多行业、部门、企业、研究机构、高等院校等长期被攻击和入侵，军工和高科技单位工作人员邮箱被攻击导致重要文件遭窃取，政务系统遭勒索病毒攻击，网络安全案件和事件频发。

三是网络违法犯罪活动日益升级。利用和针对互联网实施网络窃密、网络赌博、网络诈骗、网上盗窃等违法犯罪活动日益猖獗。不法分子利用各种手段窃取、贩卖公民个人信息，从事各种违法犯罪活动，我国公民信息和大数据泄露事件频发。

四是全球发生新型冠状病毒肺炎疫情，网上社会活动、经济活动显著增加，我国境内医疗卫生、科研、检疫等多个行业部门的网络系统遭受境外黑客组织发起的网络攻击，维护重要网络、业务系统和大数据安全的任务日益繁重。

五是新技术新应用给网络安全带来新挑战。云计算、大数据的广泛应用带来了数据的集中，增加了安全风险，对安全保护能力提出了更高的要求。IPv6 的规模部署和 5G 的应用，加速了物联网、车联网、自动驾驶、智能家居等的发展，同时带来了新的未知风险。人工智能技术等新技术的双刃剑作用日益突显。

六是国家新基建全面启动，维护基础设施网络安全的任务更加艰巨。2020 年 3 月，中央决定加快信息基础设施、融合基础设施、创新基础设施建设，包括 5G 网络和基站、特高压、城际高速铁路和城市轨道交通、新能源汽车充电桩、大数据中心、人工智能、工业互联网等。新型基础设施以及由新技术构成的新业态，是敌对国家、敌对分子攻击的重点目标，维护新基建网络安全的任务更加艰巨。

七是重要行业应对网络威胁的能力有所提升，但应对网络战的能力仍显不足。虽然可以发现一般性攻击，但面对高级持续性威胁（APT）发现能力弱，对利用零日漏洞等高效网络武器发起的攻击缺乏应对能力；虽然采取了一些管理和技术手段，但没有形成联动合力，网络攻防对抗能力和反制能力不强。

网络安全的本质在于对抗，对抗的本质在于攻防两端能力的较量。各地区、各部门应该有清醒的认识，看清网络安全的隐匿性、复杂性，以及网络安全保护任务的长期性、艰巨性。中央要求组织开展"净网"等行动，深入贯彻落实网络安全等级保护制度，建立并实施关键信息基础设施安全保护制度。为此，各地区、各部门应齐心协力，按照中央对网络安全的决策部署，落实"四新"和"三化六防"要求，树立新目标（即构建国家网络安全综合防控系统），采取新理念（即实战化、体系化、常态化），落实新举措（即动态防御、主动防御、纵深防御、精准防护、整体防控、联防联控），实现新高度（即国家网络安全综合防御能力和水平上升一个新的高度）。

2.2 正确理解网络安全等级保护制度和关键信息基础设施安全保护制度的关系

近年来，各单位、各部门按照中央网络安全政策要求和《网络安全法》等法律法规规定，在网络安全企业和专家的密切配合和大力支持下，按照"打防管控"一体化要求，大力开展网络安全工作，有力保障了国家关键信息基础设施、重要网络和数据安全。当前，随着信息技术飞速发展，网络安全工作面临新形势、新挑战和新任务，来自网络空间的对我国国家安全的威胁越来越大、风险越来越高。对此，我们要有敌情意识、政治意识、大局意识和担当精神，大力开展网络安全工作，加快提升网络安全综合保障能力和水平。为此，各单位、各部门应共同担负起维护国家网络安全的重要任务和职责使命，深入贯彻落实网络安全等级保护制度，建立良好的网络安全保护生态，建立并实施关键信息基础设施安全保护制度，突出保护重点，大力加强关键信息基础设施安全保卫、保护和保障，健全完善国家网络安全综合防控体系，有效防范网络安全威胁，有力应对网络战威胁，有效处置网络安全事件，严厉打击危害网络安全的违法犯罪活动，切实保障国家网络空间主权、国家安全和社会公共利益。

要正确理解和准确把握网络安全等级保护制度和关键信息基础设施安全保护制度的内在关系，将两个制度统一起来认真落实，才能取得好的效果。

（1）《网络安全法》明确了网络安全等级保护和关键信息基础设施安全保护的法定关系。《网络安全法》规定，国家实行网络安全等级保护制度，关键信息基础设施在网络安全等级保护制度的基础上，实行重点保护。这充分说明，网络安全等级保护是关键信息基础设施安全保护的基础,开展网络安全等级保护工作是开展关键信息基础设施安全保护工作的前提和重要保障。

(2)网络安全等级保护制度和关键信息基础设施安全保护制度应保持协调和一致。近年来,在全社会的共同努力下,国家基本建立了网络安全等级保护制度体系,包括组织领导体系、法律体系、政策体系、标准体系、技术支撑体系、保护体系、人才队伍体系、教育训练体系和保障体系,网络安全等级保护制度得到进一步落实。关键信息基础设施安全保护制度是国家网络安全工作的新制度,国家应建立关键信息基础设施安全保护制度体系,包括法律体系、政策体系、标准体系、保护体系、保卫体系和保障体系,以确保将关键信息基础设施安全保护制度落到实处。在贯彻实施网络安全等级保护制度和关键信息基础设施安全保护制度的过程中,从制定出台法律法规和政策、研究制定标准、采取重要措施等方面,两个制度应保持协调一致、有机衔接,以体现法律和中央政策对两个制度的定位和要求。

(3)网络安全等级保护制度和关键信息基础设施安全保护制度有不同的侧重点。网络安全等级保护制度是国家网络安全的基本制度、基本国策,具有普适性和全覆盖性质,全社会都要按照网络安全等级保护制度要求开展网络安全保护工作。同时,网络安全等级保护制度侧重于将保护对象分等级进行保护,对不同等级的保护对象采取不同的保护措施和保护强度。关键信息基础设施安全保护制度是国家网络安全重点保护制度,对关键信息基础设施安全强调保卫、保护和保障。在保卫方面,体现在针对危害关键信息基础设施的违法犯罪活动,公安机关、国家安全机关等部门大力开展侦查打击,加强对关键信息基础设施的安全保卫;在保护方面,体现在关键信息基础设施在满足网络安全等级保护基本要求、基线要求、合规要求的基础上,采取先进技术和重要措施加强保护、增强保护;在保障方面,体现在发改、财政、教育、编制、科技等部门,对关键信息基础设施运营者,在工程项目、经费、人才培养、机构编制、科研等方面提供充足保障。

2.3 贯彻落实网络安全等级保护制度和关键信息基础设施安全保护制度的基本原则与工作目标

如何按照中央要求,结合多年来的工作经验和当前的实际情况,提出科学的、有针对性的贯彻落实网络安全等级保护制度和关键信息基础设施安全保护制度的方针政策至关重要。为此，公安部对贯彻落实网络安全等级保护制度和关键信息基础设施安全保护制度确立了指导思想和基本原则，以及主要任务和工作目标。

1. 指导思想和基本原则

按照党中央、国务院的决策部署，以总体国家安全观为统领，认真贯彻实施网络强国战略，全面加强网络安全工作统筹规划，以贯彻落实网络安全等级保护制度和关键信息基础设施安全保护制度为基础，以保护关键信息基础设施、重要网络和数据安全为重点，全面加强网络安全防范管理、监测预警、应急处置、侦查打击、情报信息等工作，及时监测、处置网络安全风险、威胁和网络安全突发事件，保护关键信息基础设施、重要网络和数据免受攻击、侵入、干扰和破坏，依法惩治网络违法犯罪活动，切实提高网络安全保护能力，积极构建国家网络安全综合防控体系，切实维护国家网络空间主权、国家安全和社会公共利益，保护人民群众的合法权益，保障和促进经济社会信息化健康发展。

按照上述指导思想，各地区、各部门应结合本地区、本部门实际，根据"坚持分等级保护、突出重点；坚持积极防御、综合防护；坚持依法保护、形成合力"等原则，统筹规划和深入开展网络安全工作。

（1）坚持分等级保护、突出重点。根据网络（包含网络设施、信息系统、数据资源等）在国家安全、经济建设、社会生活中的重要程度，以及其遭到破坏后的危害程度等因素，科学确定网络的安全保护等级，实施分等级保护、分等级监管，重点保障关键信息基础设施和第三级（含第三级，下同）以上网络的安全。

（2）坚持积极防御、综合防护。按照法律法规和有关国家标准规范，充分利用人工智能、大数据分析等技术，积极落实网络安全管理和技术防范措施，强化网络安全监测、态势感知、通报预警和应急处置等重点工作，综合采取网络安全保护、保卫、保障措施，防范和遏制重大网络安全风险和事件发生，保护云计算、物联网、新型互联网、大数据、智能制造等新技术新应用和新业态安全。

（3）坚持依法保护、形成合力。依据《网络安全法》等法律法规规定，公安机关依法履行网络安全保卫和监督管理职责，网络安全行业主管部门（含监管部门，下同）依法履行本行业网络安全主管、监管责任，强化和落实网络运营者主体防护责任，充分发挥和调动社会各方力量，协调配合、群策群力，形成网络安全保护工作合力。

上述指导思想和三个基本原则，是充分总结十多年来全国各地区、各部门开展网络安全等级保护工作的经验,以及近年来开展关键信息基础设施安全保护工作的经验,结合中央政策文件要求和《网络安全法》要求提出的,具有较强的科学性、针对性和有效性,各地区、各部门应认真思考、正确理解和准确把握。

2. 主要任务和工作目标

为贯彻落实网络安全等级保护制度和关键信息基础设施安全保护制度,大力开展网络安全等级保护和关键信息基础设施安全保护工作,从宏观层面作好顶层设计、突出重点,公安部确定了以下四个主要任务和工作目标。

(1)网络安全等级保护制度深入贯彻实施。网络安全等级保护定级备案、等级测评、安全建设和检查等基础工作深入推进。网络安全保护"实战化、体系化、常态化"和"动态防御、主动防御、纵深防御、精准防护、整体防控、联防联控"的"三化六防"措施得到有效落实,网络安全保护良好生态基本建立,国家网络安全综合防护能力和水平显著提升。

(2)关键信息基础设施安全保护制度建立实施。关键信息基础设施底数清晰,安全保护机构健全、职责明确、保障有力。在贯彻落实网络安全等级保护制度的基础上,关键信息基础设施涉及的关键岗位人员管理、供应链安全、数据安全、应急处置等重点安全保护措施得到有效落实,关键信息基础设施安全防护能力明显增强。

(3)网络安全监测预警和应急处置能力显著提升。跨行业、跨部门、跨地区的立体化网络安全监测体系和网络安全保护平台基本建成,网络安全态势感知、通报预警和事件发现处置能力明显提高。网络安全预案科学齐备,应急处置机制完善,应急演练常态化开展,网络安全重大事件得到有效防范、遏制和处置。

(4)网络安全综合防控体系基本形成。网络安全保护工作机制健全完善,党委统筹领导、各部门分工负责、社会力量多方参与的网络安全工作格局进一步完善。网络安全责任制得到有效落实,网络安全管理防范、监督指导和侦查打击等能力显著提升,"打防管控"一体化的网络安全综合防控体系基本形成。

2.4 深入贯彻实施网络安全等级保护制度

自 2007 年国家实施信息安全等级保护制度以来,各单位、各部门在公安机关的指导下，开展了大规模的信息系统定级、备案、安全建设整改、等级测评、监督检查等工作，取得了显著成效。2017 年国家出台《网络安全法》，明确规定国家实行网络安全等级保护制度，确立了网络安全等级保护制度作为我国网络安全保障领域基本制度的法律地位，标志着网络安全等级保护制度进入 2.0 时代。网络安全等级保护制度，是在党中央的坚强领导下我国网络安全取得的重大成就，是我国网络安全保障工作的伟大创举，是我国网络安全界广大人民的智慧结晶，是我国网络安全的基础防线和基石，是保障我国经济健康发展及维护国家安全、社会秩序和公共利益的根本保障，业已成为国家网络安全的基本制度、基本策略和基本方法。通过实施网络安全等级保护制度，确保网络运营者在网络建设过程中同步规划、同步建设、同步运行网络安全保护措施，履行网络安全保护责任和义务，确保产品生产厂商在 IT 产品和网络安全产品的设计制造中落实国家网络安全要求，确保网络安全服务商在安全服务中落实国家网络安全要求，并积极适应新形势和新任务，为我国实施网络强国战略保驾护航。

按照国家网络安全等级保护制度 2.0 工作要求，各单位、各部门应在公安机关的指导和监督下，认真组织、深入开展网络安全等级保护工作，建立良好的网络安全保护生态，提升内生安全、主动免疫、主动防御能力，切实履行主体责任，全面提升网络安全保护能力。为此，公安部对深入贯彻实施国家网络安全等级保护制度提出了如下六点要求。

（1）深化网络定级备案工作。网络运营者应全面梳理本单位各类网络，特别是云计算、物联网、新型互联网、大数据、智能制造等新技术新应用的基本情况，并根据网络的功能、服务范围、服务对象和处理数据等情况，科学确定网络的安全保护等级，对第二级（含第二级，下同）以上网络依法向公安机关备案，并向行业主管部门报备。对新建网络，应在规划设计阶段确定安全保护等级。公安机关对网络运营者提交的备案材料和网络的安全保护等级进行审核，对定级结果合理、备案材料符合要求的，及时出具网络安全等级保护备案证明。行业主管部门可以依据《网络安全等级保护定级指南》，结合行业特点制定行业网络安全等级保护定级指导意见。

（2）定期开展网络安全等级测评。网络运营者应依据有关标准规范，对已定级备案网络的安全性进行检测评估，查找可能存在的网络安全问题和隐患。第三级以上网络运营者应委托符合国家有关规定的等级测评机构，每年开展一次网络安全等级测评，并及时将等级测评报告提交受理备案的公安机关和行业主管部门。新建的第三级以上网络，应在通过等级测评后投入运行。网络运营者在开展测评服务的过程中要与测评机构签署安全保密协议，并对测评过程进行监督管理。公安机关要加强对本地等级测评机构的监督管理，建立测评人员背景审查和人员审核制度，确保等级测评过程客观、公正、安全。

（3）科学开展安全建设整改。网络运营者应在网络建设和运营过程中，同步规划、同步建设、同步使用有关网络安全保护措施。应依据《网络安全等级保护基本要求》《网络安全等级保护安全设计技术要求》等国家标准，在现有安全保护措施的基础上，全面梳理分析安全保护需求，并结合等级测评过程中发现的问题隐患，按照"一个中心（安全管理中心）、三重防护（安全通信网络、安全区域边界、安全计算环境）"的要求，认真开展网络安全建设和整改加固，全面落实安全保护技术措施。网络运营者可将网络迁移上云，或者将网络安全服务外包，充分利用云服务商和网络安全服务商提升网络安全保护能力和水平。应全面加强网络安全管理，建立完善人员管理、教育培训、系统安全建设和运维等管理制度，加强机房、设备和介质安全管理，强化重要数据和个人信息保护，制定操作规范和工作流程，加强日常监督和考核，确保各项管理措施有效落实。

（4）强化安全责任落实。行业主管部门、网络运营者应依据《网络安全法》等法律法规和有关政策要求，按照"谁主管谁负责、谁运营谁负责"的原则，厘清网络安全保护边界，明确安全保护工作责任，建立网络安全等级保护工作责任制，落实责任追究制度，作到"守土有责、守土尽责"。网络运营者要定期组织专门力量开展网络安全自查和检测评估。行业主管部门要组织风险评估，及时发现网络安全隐患和薄弱环节并予以整改，不断提高网络安全保护能力和水平。

（5）加强供应链安全管理。网络运营者应加强网络关键人员的安全管理，第三级以上网络运营者应对为其提供设计、建设、运维、技术服务的机构和人员加强管理，评估服务过程中可能存在的安全风险，并采取相应的管控措施。网络运营者应加强网络运维管理，因业务需要确需通过互联网远程运维的，应进行评估论证，并采取相应的管控措施。网络运营者应采购、使用符合国家法律法规和有关标准规范要求的网络产品及服务，第三级以上网络运营者应积极使用安全可信的网络产品及服务。

（6）落实密码安全防护要求。网络运营者应贯彻落实《中华人民共和国密码法》（简称为《密码法》）等有关法律法规规定和密码应用相关标准规范。第三级以上网络应正确、有效地采用密码技术进行保护，并使用符合相关要求的密码产品和服务。第三级以上网络运营者应在网络规划、建设和运行阶段，按照密码应用安全性评估管理办法和相关标准，在网络安全等级测评中同步开展密码应用安全性评估。

2.5 建立并实施关键信息基础设施安全保护制度

关键信息基础设施，是指公共通信和信息服务、能源、交通、水利、金融、公共服务、电子政务、国防科技工业等重要行业和领域的，以及其他一旦遭到破坏、丧失功能或数据泄露可能严重危害国家安全、国计民生、公共利益的重要网络设施、信息系统等。关键信息基础设施是经济社会运行的神经中枢，日益发挥着基础性、全局性、支撑性作用。保证关键信息基础设施安全，对于维护国家网络空间主权和国家安全、保障经济社会健康发展、维护公共利益和公民合法权益具有重大意义。当前，关键信息基础设施面临的安全形势日趋严峻，网络攻击威胁上升，重大漏洞层出不穷，事故隐患易发多发，安全保护工作还存在法规制度不完善、工作基础薄弱、资源力量分散、技术产业支撑不足等突出问题。因此，建立专门制度，明确各方责任和义务，对加快提升关键信息基础设施安全保障能力和水平具有重要作用。

党的十八大以来，党中央高度重视关键信息基础设施安全保护工作，就加强关键信息基础设施安全保护作出了一系列重大决策部署，提出要完善关键信息基础设施安全保护等法律法规，加快构建关键信息基础设施安全保障体系。为适应网络安全新形势、新任务、新要求，《网络安全法》从网络安全工作的实际需要出发，对关键信息基础设施安全保护作出了法律规定。按照法律要求和中央规定，国家应建立关键信息基础设施安全保护的法律体系、政策体系、标准体系、保护体系、保卫体系和保障体系，完善国家层面的关键信息基础设施安全保护制度体系。公安机关指导监督关键信息基础设施安全保护工作。各单位、各部门应加强关键信息基础设施安全的法律体系、政策体系、标准体系、保护体系、保卫体系和保障体系建设，建立并实施关键信息基础设施安全保护制度，在落实网络安全等级保护制度的基础上，突出保护重点，强化保护措施，切实维护关键信息基础设施安全。为此，公安部对建立并实施国家关键信息基础设施安全保护制度提出了如下五点要求。

（1）组织认定关键信息基础设施。根据党中央和公安部的有关规定，公共通信和信息服务、能源、交通、水利、金融、公共服务、电子政务、国防科技工业等重要行业和领域的主管、监管部门（即保护工作部门）应制定本行业、本领域关键信息基础设施认定规则并报公安部备案。保护工作部门根据认定规则负责组织认定本行业、本领域关键信息基础设施，及时将认定结果通知相关设施运营者并报公安部备案。应将符合认定条件的基础网络、大型专网、核心业务系统、云平台、大数据平台、物联网、工业控制系统、智能制造系统、新型互联网、新兴通信设施等重点保护对象纳入关键信息基础设施。关键信息基础设施清单实行动态调整机制。有关网络设施、信息系统发生较大变化，可能影响其认定结果的，运营者应及时将相关情况报告保护工作部门；保护工作部门应组织重新认定，将认定结果通知运营者，并报公安部备案。

（2）明确关键信息基础设施安全保护工作职能分工。公安部负责关键信息基础设施安全保护工作的顶层设计和规划部署，会同相关部门健全完善关键信息基础设施安全保护制度体系。保护工作部门负责本行业、本领域关键信息基础设施安全保护工作的组织领导，根据国家网络安全法律法规和有关标准规范要求，制定并实施本行业、本领域关键信息基础设施安全总体规划和安全防护策略，落实本行业、本领域网络安全指导监督责任。关键信息基础设施运营者负责设置专门安全管理机构，组织开展关键信息基础设施安全保护工作，主要负责人对本单位关键信息基础设施安全保护负总责。

（3）落实关键信息基础设施重点防护措施。关键信息基础设施运营者应依据网络安全等级保护标准开展安全建设并进行等级测评，发现问题和风险隐患要及时整改；依据关键信息基础设施安全保护标准，加强安全保护和保障，并进行安全检测评估。要梳理网络资产，建立资产档案，强化核心岗位人员管理、整体防护、监测预警、应急处置、数据保护等重点保护措施，合理分区分域，收敛互联网暴露面，加强网络攻击威胁管控，强化纵深防御，积极利用新技术开展网络安全保护，构建以密码技术、可信计算、人工智能、大数据分析等为核心的网络安全保护体系，不断提升关键信息基础设施内生安全、主动免疫和主动防御能力。有条件的运营者应组建自己的安全服务机构，承担关键信息基础设施安全保护任务，也可以通过迁移上云或购买安全服务等方式，提高网络安全专业化、集约化保障能力。

（4）加强重要数据和个人信息保护。运营者应建立并落实重要数据和个人信息安全保护制度，对关键信息基础设施中的重要网络和数据库进行容灾备份，采取身份鉴别、访问控制、密码保护、安全审计、安全隔离、可信验证等关键技术措施，切实保护重要数据全生命周期安全。运营者在境内运营中收集和产生的个人信息和重要数据应在境内存储；因业务需要，确需向境外提供的，应遵守有关规定并进行安全评估。

（5）强化核心岗位人员和产品服务的安全管理。要对专门安全管理机构的负责人和关键岗位人员进行安全背景审查，加强管理。要对关键信息基础设施设计、建设、运行、维护等服务实施安全管理，采购安全可信的网络产品和服务，确保供应链安全。采购的产品和服务可能影响国家安全的，应按照国家有关规定进行安全审查，通过审查后方可使用。

公安机关加强对关键信息基础设施安全服务机构的安全管理，为运营者开展安全保护工作提供支持。

2.6　加强网络安全保护工作的协作配合

网络安全保护工作涉及社会方方面面，网络安全职能部门、保障部门、行业主管部门、网络运营者、网络安全企业、专家学者等要在中央领导下密切配合，协同作战，才能取得良好成效。网络安全的核心是信息对抗、技术对抗、智慧较量，是谋略斗争，因此，网络安全保障部门、行业主管部门、网络运营者、网络安全企业、专家学者应与公安机关、国家安全机关、国防力量密切配合，打合成仗、整体仗，按照实战化、常态化、体系化的要求，大力开展安全监测、通报预警、应急处置、威胁情报、侦查打击等工作，落实常态化措施，提升应对、处置网络安全突发事件和重大风险防控能力。为此，公安部对加强网络安全保护工作协作配合提出了如下五点要求。

（1）加强网络安全立体化监测体系建设。各单位、各部门要全面加强网络安全监测，对关键信息基础设施、重要网络等开展实时监测，发现网络攻击和安全威胁，应立即报告公安机关和有关部门，并采取有效措施处置。要加强网络新技术研究和应用，研究绘制网络空间地理信息图谱（网络地图），实现挂图作战。行业主管部门、网络运营要建设本行业、本单位的网络安全保护业务平台，建设平台智慧大脑，依托平台和大数据开展实时监测、通报预警、应急处置、安全防护、指挥调度等工作，并与公安机关有关安全保卫平台对接，形成条块结合、纵横联通、协同联动的综合防控大格局。重点行业、网络运营者和公安机关要建设网络安全监控指挥中心，落实 7×24 小时值班值守制度，建立常态化、实战化的网络安全工作机制。

（2）加强网络安全信息共享和通报预警。行业主管部门、网络运营者要依托国家网络与信息安全信息通报机制，加强本行业、本领域网络安全信息通报预警力量建设，及时收集、汇总、分析各方网络安全信息，加强威胁情报工作，组织开展网络安全威胁分析和态势研判，及时通报预警和处置。第三级以上网络运营者和关键信息基础设施运营者要开展网络安全监测预警和信息通报工作，及时接收、处置来自国家、行业和地方的网络安全预警通报信息，按规定向行业主管部门、备案公安机关报送网络安全监测预警信息和网络安全事件。公安机关要加强网络与信息安全信息通报预警机制建设和力量建设，不断提高网络安全通报预警能力。

（3）行业主管部门、网络运营者要按照国家有关要求制定网络安全事件应急预案，加强网络安全应急力量建设和应急资源储备，与公安机关密切配合，建立网络安全事件报告制度和应急处置机制。关键信息基础设施运营者和第三级以上网络运营者应定期开展应急演练，有效处置网络安全事件，并针对应急演练中发现的突出问题和漏洞隐患，及时整改加固，完善保护措施。行业主管部门、网络运营者应配合公安机关每年组织开展的网络安全监督检查、比武演习等工作，不断提升安全保护能力和对抗能力。

（4）关键信息基础设施、第三级以上网络发生重大网络安全威胁和事件时，行业主管部门、网络运营者和公安机关应联合开展处置。电信业务经营者、网络服务提供者应提供支持及协助。网络运营者应配合公安机关打击网络违法犯罪活动；发现违法犯罪线索、重大网络安全威胁和事件时，应及时报告公安机关和有关部门并提供必要协助。

（5）公安机关应建立挂牌督办制度，针对网络运营者网络安全工作不力、重大安全问题隐患久拖不改，或者存在较大网络安全风险、发生重大网络安全案事件的情况，按照规定的权限和程序，会同行业主管部门对相关负责人进行约谈，挂牌督办，并加大监督检查和行政执法力度，依法依规进行行政处罚。网络运营者应按照有关要求采取措施，及时进行整改，消除重大风险隐患。发生重大网络安全案事件的，行业主管部门应组织全行业开展整改整顿。

2.7 加强网络安全工作的组织领导和各项保障

加强网络安全工作的组织领导和各项保障，是贯彻落实网络安全等级保护制度和关键信息基础设施安全保护制度的重要基础和保障。能不能落实好两个制度，关系到国家网络安全工作大局，关系到国家安全和社会公共安全。为此，公安部对加强网络安全保护工作组织领导和各项保障提出了如下五点要求。

（1）加强组织领导和任务落实。各行业、各地区要高度重视网络安全等级保护和关键信息基础设施安全保护工作，将其列入重要议事日程，认真研究解决网络安全机构设置、人员配备、经费投入、安全保护措施建设等重大问题，加强统筹领导和规划设计。行业主管部门和网络运营者要明确单位一把手是网络安全第一责任人，并确定一名领导班子成员分管网络安全工作，成立网络安全专门机构，明确任务分工，一级抓一级，层层抓落实，切实落实网络安全各项工作要求，不断提高网络安全保障能力。

（2）强化经费和政策保障。各单位、各部门应设置网络安全专项经费，保障关键信息基础设施、第三级以上网络等开展等级测评、风险评估、攻防演练、安全建设整改、安全保护平台建设、教育培训等的经费投入。关键信息基础设施运营者的网络安全投入应不低于网络基础设施投入的10%，在进行网络安全和信息化有关决策时应保证网络安全管理机构人员参与。网络安全保障部门、重要行业部门等要扶持重点网络安全技术产业和项目，支持网络安全技术的研究开发和应用，推动网络安全产业和企业发展。

（3）加强网络安全考核评价。各单位、各部门要进一步健全完善网络安全评价考核制度，明确考核指标，制定奖励和惩处办法，组织开展网络安全工作考核。公安机关将网络安全工作纳入社会治安综合治理考核评价体系，每年组织对各地区网络安全工作进行考核评价，并根据重要行业部门和网络运营者的工作情况，每年评选网络安全等级保护工作、关键信息基础设施安全保护工作先进单位进行表彰，并将表彰情况通报网信部门，报告党委政府。

（4）加强协同联动和技术攻关。各行业、各地区要充分调动网络安全企业、科研机构、专家等社会力量积极参与网络安全核心技术攻关、安全建设、安全监测、安全运维、应急处置等工作，整合多方资源力量，加强网络安全协同协作、互动互补、共治共享和群防群治。公安机关将进一步健全完善网络安全等级保护和关键信息基础设施安全保护标准体系，制定标准应用指南，加强标准宣贯和应用实施，建设网络安全等级保护制度2.0和可信计算3.0试点示范基地，促进我国网络安全产业和企业的健康发展，形成可持续发展的网络安全生态。

（5）加强宣传和人才培养。各行业、各地区要加强网络安全等级保护和关键信息基础设施安全保护政策宣贯、知识普及和业务交流，加强网络安全人才教育训练体系建设，将业务需求与人才培养密切结合，通过培训和训练，大力提升网络安全队伍的实战化能力。同时，组织开展网络攻防演习和网络安全比武竞赛，动员各单位、各部门及社会力量积极参与，选拔发现高端技术人才，建立健全网络安全专业人才的发现、选拔、使用机制，鼓励优秀人才从事关键信息基础设施安全保护工作。

2.8 采取新举措提升网络安全保护能力

2.8.1 实施"一带一路"网络安全战略和探索建立网络安全保险制度

1. 实施"一带一路"网络安全战略

将我国的网络安全等级保护制度和国家标准推向"一带一路"相关国家,与友好国家共享中国网络安全工作经验。组织网络安全企业、研究机构,对"走出去"的国有企业的网络基础设施、重要系统和大数据开展保护和保障,保护我国企业在海外的经济利益和网络安全。组织企业和重点高校、研究机构建设"一带一路"网络安全研究院,加强对"一带一路"网络安全政策、技术、策略的研究,支撑国家实施"一带一路"网络安全战略。

2. 探索建立网络安全保险制度

借鉴发达国家经验,在网络安全领域引入保险机制,提高网络安全风险治理能力。加强网络安全保险制度顶层设计,出台有关政策,支持网络安全保险业发展。研究网络安全保险法律、政策、标准规范,确保新机制落地。共同培育市场,试点先行,支持保险公司构建"保险+风险管控+服务"的模式。

2.8.2 研究网络空间地理学理论和技术

在传统的地理空间中,地图作为描绘地理要素的重要载体,自古以来就是指挥作战、挂图作战的重要保障。网络空间同样需要构建地理信息图谱,建立网络空间与地理空间的关联,实现网络空间挂图作战。

2020年,公安部出台《贯彻落实网络安全等级保护制度和关键信息基础设施安全保护制度的指导意见》,明确指出"各单位、各部门研究绘制网络空间地理信息图谱(网络地图),实现挂图作战"。网络空间挂图作战是贯彻落实网络安全等级保护制度和关键信息基础设施安全保护制度,健全完善国家网络安全防控体系,支撑各行业开展网络安全综合防范、技术对抗的重要技术手段。

按照"理论支撑技术、技术支撑实战"的理念,将地理学、网络安全、计算机图形学、人工智能等理论和技术有机结合,研究交叉学科——网络空间地理学。研究网络空间智能认知技术、资产测绘技术、画像与定位技术、可视化表达技术、地理图谱构建技术、行为认知和智能挖掘技术等尖端技术,利用尖端技术支撑侦查打击、安全监管、安全防护、应急指挥、事件处置，大力提升实战能力，实现挂图作战。

2.8.3　建设网络安全等级保护制度 2.0 和可信计算 3.0 攻关示范基地

建设"国家网络安全等级保护制度 2.0 与可信计算 3.0 攻关示范基地"，面向通用信息系统及云计算、物联网、移动互联、工业控制系统、大数据等新型信息系统，组织国内产、学、研、用各领域的代表性单位开展网络安全等级保护制度 2.0 和可信计算 3.0 联合技术攻关、适配测试、演示验证和示范应用。打造技术攻关平台、适配测试平台、典型示范平台和成果展示平台，开展基础软硬件与网络安全产品的可信适配性测试和验证，建立良好的网络安全保护生态。

2.8.4　建立健全专门人才发现培养和选拔使用机制

建立健全专门人才的发现培养和选拔使用机制，为做好网络安全工作提供人才保障。

1. 组织开展"网鼎杯"网络安全大赛

2018 年，我国举办了首届"网鼎杯"网络安全大赛。按照双年一届的举办原则，"网鼎杯"网络安全大赛由国家网络与信息安全通报中心等单位、部门支持，永信至诚、阿里巴巴、百度、腾讯、奇安信、深信服、清华大学、中科院等单位联合举办。举办"网鼎杯"网络安全大赛的目的是以赛促学、以赛促练，通过比赛发现网络安全专门人才、提高网络安全保护能力、提升全社会网络安全意识。

"网鼎杯"网络安全大赛具有如下特点。一是覆盖金融、能源、卫生、教育、国防、交通、政法等重要行业，是我国规模最大、行业覆盖最全、影响力最广的网络安全大赛；赛题技术先进，战队水平高，代表了国内网络安全大赛的最高水平。二是比赛内容丰富，覆盖人工智能、工业互联网、区块链、自动驾驶等前沿尖端技术领域。三是比赛由国家网络与信息安全通报中心支持并主导，多家企业联合主办，行业部门、高校职校、社会各界广泛参与，已逐渐形成品牌，成为国内网络安全领域知名度最高、参赛人员最多、赛题类型最全、技术水平最优的顶级赛事，被誉为"网络安全奥运会"。

2. 组织开展"天府杯"国际网络安全大赛和高峰论坛

"天府杯"国际网络安全大赛和高峰论坛是由我国举办的国际顶级破解大赛和论坛，自 2018 年起每年在四川成都天府新区举办。举办赛事和论坛的目的，一是提升网络安全技术能力，二是支持成都天府新区高科技产业发展，三是培养我国网络安全专门人才。

"天府杯"国际网络安全高峰论坛设置一个主论坛和多个分论坛，以网络安全高端技术为主题，邀请院士和知名专家围绕物联网安全、人工智能安全、关键信息基础设施安全保护、网络安全等级保护制度 2.0、网络安全人才培养、实战化网络安全运营建设、新基建时代网络安全面临的机遇与挑战等方面的议题展开研讨。

3. 加强网络安全专业人才培养

网络安全专业人才培养工作极端重要。各级政府部门和网络安全职能部门一定要加强组织和领导，大力加强经费、科研、工程等方面的保障，加强训练环境建设，重点开展以下工作。

一是加强高等院校、网络安全企业和研究机构合作共建，大力支持高等院校加强师资队伍、实训基地和教学训练设施等方面的建设，参与人才培养，加强科研创新合作，将优质资源转化为教育资源。

二是按照教育部"一流专业"质量标准，制定网络安全专业建设指导规范，优化专业知识体系、课程体系、实践教学体系和能力体系。

三是打造"双师型"教师队伍。公安机关和高等院校建立完善人员交流机制，共建实战化教材课程，组织高等院校教师、公安机关网络安全技术骨干、社会专家，编写高水平、实战化的网络安全专业教材。

四是改善实战化教学条件。支持高等院校开展科研和训练平台建设，共建共享实验室、虚拟仿真环境等。组织开展专业知识技能竞赛，建立对口实践实习机制。

2.9 公安机关组织开展网络安全等级保护并加强关键信息基础设施安全保卫

1. 公安机关深入组织实施国家网络安全等级保护制度

公安机关网络安全保卫部门应依法履行网络安全监督管理职责，认真组织本地区相关单位开展网络安全等级保护工作，建立良好的网络安全保护生态，全面提升网络安全保护能力。

（1）组织开展网络定级备案工作。公安机关应督促指导本地网络运营者全面梳理各类网络（包含网络设施、信息系统、数据资源等），特别是云计算、物联网、新型互联网、大数据、智能制造等新技术新应用的基本情况，并根据网络的功能、服务范围、服务对象和处理的数据等情况，科学确定网络的安全保护等级，依法及时向公安机关备案，向行业主管部门报备。县级（含）以上公安机关网络安全保卫部门受理备案并进行备案审核。

（2）督促网络运营者定期开展网络安全等级测评。公安机关应督促指导本地网络运营者依据《网络安全等级保护测评要求》等国家标准，对已定级备案网络进行检测评估，查找网络安全问题隐患和风险，分析安全保护状况与国家标准的差距；督促指导第三级以上网络运营者每年开展一次网络安全等级测评。公安机关应加强对本地等级测评机构的监督管理，建立测评人员背景审查和人员审核制度，确保等级测评过程客观、公正、安全。

（3）指导网络运营者科学开展安全建设整改。公安机关应督促指导本地网络运营者在网络建设和运营过程中同步规划、同步建设、同步使用有关网络安全保护措施，全面落实《网络安全等级保护基本要求》《网络安全等级保护安全设计技术要求》等国家标准；督促指导本地网络运营者加强网络关键人员、第三方产品和服务的安全管理，防范供应链安全风险。

（4）督促指导网络运营者强化安全责任落实。公安机关应督促指导本地行业主管部门、网络运营者依据《网络安全法》等有关法律法规和中央有关责任制要求，按照"谁主管谁负责，谁运营谁负责"的原则，明确安全保护工作责任，建立网络安全等级保护工作责任制，落实责任追究制度；督促指导本地行业主管部门、网络运营者定期组织专门力量开展网络安全自查和检测评估。

2. 公安机关组织建立并实施关键信息基础设施安全保护制度

公安机关应认真履行法定职责，按照党中央的要求，建立并实施关键信息基础设施安全保护制度，指导监督关键信息基础设施安全保护工作，承担起维护关键信息基础设施安全的任务使命。

（1）健全完善关键信息基础设施安全保护制度体系。公安机关应会同有关部门，加强关键信息基础设施安全保护工作的顶层设计和规划部署，健全完善关键信息基础设施安全保护的法律体系、政策体系、标准体系、保护体系、保卫体系和保障体系，加强关键信息基础设施安全保卫、保护和保障工作；指导监督网络运营者，将基础网络、大型专网、核心业务系统、云平台、大数据平台、物联网、工业控制系统、智能制造系统、新型互联网、新兴通信设施等重点保护对象纳入关键信息基础设施，组织开展关键信息基础设施安全保护工作。

（2）督促指导运营者落实关键信息基础设施重点防护措施。公安机关应督促指导运营者设置专门安全管理机构，明确岗位职责和任务分工，按照网络安全等级保护制度要求，依据国家标准开展网络安全建设并进行等级测评；依据关键信息基础设施安全保护标准，加强安全保护和保障，并进行安全检测评估；强化整体防护、监测预警、应急处置、数据保护等重点保护措施，构建以可信计算、人工智能、大数据分析、密码技术等为核心的网络安全技术保护体系。

（3）督促指导运营者加强重要数据和个人信息保护。公安机关应督促指导运营者建立并落实重要数据和个人信息安全保护制度，对关键信息基础设施和重要数据采取身份鉴别、访问控制、密码保护、安全审计、安全隔离、可信验证等关键技术措施，切实保护重要数据在采集、存储、传输、应用、提供、销毁等全生命周期的安全。

（4）督促指导运营者加强核心岗位人员和产品服务安全管理。公安机关应督促指导运营者加强关键信息基础设施核心岗位人员和产品服务的安全管理。

3. 公安机关督促指导网络运营者提高网络安全监测通报预警和应急处置能力

公安机关应与行业主管部门和网络运营者密切配合，充分调动社会力量，落实常态化措施，大力提升应对网络安全突发事件和重大风险防控能力。

（1）加强网络安全立体化监测体系建设。公安机关应充分调动各方资源力量，全面加强网络安全监测，制定网络安全事件应急预案，对关键信息基础设施、重要网络等开展7×24小时实时监测，形成立体化的安全监测预警体系。公安机关和运营者应建设网络安全监控指挥中心，落实7×24小时值班值守机制，研究绘制网络空间地理信息图谱，实现挂图作战。

（2）加强网络安全通报机制建设和通报处置工作。公安机关应大力加强网络与信息安全信息通报机构和能力建设，健全完善工作机制，督促指导第三级以上网络运营者按照规定向公安机关报送网络安全威胁隐患和事件，及时收集汇总、分析研判、通报上报网络安全情报信息。

（3）加强网络安全应急处置能力建设。公安机关应督促指导网络运营者制定完善网络安全事件应急预案，加强网络安全应急力量建设和应急资源储备；督促指导第三级以上网络运营者建立完善网络安全事件报告制度和应急处置机制，一旦发生网络安全事件或者发现重大网络安全威胁，应迅速向公安机关报告，保护现场和证据，协助配合公安机关开展侦查调查和打击。

4. 积极构建"打防管控"一体化的网络安全综合防控体系

公安机关应与行业主管部门和网络运营者密切配合，认真落实网络安全保护"实战化、体系化、常态化"和"动态防御、主动防御、纵深防御、精准防护、整体防控、联防联控"的"三化六防"措施，积极构建国家网络安全综合防控体系。

（1）组织开展网络安全监督检查。公安机关应重点检查关键信息基础设施运营者、第三级以上网络运营者的网络安全工作开展情况和网络安全保护情况，除每年集中开展一次全面检查外，还应开展常态化检查。公安机关要加强网络安全行政执法，对网络安全违法行为依法进行处罚。

（2）加强网络安全违法犯罪打击。公安机关应针对攻击控制关键信息基础设施、重要网络和数据等网络安全违法犯罪活动，组织开展专项打击、整治和会战，大力侦办危害关键信息基础设施安全的大案要案。

（3）加强网络安全问题隐患督办和行政执法。公安机关应督促指导网络运营者落实《网络安全法》等法律法规规定的责任义务。公安机关应建立挂牌督办制度，针对网络运营者网络安全保护工作不力、重大安全问题隐患久拖不改，或者存在较大网络安全风险、发生重大网络安全案事件的情况，按照法定权限和程序，会同行业主管部门对涉事单位负责人进行约谈，挂牌督办，限期整改，消除重大风险隐患。对发生网络安全案事件的单位，公安机关要按照"一案双查"的要求，对涉事涉案单位、领导和责任人依法进行行政处罚，并通报本地党委政府和上级主管部门。

第 3 章 网络安全等级保护制度 2.0 解读

网络安全等级保护工作的核心是对网络进行分等级保护、分等级监管，这是一项事关国家安全、社会稳定、国家利益的重要任务。党中央和国务院高度重视网络安全等级保护工作。自 2007 年以来，在党中央的坚强领导下，在有关部门、专家、企业的大力支持下，公安部牵头，会同国家保密局、国家密码管理局等部门，大力开展网络安全等级保护工作，全面促进了国家网络安全工作的体系化、规范化和标准化，确立了具有中国特色的网络安全等级保护制度，有力提升了国家网络安全保障能力和水平。网络安全等级保护制度业已成为国家网络安全的基本制度、基本策略和基本方法，是促进信息化健康发展，维护国家安全、社会秩序和公共利益的根本保障。网络安全等级保护制度进入 2.0 时代，需要认真总结，把多年来网络安全工作中行之有效的方法和措施固化下来，重点解决网络安全保护中出现的新情况、新问题，积极适应网络安全新形势、新要求，为实施网络强国战略保驾护航。

本章主要介绍网络安全等级保护制度 2.0（简称为"等级保护 2.0"）的主要内容，使读者对网络安全等级保护制度有整体的了解和掌握，以便贯彻实施。

3.1 网络安全等级保护制度的法律地位和新特性

网络安全等级保护制度是《网络安全法》确定的国家网络安全法定制度、基本制度，在国家网络安全保障工作中发挥了基础支撑和核心作用。

3.1.1 网络安全等级保护制度的发展变化

网络安全等级保护制度是由信息安全等级保护制度发展而来的。网络安全等级保护制度的建立和实施，是有法律和国家一系列政策支持的。特别是进入新时代，国家对网络安全工作提出了新要求，在职能方面也有新变化。因此，各单位、各部门应按照中央的新部署，在公安部的组织和指导下，深入开展网络安全等级保护工作，同时，协调一致并同步开展关键信息基础设施安全保护工作。下面简要介绍我国法律及一系列政策和标准对网络安全等级保护制度的支持和保障。

1994年发布的《中华人民共和国计算机信息系统安全保护条例》（国务院令第147号）第九条明确规定，"计算机信息系统实行安全等级保护，安全等级的划分标准和安全等级保护的具体办法，由公安部会同有关部门制定"。

2013年修订的《中华人民共和国人民警察法》（简称为《人民警察法》）第六条第十二款规定，人民警察有依法履行"监督管理计算机信息系统的安全保护工作"的职责。

2003年，《国家信息化领导小组关于加强信息安全保障工作的意见》（中办发〔2003〕27号）明确指出，"实行信息安全等级保护。要重点保护基础信息网络和关系国家安全、经济命脉、社会稳定等方面的重要信息系统，抓紧建立信息安全等级保护制度，制定信息安全等级保护的管理办法和技术指南"，标志着等级保护从计算机信息系统安全保护的一项制度提升为国家信息安全保障工作的基本制度。

2004年7月3日，国家网络与信息安全协调小组第三次会议审议通过的《关于信息安全等级保护工作的实施意见》（公通字〔2004〕66号）指出，信息安全等级保护制度是国民经济和社会信息化的发展过程中，提高信息安全保障能力和水平，维护国家安全、社会稳定和公共利益，保障和促进信息化建设健康发展的一项基本制度。

2007年，公安部、国家保密局、国家密码管理局、原国信办等四部门联合出台的《信息安全等级保护管理办法》（公通字〔2007〕43号），阐述了公安机关的具体工作任务。公安部牵头，会同国家保密局、国家密码管理局等部门，共同组织全国各单位、各部门开展信息安全等级保护工作，标志着信息安全等级保护制度正式开始实施。

2008年，国家发改委、公安部、国家保密局联合印发《关于加强国家电子政务工程建设项目信息安全风险评估工作的通知》（发改高技〔2008〕2071号），要求国家电子政务项目中非涉及国家秘密的信息系统，按照国家信息安全等级保护制度要求开展等级测评和风险评估。

2008年，国家发改委印发《国家发展改革委关于进一步加强国家电子政务工程建设项目管理工作的通知》（发改高技〔2008〕2544号），要求国家电子政务项目的信息安全工作，应按照国家信息安全等级保护制度要求，由项目建设部门在电子政务项目的需求分析报告和建设方案中同步落实等级测评要求。

2010 年，公安部、国资委联合下发《关于进一步推动中央企业信息安全等级保护工作的通知》（公通字〔2010〕70 号），要求中央企业落实国家信息安全等级保护制度。

2012 年，《国务院关于大力推进信息化发展和切实保障信息安全的若干意见》（国发〔2012〕23 号）规定，"落实信息安全等级保护制度，开展相应等级的安全建设和管理，做好信息系统定级备案、整改和监督检查"。

2012 年，国家发改委、公安部、财政部、国家保密局、国家电子政务内网建设和管理协调小组办公室联合印发《关于进一步加强国家电子政务网络建设和应用工作的通知》（发改高技〔2012〕1986 号），要求按照信息安全等级保护要求建设和管理国家电子政务外网。

2014 年 12 月，中共中央办公厅、国务院办公厅下发《关于加强社会治安防控体系建设的意见》，要求"完善国家网络安全监测预警和通报处置工作机制，推进完善信息安全等级保护制度"。

2015 年 7 月，教育部、公安部联合下发《教育部、公安部关于全面推进教育行业信息安全等级保护工作的通知》（教技〔2015〕2 号），组织全国教育管理部门、学校、教育机构深入推进信息安全等级保护工作。

2016 年 3 月，国家出台网络安全政策，在重点任务中要求健全完善国家信息安全等级保护制度。

2017 年，中央出台加强网络安全和信息化工作的意见，要求"完善国家网络安全等级保护制度"。

2017 年 6 月 1 日，我国开始实施《网络安全法》。《网络安全法》规定：国家实行网络安全等级保护制度；关键信息基础设施在网络安全等级保护制度的基础上，实行重点保护。这标志着"信息安全等级保护制度"转变为"网络安全等级保护制度"并进入 2.0 时代。

2019 年 5 月，国家标准化管理委员会发布新的网络安全等级保护国家标准，包括《网络安全等级保护基本要求》《网络安全等级保护安全设计技术要求》《网络安全等级保护测评要求》；2020 年 4 月，发布《网络安全等级保护定级指南》，为进一步实施网络安全等级保护制度提供了标准支撑。

2020 年 7 月 22 日，公安部印发《贯彻落实网络安全等级保护制度和关键信息基础设施安全保护制度的指导意见》，标志着公安部牵头国家网络安全等级保护制度和关键信息基础设施安全保护制度的实施。

3.1.2 新时期网络安全等级保护制度的新特点

网络安全等级保护制度进入 2.0 时代，要求我们按照分等级保护、突出重点、积极防御、综合防护的原则，建立"打防管控"一体化的网络安全综合防控体系。各有关单位要创新保护理念和措施，变静态防护为动态防护，变被动防护为主动防护，变单层防护为纵深防护，变粗放防护为精准防护，变单点防护为整体防控，变自主防护为联防联控，重点保护涉及国家安全、国计民生、社会公共利益的网络基础设施安全、运行安全和数据安全。2.0 时代的网络安全等级保护制度具有以下鲜明特点和内涵。

（1）两个全覆盖。一是覆盖各地区、各单位、各部门，换句话说，就是覆盖全社会，包括党政机关、企事业单位、民营企业、新兴互联网企业、云服务商、信息服务单位等；二是覆盖所有保护对象，包括网络、信息系统、信息，以及云计算、物联网、工业控制系统、大数据、移动互联、新一代网络等新技术新应用。

（2）工作内容丰富。网络安全等级保护制度在开展网络定级及评审、备案及审核、等级测评、安全建设整改、自查等要求的基础上，增加了等级测评活动安全管理、网络服务管理、产品服务采购使用管理、技术维护管理、监测预警和信息通报管理、数据和信息安全保护要求、应急处置要求等网络安全重点工作。

（3）技术和理论创新。按照"一个中心、三重防护"的总体思路，在具有我国自主知识产权的可信计算技术统领下，结合人工智能、密码保护、生物识别、大数据分析等高端技术，把网络安全等级保护国家标准的管理要求、技术要求、测评要求、设计要求等落到实处，构建国家网络安全科学生态，建立"打防管控"一体化的网络安全综合防控体系。

（4）加强领导和保障。国家建立健全网络安全等级保护制度的领导体系、工作体系和保障体系，各级政府扶持等级保护重点工程和项目，支持等级保护技术的研究、开发和应用，推广安全可信的网络产品和服务。

3.2 网络安全等级保护制度的基本含义和职责分工

3.2.1 基本概念

国家实行网络安全等级保护制度，对网络实施分等级保护、分等级监管，对网络中使用的网络安全产品实行按等级管理，对网络中发生的安全事件分等级响应、处置，实施等级测评活动安全管理、测评机构管理、网络服务管理、产品服务采购使用管理、技术维护管理、监测预警和信息通报管理、数据和信息安全保护管理、应急处置管理等工作。

"网络"是指由计算机或者其他信息终端及相关设备组成的按照一定规则和程序对信息进行收集、存储、传输、交换、处理的系统，包括网络设施、信息系统、数据、信息等。在信息安全等级保护制度中，保护对象主要是信息网络、信息系统、信息等，随着科技的发展，出现了许多新的保护对象，故将所有保护对象纳入"网络"范畴，特别是《网络安全法》对"网络"进行了定义，故将"信息安全等级保护制度"转变为"网络安全等级保护制度"。

网络安全等级保护是指将信息网络、信息系统、网络上的数据和信息，按照重要性和遭受损坏后的危害性分成五个安全保护等级（从第一级到第五级逐级增高）。安全保护等级确定后，第二级以上网络应在公安机关备案；公安机关对备案材料和定级准确性进行审核，审核合格后颁发备案证明。备案单位应选择符合国家要求的等级测评机构开展等级测评和风险评估；根据网络的安全保护等级，按照国家有关法律、政策、标准开展安全建设整改，包括建设安全设施、落实安全措施、落实安全责任、建立和落实安全管理制度等。公安机关对第二级网络运营者进行指导，对第三级、第四级网络运营者定期开展监督检查。

国家对网络安全产品的使用实行分等级管理制度，对网络安全事件实行分等级响应、处置制度，依据网络安全事件对网络、系统和数据信息的破坏程度、所造成的社会影响和涉及的范围确定事件等级。对不同安全保护等级的网络中发生的不同等级的事件制定相应的预案，确定事件响应和处置的范围、程度及适用的管理制度等。网络安全事件发生后，分等级按照预案响应和处置。

在我国境内建设、运营、维护、使用的网络，应开展网络安全等级保护工作，并实施监督管理。个人及家庭自建自用的网络除外。

3.2.2 网络安全等级保护工作原则

网络安全等级保护工作应遵循"分等级保护、突出重点、积极防御、综合防护"的原则，建立健全网络安全防护体系，重点保护涉及国家安全、国计民生、社会公共利益的网络的设备设施安全、运行安全和数据安全。

网络运营者在网络建设过程中，应当按照"三同步"要求，"同步规划、同步建设、同步运行"有关网络安全保护措施和密码保护措施。涉密网络应依据国家保密规定和标准，结合信息系统实际进行保密防护和保密监管。

由于网络安全等级保护工作事关国家安全、社会公共安全和人民群众合法权益，因此，根据多年的等级保护工作实践经验和教训，**网络安全等级保护制度去掉了网络运营者"自主定级、自主保护"的原则**。

3.2.3 网络安全等级保护工作环节

网络安全等级保护工作主要分为五个环节，分别是网络定级、网络备案、等级测评、安全建设整改、监督检查。网络安全等级保护工作，涉及公安机关、保密部门、密码管理部门、网信部门等职能部门，以及网络运营者、第三方测评机构、网络安全企业、专家队伍等。各方应按照国家网络安全等级保护制度要求，按照职责和分工，找准各自定位，密切配合，共同落实《网络安全法》和网络安全等级保护制度，依法维护网络安全。

一是网络定级。网络运营者根据《网络安全等级保护定级指南》拟定网络的安全保护等级，组织召开专家评审会，对初步定级结果的合理性进行评审，出具专家评审意见，将初步定级结果上报行业主管部门进行审核。

二是网络备案。网络运营者将网络定级材料报公安机关备案；公安机关对定级准确、符合要求的网络发放备案证明。

三是等级测评。网络运营者选择符合国家规定条件的测评机构，按照《网络安全等级保护测评要求》和《网络安全等级保护测评过程指南》，每年对第三级以上网络（含关键信息基础设施）开展等级测评，查找发现问题隐患，提出整改意见。

四是安全建设整改。网络运营者根据网络的安全保护等级，按照《网络安全等级保护安全设计技术要求》《网络安全等级保护基本要求》等国家标准开展安全建设整改，同时，落实风险评估、安全监测、通报预警、案事件调查、数据防护、灾难备份、应急处置、自主可控、供应链安全、效果评价、绩效考核等重点措施。

五是监督检查。公安机关每年对网络运营者开展网络安全保护工作的情况和网络的安全状况实施监督检查。

需要说明的是，等级测评与安全建设整改的顺序没有严格规定，网络运营者可以根据实际情况安排。在监督检查过程中，公安机关通常会部署网络运营者先开展自查。

3.2.4　网络安全等级保护中有关部门的职责分工

网络安全监管部门包括公安机关、保密部门、国家密码工作部门。网络安全监管部门组织制定等级保护管理规范和技术标准，组织公民、法人和其他组织对网络实行分等级安全保护，对等级保护工作的实施进行监督管理，职责分工如下。

（1）公安部主管网络安全等级保护工作，负责非涉密网络安全等级保护工作的监督管理。

（2）国家保密行政管理部门主管涉密网络的分级保护工作，负责网络安全等级保护工作中有关保密工作的监督管理。

（3）国家密码管理部门负责网络安全等级保护工作中有关密码工作的监督管理。

（4）国家网信部门负责网络安全等级保护工作的部门间协调。

（5）国务院电信行业主管部门等其他有关部门在各自职责范围内开展网络安全等级保护相关工作。

（6）县级以上地方人民政府有关部门依照《中华人民共和国计算机信息系统安全保护条例》和有关法律法规的规定，开展网络安全等级保护和监督管理工作。

3.2.5　行业主管部门和网络运营者的责任义务

行业主管部门应依照有关法律、行政法规的规定和有关标准规范的要求，指导和监督本行业、本领域落实网络安全等级保护制度，制定出台本行业网络安全等级保护政策、标准规范和工作指南，组织开展网络安全等级保护各项工作。

网络运营者应依照有关法律、行政法规的规定和有关标准规范的要求，落实网络安全等级保护制度，开展网络定级备案、安全建设整改、等级测评和自查等工作，采取管理和技术措施,保障网络的设备设施安全、运行安全和数据安全,有效应对网络安全事件,防范网络违法犯罪活动。在网络建设、运营过程中,网络运营者应同步规划、同步建设、同步使用有关网络安全保护措施和密码保护措施,接受公安机关、保密部门、国家密码工作部门对网络安全等级保护工作的监督、检查、指导。

3.2.6　企业和个人的责任义务

基础软硬件企业、网络安全企业、系统集成商、安全服务商、等级测评机构等企业和服务机构,应依据国家有关管理规定和技术标准,开展网络安全技术支持、服务等工作,并接受监管部门的监督管理。

任何个人和组织都应履行网络安全保护义务,维护国家安全;不得危害网络基础设施安全、网络运行安全和数据安全;不得利用网络从事危害国家安全、公共安全、社会公共利益,扰乱经济秩序、社会秩序,或者侵犯公民合法权益的违法犯罪活动。任何个人和组织发现危害网络安全或者利用网络实施的违法犯罪行为,都有权向公安机关举报。

3.3　网络安全等级保护工作的支持与保障

1. 总体保障

(1)国家建立健全网络安全等级保护制度的领导体系和保障体系。组织政府部门、重要行业、企事业单位、社会组织开展网络安全等级保护工作,监测、防御、处置来源于我国境内外的网络安全风险和威胁,重点保护关键信息基础设施及其他涉及国家安全、国计民生、社会公共利益的重要网络和数据免受攻击、侵入、干扰和破坏,依法惩治网络违法犯罪活动,维护网络空间安全和秩序;通过制定有关法律法规、管理规范和技术标准,组织公民、法人和其他组织对网络分等级实行安全保护,对等级保护工作的实施进行监督管理。

(2)各级人民政府及有关部门应将网络安全等级保护制度实施纳入网络安全和信息化工作总体规划,统筹推进。各级人民政府及有关单位和部门应将网络安全等级保护工作纳入绩效考核评价体系、社会治安综合治理考核、审计范畴;加强网络安全等级保护制度宣传教育,提升社会公众的网络安全防范意识;加强网络安全建设和等级测评的经费保障。

(3)地市级以上人民政府应组织建立网络安全等级保护领导（或协调）小组，协调政府部门、重要行业、社会力量共同推进网络安全等级保护工作。各级人民政府应对网络安全等级保护工作统筹规划，加大投入，将安全建设整改、等级测评、监督检查等经费纳入财政预算，扶持网络安全等级保护重点工程和项目，支持网络安全等级保护技术的研究开发和应用，推广安全可信的网络产品和服务。

2. 重点投入和支持

（1）技术支持。国家建设网络安全等级保护专家队伍和等级测评队伍等技术支持体系，为开展网络安全等级保护工作提供支撑。国家鼓励和支持企事业单位、高等院校、研究机构等开展网络安全等级保护制度的教育与培训，加强网络安全等级保护管理和技术人才培养。国家鼓励利用新技术新应用开展网络安全等级保护管理和技术防护，采取主动防御、可信计算、人工智能等技术，创新网络安全技术保护措施，提升网络安全防范能力和水平。国家对网络新技术新应用组织开展安全风险评估，按照网络安全等级保护制度的要求管控网络新技术新应用的安全风险。

（2）标准制定。国家建立完善网络安全等级保护标准体系，制定完善网络安全等级保护标准。国务院标准化行政主管部门、公安部、国家保密行政管理部门、国家密码管理部门及国务院其他有关部门根据各自职责，组织制定网络安全等级保护的国家标准、行业标准。国家支持企业、研究机构、高等院校、相关行业组织参与网络安全等级保护国家标准、行业标准的制定。

（3）教育训练。国家鼓励和支持企事业单位、高等院校、研究机构等开展网络安全等级保护制度的教育与培训，加强网络安全等级保护管理和技术人才的培养；鼓励利用新技术新应用开展网络安全等级保护管理和技术防护，创新网络安全技术保护措施，提升网络安全防范能力和水平。

（4）技术创新。各级人民政府鼓励扶持网络安全等级保护重点工程和项目，支持网络安全等级保护技术的研究开发和应用，推广安全可信的网络产品和服务。

（5）考核和宣传。各级人民政府及有关部门应将网络安全等级保护工作纳入网络安全考核评价、社会治安综合治理考核等；加强网络安全等级保护制度的宣传教育，提升社会公众的网络安全防范意识。

3.4 网络的安全保护等级

根据网络在国家安全、经济建设、社会生活中的重要程度,以及其一旦遭到破坏、丧失功能或者数据被篡改、泄露、丢失、损毁后,对国家安全、社会秩序、公共利益以及相关公民、法人和其他组织的合法权益的危害程度等因素,网络安全等级保护制度将网络分为五个安全保护等级,从第一级到第五级逐级增高。五个安全保护等级的定义如下。

第一级,一旦受到破坏会对相关公民、法人和其他组织的合法权益造成损害,但不危害国家安全、社会秩序和公共利益的一般网络。

第二级,一旦受到破坏会对相关公民、法人和其他组织的合法权益造成严重损害,或者对社会秩序和公共利益造成危害,但不危害国家安全的一般网络。

第三级,一旦受到破坏会对社会秩序和社会公共利益造成严重危害,或者对国家安全造成危害的重要网络。

第四级,一旦受到破坏会对社会秩序和公共利益造成特别严重危害,或者对国家安全造成严重危害的特别重要网络。

第五级,一旦受到破坏后会对国家安全造成特别严重危害的极其重要网络。

网络运营者、行业主管部门、公安机关、专家等按照各自的职责任务,按照本书第4章的内容要求,组织开展网络安全等级保护定级备案工作。

3.5 网络运营者应履行的网络安全义务

1. 网络运营者应履行的一般义务

网络安全保护等级确定后,网络运营者应按照有关政策规范及《网络安全等级保护安全设计技术要求》《网络安全等级保护基本要求》等国家标准,选择符合政策要求的网络安全产品,制定并落实安全管理制度,落实安全责任,建设安全设施,落实安全技术措施,履行下列安全保护一般义务,保障网络免受干扰、破坏或者未经授权的访问,防止网络数据泄露或者被窃取、篡改,保障网络安全。

(1)确定网络安全等级保护工作责任人,建立网络安全等级保护工作责任制,落实责任追究制度。

（2）建立安全管理和技术保护制度，建立人员管理、教育培训、系统安全建设、系统安全运维等制度。

（3）落实机房安全管理、设备和介质安全管理、网络安全管理等制度，制定操作规范和工作流程。

（4）落实身份识别、防范恶意代码感染传播、防范网络入侵攻击的管理和技术措施。

（5）落实监测、记录网络运行状态、网络安全事件的管理和技术措施，并按照规定留存网络设备、安全设备、服务器、应用系统、安全监测等相关网络日志 6 个月以上。

（6）采取数据加密、备份等安全保护措施，防止数据在收集、存储、传输、处理、使用等环节中泄露或者被窃取、篡改。

（7）按照国家有关规定，对网络中发生的重大事件或者发现的重大网络安全威胁，应在 24 小时内向属地公安机关、网信部门报告；有行业主管部门的，应同时向属地行业主管部门报告；属于泄露国家秘密的，应同时向属地保密行政管理部门报告。

（8）法律、行政法规规定的其他网络安全保护义务。

2. 第三级以上网络运营者应履行的重要义务

第三级以上网络运营者除履行上述网络安全保护一般义务外，还应履行下列网络安全保护重要义务。

（1）确定网络安全等级保护管理机构，明确网络安全等级保护的工作职责，对网络变更及接入、运行维护和技术保障单位变更等事项建立审批制度。

（2）制定并落实网络安全总体规划和安全防护策略，制定安全建设方案并组织评审。

（3）对为相关网络提供设计、建设、运维和技术服务的机构和人员进行安全管理。

（4）落实网络安全态势感知监测预警措施，对网络威胁、网络运行状态、网络流量、网络安全事件等进行动态监测分析。

（5）采取重要网络设备、通信链路、系统的冗余备份以及重要数据备份恢复措施。

（6）法律和行政法规规定的其他网络安全保护义务。

3.6 网络安全等级测评

1. 网络运营者开展网络安全等级测评

网络运营者应依据有关标准对其网络的安全性和可能存在的风险进行检测评估。第三级以上网络运营者应委托符合国家有关规定的测评机构,每年开展一次网络安全等级测评,并将网络安全等级测评报告提交至受理备案的公安机关和对此有要求的行业主管部门。新建的第三级以上网络应在通过网络安全等级测评后投入运行。

网络安全建设整改完成后,第三级以上网络运营者应每年开展一次网络安全等级测评,主动发现并整改安全风险隐患,并每年将开展网络安全等级测评的工作情况及测评结果向受理备案的公安机关报告。网络运营者应选择符合国家要求的测评机构,依据有关政策和《网络安全等级保护测评要求》等国家标准对网络安全保护状况开展等级测评,按照《网络安全等级测评报告模版》编写等级测评报告。

等级测评属于合规性检测和风险排查,检测评估网络的安全性是否符合相应等级的网络安全要求,同时开展风险评估,查找网络安全问题和风险隐患,提出整改意见或为被检测单位制定安全建设整改方案。

新建网络上线运行前应自行或委托网络安全服务机构对网络的安全性进行检测评估。第三级以上网络(含关键信息基础设施)上线运行前,应选择符合要求的网络安全等级测评机构,按照网络安全等级保护有关标准规范进行等级测评,并进行源代码审查,通过等级测评后方可投入运行。

网络运营者应对检测评估、等级测评中发现的安全风险隐患制定安全整改方案,落实整改措施,消除风险隐患。关键信息基础设施运营者应制定安全建设整改方案,通过专家评审后方可实施。

2. 网络安全等级测评活动管理

网络安全等级测评机构应按照国家网络安全等级保护制度有关规定和标准规范实施网络安全等级测评,为网络运营者提供安全、客观、公正的检测评估服务。网络安全等级测评机构应与网络运营者签署服务协议,不得泄露在等级测评服务中知悉的国家秘密、工作秘密、商业秘密、重要敏感信息和个人信息;不得擅自发布、披露在等级测评服务中收集掌握的网络信息及系统漏洞、恶意代码、网络入侵攻击等网络安全信息,以防范测评风险。网络安全等级测评机构应对测评人员进行安全保密教育，与其签订安全保密责任书，明确测评人员的安全保密义务和法律责任，组织测评人员参加专业培训，培训合格的方可从事网络安全等级测评活动。

3.7 网络安全等级保护相关工作要求

1. 网络服务机构安全要求

网络服务提供者应保守在提供服务过程中知悉的国家秘密、工作秘密、商业秘密、个人信息和重要数据，不得非法使用或擅自发布、披露在提供服务过程中收集掌握的数据信息及系统漏洞、恶意代码、网络入侵攻击等网络安全信息。为第三级以上网络提供建设、运行维护、安全监测、数据分析等服务的网络服务提供者，应具备相应的服务能力，并依据国家有关法律法规和技术标准开展相关服务。

2. 技术服务安全要求

第三级以上网络应在境内实施技术维护，不得在境外开展远程技术维护。因业务需要，确需进行境外远程技术维护的，应按照相关规定进行网络安全评估，并采取风险管控措施。实施技术维护，应记录并留存技术维护日志。

3. 网络产品和安全服务要求

网络运营者应根据网络的安全保护等级和安全需求，采购、使用符合国家法律法规和有关标准规范要求的网络产品和服务。第三级以上网络运营者应采用与网络的安全保护等级相适应的安全可信的网络安全专用产品；对在重要部位使用的网络产品，应委托专业检测机构进行专项测试，根据测试结果选择符合要求的网络产品。

网络产品应符合国家标准和网络安全等级保护制度相关要求。网络产品提供者应依法为其产品提供安全维护；对其产品的安全缺陷、漏洞，应立即采取补救措施，按照规定及时告知用户，同时向公安机关报告。

网络产品具有收集、回传数据功能的，网络产品提供者应向用户明示并取得用户同意，依法遵守数据安全和个人信息保护的相关规定。网络产品提供者向境外用户提供网络关键设备和网络安全专用产品，可能影响国家安全的，应通过国家网信部门会同国务院公安部门、电信主管部门等有关部门组织的国家安全审查。

4. 监测预警和信息通报

地市级以上人民政府应建立网络安全监测预警和信息通报制度，建设并应用网络安全态势感知平台，开展安全监测、态势感知、通报预警、应急处置、追踪溯源、安全保护、情报信息和侦查打击等工作。网络与信息安全信息通报机构向社会发布网络安全风险预警。

行业主管部门应建立健全本行业、本领域的网络安全监测预警和信息通报制度，按照规定向同级网信部门、公安机关报送网络安全监测预警信息，报告网络安全事件。

第三级以上网络运营者应建设网络安全态势感知平台，建立网络安全监测预警和信息通报制度，开展网络安全监测预警和信息通报工作，按照规定向备案公安机关报送网络安全监测预警信息，报告网络安全事件。

网络与信息安全信息通报机构向社会发布网络安全风险预警，即通过各种渠道向社会发布网络安全预警性、风险性、提示性信息，有利于社会公众提高网络安全意识，及时采取措施应对网络安全威胁风险，消除安全隐患，保护社会公众的网络安全和公民个人信息安全。应建立多种渠道的预警信息来源，包括网络与信息安全信息通报机制成员单位、技术支持单位、专家、社会资源及公安机关网安部门。

向社会发布的预警性信息包括：涉及社会公众的有害程序传播事件；涉及社会公众的网络攻击事件；涉及社会公众的信息破坏事件；涉及社会公众的网络产品和服务安全隐患；对社会公众具有风险提示意义的案件；有利于提高社会公众网络安全防范意识的信息；其他需要向社会发布的网络安全预警信息。

参照《国家网络安全事件应急预案》的规定，按照影响范围、危害程度和紧急情况，向社会发布的网络安全事件预警信息等级分为四级，由高到低依次用红色预警、橙色预警、黄色预警和蓝色预警表示，分别对应于发生或可能发生特别重大、重大、较大和一般网络安全事件。网络安全事件预警信息的发布渠道包括：电视台、广播电台；重点网络媒体；移动端媒体，例如微博、微信公众号等；其他发布渠道。网络与信息安全信息通报机构与发布渠道建立 24 小时联系机制，确保及时、快速推送发布预警信息。

5. 数据和信息安全保护

网络运营者应依照《数据安全保护法》《个人信息保护法》等法律法规规定和网络安全等级保护制度要求，建立并落实重要数据和个人信息安全保护制度；采取保护措施，保障数据在收集、存储、传输、使用、提供、销毁过程中的安全；采取技术手段，保障重要数据的完整性、保密性和可用性，保障数据和个人信息安全，防止数据和个人信息丢失及被泄露、损毁、篡改、窃取和滥用。

网络运营者在我国境内收集和产生的个人信息、重要数据应在境内存储，建立异地备份恢复措施，保障业务连续性要求；因业务需要，确需向境外提供的，应按照国家有关法律法规的规定进行安全评估。

6. 应急演练与事件处置

网络运营者应按照国家有关规定，制定网络安全事件应急预案。第三级以上网络运营者应组织网络安全应急力量，定期开展网络安全应急演练；在处置网络安全事件时应保护现场，记录并留存相关数据信息，并及时向公安机关部门报告。

当发生网络安全事件时，网络运营者应立即启动应急预案，及时采取应急措施，控制和降低网络安全事件造成的危害和影响，消除安全隐患。在处置网络安全事件的同时，网络运营者应保护现场，记录并留存相关数据信息，并向公安机关和行业主管部门报告。公安机关应采取措施，开展固定证据、追踪溯源；涉及违法犯罪的，依法实施侦查打击。

当发生重大网络安全事件时，有关部门应联合开展应急处置。电信业务经营者、网络服务提供者应为重大网络安全事件处置和恢复提供支持和协助。公安机关和行业主管部门应按照规定，向同级网信部门报告重大网络安全事件处置情况。

3.8　构建安全可信的网络安全技术保护生态

国家信创工程逐步进入大规模推广阶段。如何切实提升国产化网络和信息系统的安全防护能力，并解决网络安全产品与国产软硬件的适配性和兼容性，营造安全可信的产业生态，对落实等级保护2.0提出了新要求。国家需要大力加强可信计算技术应用，推广应用等级保护2.0技术和可信计算3.0技术，将可信计算技术要求植入基础软硬件和网络：把可信验证要求植入芯片、CPU、服务器、操作系统、数据库等基础软硬件；把可信验证要求植入网络设备、网络安全产品；把可信计算技术植入"安全管理中心""安全通信网络""安全区域边界""安全计算环境"网络要素；把可信计算技术植入整机、云计算平台、物联网、工业控制系统、移动互联；把可信计算技术植入第二级以上网络。

建立"国家网络安全等级保护制度2.0与可信计算3.0攻关示范基地"，定位于国家信创基础设施，面向通用信息系统和云计算、物联网、移动互联、工业控制系统、大数据等新型信息系统，组织国内产、学、研、用各领域的代表性单位开展等级保护 2.0 和可信计算 3.0 联合技术攻关、适配测试、演示验证、示范应用，打造技术攻关平台、适配测试平台、典型示范平台、检测技术装备研发平台、安可攻防靶场平台、产品及系统检测平台、成果展示平台。开展基础软硬件与网络安全产品的可信适配性测试和验证；将等级保护 2.0 技术要求与可信计算 3.0 相关要求紧密结合，开展联合攻关和验证；搭建典型应用系统，大力推广应用等级保护 2.0 技术要求与可信计算 3.0 相关要求，开展检测验证。建立良好的网络安全保护生态，大力提升关键信息基础设施的内生安全、主动免疫和主动防御能力；引入竞争机制，形成良好的研发和攻关生态，建立科学、可信的供应链。攻关示范基地的具体建设目标如下。

（1）联合攻关。重点突破国产基础软硬件与可信计算 3.0 融合的内生主动免疫防御、基于可信计算的全程动态访问控制支撑框架和针对等级保护 2.0 安全产品和系统的测评工具等关键技术，支撑等级保护 2.0 主动防御、动态防御等创新思路落地，支撑国家网络安全综合防控体系建设。

（2）建设平台。建设适应等级保护 2.0 各类型信息系统的技术攻关平台、适配测试平台、典型示范平台、检测技术装备研发平台、安可攻防靶场平台、产品及系统检测平台、成果展示平台，促进等级保护 2.0 技术向实战化、体系化、常态化发展。

（3）指导建设。制定面向不同等级和各类型信息系统的网络安全保护建设方案，指导用户单位开展网络安全建设整改。

（4）制定标准。制定一系列国产基础软硬件等级保护产品标准、等级保护 2.0 技术规范和等级保护 2.0 检测标准，实现等级保护 2.0 技术和产品的规范化、标准化，加速促进等级保护 2.0 制度的落地和推广。

3.9 网络安全等级保护制度中的密码管理

国家密码管理部门根据非涉密网络的安全保护等级、涉密网络的密级，确定密码的配备、使用、管理和应用安全性评估要求，制定网络安全等级保护密码标准规范。

1. 涉密网络密码保护

涉密网络及其传递的国家秘密信息，应依照法律法规和标准要求采取相应的密码保障措施。涉密网络使用的密码技术和密码产品应通过密码检测，并经密码管理部门批准。涉密网络密码的服务、检测、装备、采购和使用等，由密码管理部门依照《密码法》和有关法律、行政法规、国家有关规定实行统一管理。

2. 非涉密网络密码保护

国家鼓励非涉密网络按照国家密码管理法律法规和标准的要求，使用密码技术、产品和服务。第三级以上网络应正确、有效采用密码进行保护，并使用经密码检测认证合格的密码产品和服务。第三级以上网络运营者应在网络规划、建设和运行阶段，按照密码应用安全性评估管理办法和相关标准，自行或者委托密码检测机构开展密码应用安全性评估；网络通过评估后，方可上线运行，并在投入运行后，每年至少组织一次评估。密码应用安全性评估结果应报受理备案的公安机关和所在地设区的市级密码管理部门备案。密码应用安全性评估应与网络安全等级测评制度衔接，避免重复评估、重复测评。

3. 密码安全管理责任

网络运营者应按照国家密码管理相关法律法规和相关管理要求，履行密码安全管理职责，加强密码安全制度建设，完善密码安全管理措施，规范密码使用行为。任何单位或个人不得利用密码从事危害国家安全、社会公共利益的活动，或者从事其他违法犯罪活动。

3.10 网络安全等级保护工作的监督管理

公安机关依据有关法律法规和政策规范，监督检查网络运营者开展网络安全工作，定期对第三级以上网络进行安全检查。网络运营者应接受公安机关的安全监督、检查、指导，如实向公安机关提供有关材料。

网络运营者应对本单位落实网络安全等级保护制度的情况和网络安全状况，每年至少开展一次自查，发现安全风险隐患，并向受理备案的公安机关报告。网络运营者应对自查和网络安全等级测评中发现的安全风险隐患，制定安全整改方案，并开展安全建设整改。

在检查工作中，公安机关要依据公安机关网络安全监督检查工作指引、政府信息系统及网站安全检查工作指引、云计算平台安全检查工作指引、大数据服务安全检查工作指引、工业控制系统安全检查工作指引、视频监控系统安全检查工作指引、移动 App 系统安全检查工作指引、邮件系统安全检查工作指引，以及 IDC、CDN、DNS 安全检查工作指引等，开展网络安全监督检查。

3.10.1　公安机关的安全监督管理

1. 监管主体

县级以上公安机关网络安全保卫部门，依照国家法律法规规定和相关标准规范要求，依法对网络运营者落实网络安全等级保护制度的情况，以及开展网络安全防范、网络安全事件应急处置、重大活动网络安全保卫等工作的情况，进行监督管理；对第三级以上网络运营者按照网络安全等级保护制度落实网络设备设施安全、运行安全和数据安全保护责任义务的情况，进行重点监督管理。地市级以上公安机关每年将网络安全等级保护监督管理情况通报同级网信部门。

公安机关对同级行业主管部门，依照国家法律法规规定和相关标准规范要求，组织督促其落实网络安全等级保护制度，开展网络安全防范、网络安全事件应急处置、重大活动网络安全保卫等工作。

2. 监督检查内容

公安机关对网络运营者依照国家法律法规规定和相关标准规范要求，对开展下列网络安全等级保护工作的情况进行监督检查：一是日常网络安全防范工作情况；二是重大网络安全风险隐患整改情况；三是重大网络安全事件处置情况；四是重大活动网络安全保卫工作情况；五是其他网络安全保护工作情况。

公安机关对第三级以上网络运营者每年至少开展一次安全检查；涉及相关行业的，可以会同同级行业主管部门开展安全检查。在检查前，公安机关可组织技术支持队伍开展网络安全专门技术检测。

网络运营者应协助、配合公安机关依法实施监督检查，按照公安机关要求如实提供相关数据信息。网络运营者自身存在的安全风险隐患可能严重威胁国家安全、公共安全和社会公共利益的，公安机关应依法对其采取停止联网、停机整顿等处置措施。

3. 重大风险隐患处置

公安机关在监督检查中发现网络安全风险隐患的，应责令网络运营者采取措施立即消除；不能立即消除的，应责令其限期整改。公安机关检查发现第三级以上网络存在重大安全风险隐患的，应及时通报同级行业主管部门、网信部门。

公安机关在监督检查中发现重要行业或本地区存在严重威胁国家安全、公共安全和社会公共利益的重大网络安全风险隐患的，应报告同级人民政府、网信部门和上级公安机关，并将有关情况通报同级国家安全机关。

4. 对等级测评机构的监督管理

将网络安全等级测评机构管理纳入国家认证体系，有助于提升测评机构管理的法制化、规范化和专业化水平。公安机关应对网络安全等级测评活动进行监督管理，确保等级测评活动客观、公正、安全，维护重要网络系统和数据安全。网络安全等级测评机构应建立行业自律组织，制定行业自律规范，加强自律管理。

5. 对服务机构和关键人员的管理

公安机关应对从事网络建设、运维、安全监测、检测认证、风险评估等的网络服务机构、服务人员及其服务活动进行监督管理，对关键岗位的服务人员进行安全背景审查；发现有违反管理规定行为的，应责令其整改。

第三级以上网络运营者的关键岗位人员，以及为第三级以上网络提供安全服务的人员，需要参加境外组织的网络安全竞赛活动的，应向公安机关报备，经审批后方可参加。参加境外组织的网络安全竞赛活动，不得向境外机构和个人提供可能危及我国国家安全、公共利益的网络安全漏洞、计算机病毒、网络攻击、网络侵入及其他安全隐患等信息。

6. 案事件调查

公安机关应根据有关规定处置网络安全事件，开展案事件调查，依法查处危害网络安全的违法犯罪活动；必要时，按照国家有关规定责令网络运营者采取阻断信息传输、备份相关数据等紧急措施。网络运营者应依法配合，协助公安机关和有关部门开展调查和处置工作。

3.10.2 保密监督管理和密码监督管理

保密行政管理部门负责对涉密网络的安全保护工作进行监督管理，对非涉密网络存储、处理、传输、发布涉密信息等违法行为进行检查监测，发现存在安全保密隐患、违反保密法律法规或者不符合保密标准的，按照《保守国家秘密法》及其实施条例、国家保密相关规定处理。

密码管理部门负责对网络安全等级保护工作中的密码管理进行监督管理，监督检查网络运营者对网络进行密码配备、使用、管理和应用安全性评估的情况；对涉密网络每年至少开展一次监督检查。监督检查中发现存在安全隐患、违反密码管理相关规定或者不符合密码相关标准规范要求的，按照《密码法》和有关行政法规、国家密码管理相关规定予以处理。

3.10.3 行业监督管理

行业主管部门应组织制定本行业、本领域网络安全等级保护工作规划和标准规范，掌握网络基本情况、定级备案情况和安全保护状况，对本行业、本领域网络运营者开展定级备案、等级测评、安全建设整改、安全自查等工作的情况进行监督管理和检查。行业主管部门应监督管理和检查本行业、本领域网络运营者依照国家法律法规和相关标准规范要求，落实网络安全管理和技术保护措施，组织开展网络安全防范、网络安全事件应急处置、重大活动网络安全保护等工作的情况。

3.10.4 监督管理责任

网络安全等级保护监督管理部门及其工作人员应对在履行职责过程中知悉的国家秘密、工作秘密、商业秘密、个人信息和重要数据严格保密，只能将其用于维护网络安全的工作，并严格按照有关法律、行政法规的要求确保信息安全，不得泄露、出售或者非法向他人提供。

省级以上人民政府公安部门、保密行政管理部门、密码管理部门和行业主管部门在履行网络安全等级保护监督管理职责过程中，发现网络存在较大安全风险隐患或者发生安全事件的，可以约谈网络运营者的法定代表人、主要负责人。

第 4 章　深入开展网络安全等级保护工作

网络安全等级保护制度进入 2.0 时代，保护对象、保护方法都发生了很大变化。保护对象除了传统的信息网络、信息系统和信息，增加了云平台、大数据、工业控制系统、物联网、移动互联、卫星系统、智能制造系统等新的保护对象。保护方法增加了密码技术、可信计算、人工智能、大数据分析等核心技术，以及动态防御、主动防御、纵深防御、精准防护、整体防控、联防联控等重要措施。因此，网络安全等级保护工作更加体系化、实战化和常态化，需要认真组织开展。

本章主要介绍如何按照网络安全等级保护制度 2.0 要求，根据国家网络安全等级保护政策和标准，深入组织开展网络安全等级保护定级备案、等级测评、安全建设整改和监督检查等工作。

4.1　组织开展网络安全等级保护定级备案工作

4.1.1　网络定级工作原则

网络的定级工作，应按照"网络运营者拟定网络安全保护等级、专家评审、主管部门核准、公安机关审核"的要求进行。根据多年来实践和经验的总结，网络安全等级保护工作去掉了"自主定级、自主保护"要求。

（1）对网络运营者的要求。网络运营者应按照有关政策和《网络安全等级保护定级指南》，确定定级对象，拟定网络的安全保护等级，组织专家评审；有主管部门的，网络运营者应将定级结果报主管部门核准；最后，报公安机关审核。当网络功能、服务范围、服务对象和处理的数据等发生重大变化时，网络运营者应依照有关政策和标准变更网络的安全保护等级。对拟定为第二级、第三级的网络，其运营者应组织评审。对拟定为第四级以上的网络，其运营者应请国家网络安全等级保护专家审议。对新建网络，应在规划设计阶段确定网络的安全保护等级。

（2）对行业主管部门的要求。跨省或者全国统一联网运行的网络应由行业主管部门统一组织定级。行业主管部门可以依据国家有关政策和标准规范,结合本行业网络特点,制定行业网络安全等级保护定级指导意见。

(3)对公安机关的要求。公安机关应对网络运营者拟定的网络安全保护等级进行审核,定级不准的应按照公安机关的要求重新定级。公安机关要组织、指导和监督各单位、各部门深入开展网络定级工作,特别是尚未定级的,以及云平台、大数据、工业控制系统、物联网、移动互联、智能制造系统等新的保护对象,一定要纳入定级范围。网络运营者是网络安全等级保护的责任主体,根据所属网络的重要程度和遭到破坏后的危害程度,科学合理确定网络的安全保护等级。对故意将网络的安全保护等级定低的,公安机关应予以纠正;对造成危害后果的,公安机关应严厉依法追究责任。

4.1.2 安全保护等级划分

网络的安全保护等级,应根据网络在国家安全、经济建设、社会生活中的重要程度,以及网络遭到破坏后对国家安全、社会秩序、公共利益及公民、法人和其他组织的合法权益的危害程度等因素确定,如表4.1所示。网络安全等级保护制度将网络划分为五个安全保护等级,从第一级到第五级逐级增高。行业主管部门可以根据《网络安全等级保护定级指南》,结合行业特点和网络的实际情况,出台定级指导意见,保证本行业网络在不同地区的安全保护等级的一致性,指导本行业网络的定级工作。

表4.1 网络的安全保护等级

受侵害的客体	对客体的侵害程度		
	一般损害	严重损害	特别严重损害
公民、法人和其他组织的合法权益	第一级	第二级	第二级
社会秩序、公共利益	第二级	第三级	第四级
国家安全	第三级	第四级	第五级

4.1.3 确定定级对象的安全保护等级

网络运营者应依据《网络安全等级保护定级指南》,按照下列程序确定定级对象的安全保护等级:确定定级对象;拟定网络的安全保护等级;组织专家评审;报主管部门核准;报公安机关审核。

1. 确定定级对象

定级对象主要包括信息系统、信息网络、数据资源、云计算平台、工业控制系统、物联网、移动互联、智能制造系统等。网络运营者可参考下列建议确定定级对象。

一是起支撑、传输作用的信息网络（包括专网、内网、外网、网管系统）要作为定级对象。不是将整个信息网络作为一个定级对象，而是从安全管理和安全责任的角度将信息网络划分成若干安全域或单元，作为不同的保护对象去定级。一个信息网络可以是一个关键信息基础设施，可以由多个网段（即定级对象）构成。

二是用于生产、调度、管理、作业、指挥、办公等目的的各类业务系统，要按照不同业务类别单独确定为定级对象。不以系统是否进行数据交换、是否独享设备作为确定定级对象的条件。不能将某一类信息系统作为一个定级对象去定级。在对跨地区、跨部门的纵向大信息系统定级时，要从安全管理和安全责任的角度将一个大系统划分成若干子系统，将子系统单独作为定级对象去定级。一个跨地区、跨部门的大信息系统属于一个关键信息基础设施，可以由若干子系统（即定级对象）构成。

三是各单位的网站、邮件系统要作为独立的定级对象。如果网站后台数据库管理系统的安全级别较高，就要作为独立的定级对象。网站上运行的信息系统（例如对社会提供服务的报名考试系统）也要作为独立的定级对象。

四是对云平台、大数据、工业控制系统、物联网、移动互联网、卫星系统、智能制造系统等，要按照《网络安全等级保护定级指南》的要求，合理确定定级对象（详见后面的阐述）。

五是确认负责定级的单位是否对所定级网络负有业务主管责任。也就是说，业务部门应主导对业务网络的定级，运维部门（例如信息中心、托管方）可以协助定级并按照业务部门的要求开展后续安全保护工作。

六是具有信息系统的基本要素。作为定级对象的信息网络、信息系统，应该是由相关和配套的设备、设施按照一定的应用目标和规则组合而成的有形实体。不应将单一的系统组件（例如服务器、终端、网络设备等）作为定级对象。

七是正确理解和把握网络与信息系统的关系，合理确定定级对象。虽然《网络安全法》将网络定义为系统，将信息安全、各类保护对象安全统一纳入网络安全范畴，但在实际操作中，还是要将网络分为信息网络、信息系统，以便合理确定定级对象，进行科学保护。

（1）信息系统。作为定级对象的信息系统应具有如下基本特征：具有确定的主要安全责任主体；承载相对独立的业务应用；包含相互关联的多个资源。主要安全责任主体包括但不限于企业、机关和事业单位等法人，以及不具备法人资格的社会团体等其他组织。

（2）云计算平台/系统。在云计算环境中，云服务客户侧的等级保护对象和云服务商侧的云计算平台/系统需分别作为单独的定级对象去定级，并根据不同的服务模式将云计算平台/系统划分为不同的定级对象。对于大型云计算平台，宜将云计算基础设施和有关辅助服务系统划分为不同的定级对象。

（3）物联网。物联网主要包括感知、网络传输和处理应用等特征要素。需要将这些要素作为一个整体对象去定级，各要素不单独定级。

（4）工业控制系统。工业控制系统主要包括现场采集/执行、现场控制、过程控制和生产管理等特征要素。其中，现场采集/执行、现场控制和过程控制等要素需作为一个整体对象去定级，各要素不单独定级；生产管理要素宜单独定级。对大型工业控制系统，可根据系统功能、责任主体、控制对象和生产厂商等因素划分成多个定级对象。

（5）采用移动互联技术的系统。采用移动互联技术的系统主要包括移动终端、移动应用和无线网络等特征要素，可作为一个整体对象单独定级，或者与相关联的业务系统一起定级，各要素不单独定级。

（6）通信网络。对电信网、广播电视传输网等通信网络，应根据安全责任主体、服务类型或服务地域等因素划分为不同的定级对象。当安全责任主体相同时，跨省的行业或单位的专用通信网络可作为一个整体对象去定级；当安全责任主体不同时，应根据安全责任主体和服务区域划分定级对象。

（7）数据资源。数据资源可独立定级。当安全责任主体相同时，大数据、大数据平台/系统可作为一个整体对象去定级；当安全责任主体不同时，大数据应单独定级。

2. 确定定级对象遭破坏时所侵害的客体

定级对象遭破坏时所侵害的客体包括国家安全、社会秩序、公众利益及公民、法人和其他组织的合法权益。

（1）侵害国家安全的事项包括：影响国家政权稳固和领土主权、海洋权益完整的事项；影响国家统一、民族团结和社会稳定的事项；影响我国社会主义市场经济秩序和文化实力的事项；其他影响国家安全的事项。

（2）侵害社会秩序的事项包括：影响国家机关、企事业单位、社会团体的生产秩序、经营秩序、教学科研秩序、医疗卫生秩序的事项；影响公共场所的活动秩序、公共交通秩序的事项；影响人民群众生活秩序的事项；其他影响社会秩序的事项。

（3）侵害公共利益的事项包括：影响社会成员使用公共设施的事项；影响社会成员获取公开数据资源的事项；影响社会成员接受公共服务等方面的事项；其他影响公共利益的事项。

（4）侵害公民、法人和其他组织的合法权益，是指使受法律保护的公民、法人和其他组织所享有的社会权利和利益等受到损害。

确定定级对象遭破坏时所侵害的客体，首先要判断是否侵害了国家安全，其次要判断是否侵害了社会秩序或公众利益，最后要判断是否侵害了公民、法人和其他组织的合法权益。

3. 确定定级对象遭破坏时对客体的侵害程度

侵害程度是客观方面的不同外在表现的综合体现，因此，应首先根据不同的受侵害客体、不同的侵害后果分别确定侵害程度。在对不同的侵害后果确定侵害程度时，采取的方法和考虑的角度可能不同，例如：系统服务安全被破坏导致业务能力下降的程度，可以从定级对象服务覆盖的区域范围、用户人数或业务量等方面确定；业务信息安全被破坏导致的财物损失，可以从直接的资金损失、间接的信息恢复费用等方面确定。

在对不同的受侵害客体进行侵害程度的判断时，可以参照以下判别基准：如果受侵害客体是公民、法人或其他组织的合法权益，则以个人或单位的总体利益作为判断侵害程度的基准；如果受侵害客体是社会秩序、公共利益或国家安全，则以整个行业或国家的总体利益作为判断侵害程度的基准。

对客体的侵害程度，由对不同侵害后果的侵害程度进行综合评定得出。不同侵害后果的三种侵害程度描述如下。

（1）一般损害：工作职能受到局部影响，业务能力有所降低但不影响主要功能的执行，出现较轻的法律问题、较低的财产损失、有限的社会不良影响，对其他组织和个人造成较低的损害。

（2）严重损害：工作职能受到严重影响，业务能力显著下降且严重影响主要功能的执行，出现较严重的法律问题、较高的财产损失、较大范围的社会不良影响，对其他组织和个人造成较高的损害。

（3）特别严重损害：工作职能受到特别严重影响或丧失行使能力，业务能力严重下降且（或）功能无法执行，出现极其严重的法律问题、极高的财产损失、大范围的社会不良影响，对其他组织和个人造成非常高的损害。

4. 初步确定定级对象的安全保护等级

定级对象的安全主要包括业务信息安全和系统服务安全，与之相关的受侵害客体和对客体的侵害程度可能不同，因此，定级对象的安全保护等级应由业务信息安全和系统服务安全两个方面确定。

从业务信息安全的角度反映的定级对象的安全保护等级，称为业务信息安全保护等级。从系统服务安全的角度反映的定级对象的安全保护等级，称为系统服务安全保护等级。应将业务信息安全保护等级和系统服务安全保护等级中的高者确定为定级对象的安全保护等级。初步确定定级对象安全保护等级的方法，如图 4.1 所示。

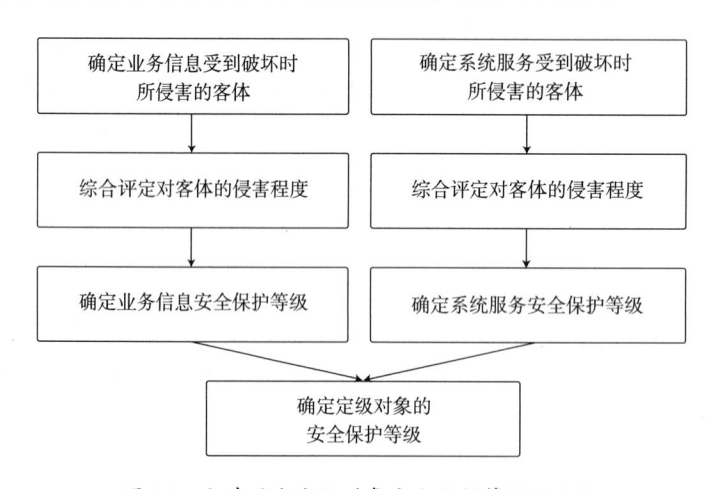

图 4.1 初步确定定级对象安全保护等级的方法

5. 确定定级对象的安全保护等级

定级对象的安全保护等级初步确定为第二级及以上的，网络运营者需组织网络安全专家和业务专家对定级结果的合理性进行评审，并出具专家评审意见；有行业主管（监管）部门的，需将定级结果报请行业主管（监管）部门核准，并出具核准意见。最后，网络运营者应按照相关管理规定，将定级结果提交公安机关进行备案审核。审核不通过的，网络运营者需组织重新定级。审核通过后，最终确定定级对象的安全保护等级。

对于通信网络设施、云计算平台/系统等定级对象，需根据其所承载或将要承载的等级保护对象的重要程度确定安全保护等级，原则上不低于其承载的等级保护对象的安全保护等级。

对于数据资源，需综合考虑其规模、价值等因素以及遭到破坏后对国家安全、社会秩序、公共利益及公民、法人和其他组织的合法权益的侵害程度，确定安全保护等级。涉及大量公民个人信息及为公民提供公共服务的大数据平台/系统，原则上安全保护等级不低于第三级。

4.1.4 公安机关受理网络备案

1. 网络备案总体原则

网络运营者按照相关管理规定，将定级结果和备案材料提交公安机关进行备案审核。公安机关收到网络运营者提交的备案材料后，应对网络定级的准确性进行审核。网络定级基本准确的，公安机关颁发由公安部统一监制的《网络安全等级保护备案证明》。

第二级以上网络运营者应在网络的安全保护等级确定后 30 日内，到属地县级以上公安机关网络安全保卫部门备案，提交《网络安全等级保护定级报告》。网络运营者应根据网络功能、服务范围、服务对象和处理的数据等的变化情况，动态调整网络的安全保护等级；发生变化影响网络安全保护等级的，网络运营者应办理备案变更。

公安机关应对网络运营者提交的《网络安全等级保护定级报告》等备案材料进行审核。对定级结果合理、备案材料符合要求的，公安机关应在 10 个工作日内出具由公安部统一定制的《网络安全等级保护备案证明》。对定级结果不合理、备案材料不符合要求的，公安机关应在 10 个工作日内向网络运营者反馈，由网络运营者改正并说明理由。对定级不准的，公安机关应告知网络运营者，建议其组织专家进行重新定级评审，并报上级主管部门核准。网络运营者仍然坚持原定等级的，公安机关可以受理其备案，但应书面告知其应承担由此引发的责任和后果，经上级公安机关同意后，通报备案单位的上级主管部门。

2. 网络备案与受理

网络安全等级保护备案工作包括网络备案、受理、审核和备案信息管理等工作。网络运营者和受理备案的公安机关应按照《网络安全等级保护备案实施细则》的要求办理网络备案工作。

（1）备案工作，具体如下。

第二级（含）以上网络，在安全保护等级确定后 30 日内，由网络运营者或其主管部门（下称"备案单位"）到所在地县级以上公安机关网络安全保卫部门办理备案手续。办理备案手续时，应先到公安机关指定的网址下载并填写备案表，准备好备案文件，再到指定的地点办理备案手续。

备案时应提交《网络安全等级保护备案表》（下称《备案表》）（一式二份）及其电子文档。第二级以上网络备案时需提交《备案表》表一、表二、表三。第三级以上网络还应在网络安全整改、等级测评完成后 30 日内提交《备案表》表四及相关材料。

隶属于中央的在京单位，其跨省或者全国统一联网运行并由主管部门统一定级的网络，由主管部门向公安部办理备案手续；其他网络向北京市公安局备案。跨省或者全国统一联网运行的网络在各地运行、应用的分支系统，应向所在地县级以上公安机关网络安全保卫部门备案。各行业统一定级的网络在各地的分支系统，即使是由上级主管部门定级的，也要到所在地公安机关备案。

（2）受理备案和备案信息管理，具体如下。

县级以上公安机关网络安全保卫部门受理本辖区内备案单位的备案。隶属于省级单位的备案单位，其跨地（市）联网运行的网络，由省级公安机关网络安全保卫部门受理备案。

隶属于中央的在京单位，其跨省或者全国统一联网运行并由主管部门统一定级的网络，由公安部网络安全保卫局受理备案；其他网络由北京市公安局网络安全保卫部门受理备案。隶属于中央的非在京单位的网络，由所在地省级公安机关网络安全保卫部门（或者其指定的地市级公安机关网络安全保卫部门）受理备案。

跨省或者全国统一联网运行并由主管部门统一定级的网络在各地运行、应用的分支（包括由上级主管部门定级，在所在地有应用的网络），由所在地县级以上公安机关网络安全保卫部门受理备案。各级公安机关网络安全保卫部门应利用网络安全等级保护管理平台管理备案文件和资料。

（3）备案审核，具体如下。

受理备案的公安机关网络安全保卫部门在收到备案材料后，应对下列内容进行审核：备案材料填写是否完整，是否符合要求，其纸质材料和电子文档是否一致；所定安全保护等级是否准确。审核合格的，公安机关出具《网络安全等级保护备案证明》。

网络定级不准的，公安机关应书面通知备案单位进行整改，建议备案单位组织专家进行重新定级评审，并报上级主管部门核准。备案单位仍然坚持原定等级的，公安机关可以受理其备案，但应书面告知其应承担由此引发的责任和后果，经上级公安机关同意后，通报备案单位上级主管部门。

对拒不备案的，公安机关应依据《网络安全法》《计算机信息系统安全保护条例》等有关法律法规的规定，责令限期整改。逾期仍不备案的，公安机关应予以警告，并向其上级主管部门通报。需要向中央和国家机关通报的，应报经公安部同意。

（4）安全保护等级的变更，具体如下。

当等级保护对象所处理的业务信息和系统服务范围发生变化，可能导致业务信息安全或系统服务安全受到破坏后的受侵害客体和对客体的侵害程度发生变化时，网络运营者需根据国家标准重新确定定级对象和安全保护等级，并向公安机关网络安全保卫部门变更备案。

4.2 按照《网络安全等级保护基本要求》开展网络安全建设整改

2019 年 5 月，国家标准化管理委员会发布了 GB/T 22239—2019《网络安全等级保护基本要求》（简称为《基本要求》）国家标准，它代替了 GB/T 22239—2008《信息系统安全等级保护基本要求》。《基本要求》是指导网络运营者开展网络安全等级保护安全建设整改、等级测评等工作的重要标准。《基本要求》是基线要求，是各级网络应该落实的最低安全要求。各单位、各部门按照《基本要求》开展网络安全建设，是按照《网络安全法》和网络安全等级保护制度要求实施的合规动作。

4.2.1 《网络安全等级保护基本要求》概述

1. 主要特点

（1）采用"一个中心、三重防护"的防护理念和分类结构，即通过建设安全管理中心，并从安全计算环境、安全通信网络、安全区域边界三个维度实施安全保护，强化了建立网络安全综合防护体系思想，变静态防护为动态防护，变被动防护为主动防护，变单层防护为纵深防护，变粗放防护为精准防护，变单点防护为整体防控，变自主防护为联防联控。

（2）强化了密码技术和可信计算技术的使用，把可信验证列入各级别并逐级提出各环节的主要可信验证要求，强调通过密码技术、可信验证、安全审计和态势感知等建立主动防御体系。

（3）针对云计算、移动互联、物联网、工业控制系统、大数据等新技术新应用提出了新的安全要求，形成了由"安全通用要求+扩展要求"构成的安全要求内容。等级保护对象的安全保护，同时要落实安全通用要求和安全扩展要求。安全通用要求是针对共性化保护需求提出的，无论等级保护对象以何种形式出现，都需要根据安全保护等级实现相应级别的安全通用要求。安全扩展要求是针对个性化保护需求提出的，等级保护对象需要根据安全保护等级、使用的特定技术或特定的应用场景实现安全扩展要求。

2. 主要变化

（1）为适应《网络安全法》，配合落实网络安全等级保护制度，标准的名称由《信息系统安全等级保护基本要求》改为《网络安全等级保护基本要求》。等级保护对象由信息系统、信息，调整为基础信息网络、信息系统（含采用移动互联技术的系统、信息）、云计算平台/系统、大数据应用/平台/资源、物联网和工业控制系统等。

（2）将原来各级别的安全要求分成安全通用要求和安全扩展要求。安全通用要求是所有等级保护对象都应满足的要求。安全扩展要求包括云计算安全扩展要求、移动互联安全扩展要求、物联网安全扩展要求、工业控制系统安全扩展要求。

（3）将原来各级技术要求中的物理安全、网络安全、主机安全、应用安全、数据安全、备份与恢复，修改为安全物理环境、安全通信网络、安全区域边界、安全计算环境、安全管理中心，将原来各级管理要求中的安全管理制度、安全管理机构、人员安全管理、系统建设管理、系统运维管理，修改为安全管理制度、安全管理机构、安全管理人员、安全建设管理、安全运维管理，构成了十个方面的安全要求，如图 4.2 所示。

第 4 章　深入开展网络安全等级保护工作

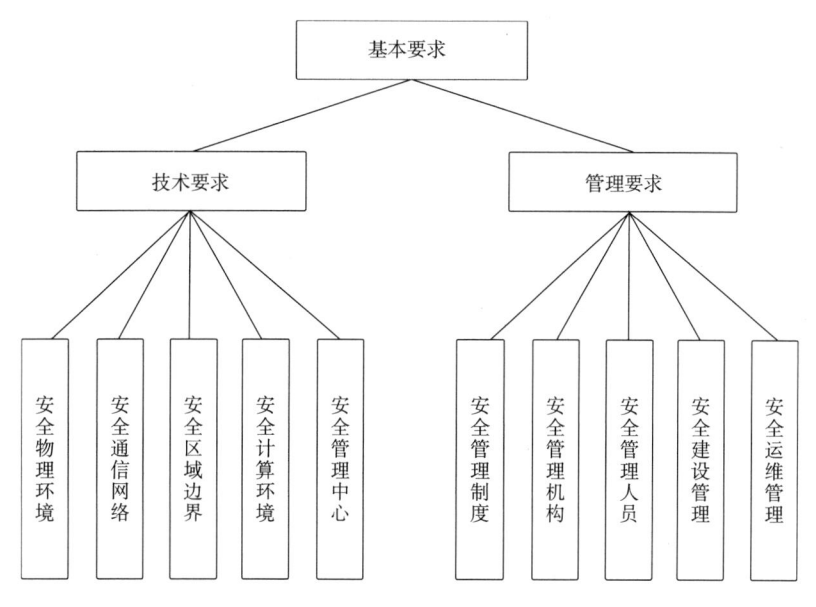

```
                        基本要求
                       /        \
                  技术要求        管理要求
                /  |  |  |  \    /  |  |  |  \
            安全  安全  安全  安全  安全  安全  安全  安全  安全  安全
            物理  通信  区域  计算  管理  管理  管理  管理  建设  运维
            环境  网络  边界  环境  中心  制度  机构  人员  管理  管理
```

图 4.2　安全通用要求框架

（4）增加附录 A"关于安全通用要求和安全扩展要求的选择和使用"，描述了等级保护对象的定级结果和安全要求之间的关系，说明了如何根据信息、信息系统的定级结果选择安全要求的相关条款，简化了标准正文的内容。附录 C 描述了等级保护安全框架和关键技术。附录 D 描述了云计算应用场景，附录 E 描述了移动互联应用场景，附录 F 描述了物联网应用场景，附录 G 描述了工业控制系统应用场景，附录 H 描述了大数据应用场景，以帮助用户理解云计算、移动互联、物联网、工业控制系统、大数据等应用，实施安全技术设计和安全保护。

3. 结构框架

《基本要求》规定了第一级到第四级等级保护对象的安全要求，每级安全要求包括安全通用要求、云计算安全扩展要求、移动互联安全扩展要求、物联网安全扩展要求、工业控制系统安全扩展要求。安全通用要求和安全扩展要求又分为技术要求和管理要求。为了方便用户使用，安全要求采取分类分层结构，分为安全控制要求、安全控制点和安全要求项。

（1）十大类安全控制要求。安全控制要求分为两个方面：一方面是技术要求，包括安全物理环境、安全通信网络、安全区域边界、安全计算环境、安全管理中心；另一方面是管理要求，包括安全管理制度、安全管理机构、安全管理人员、安全建设管理、安全运维管理。

（2）安全控制点和安全要求项。安全控制点是安全控制要求之下的控制要点。安全要求项是安全控制点之下的具体安全要求。不同级别的安全要求有不同数量的安全控制点和安全要求项。随着安全级别的提高，安全控制点和安全要求项的数量有所增加。例如，第一级安全通用要求有 48 个安全控制点、55 个安全要求项，第二级安全通用要求有 68 个安全控制点、135 个安全要求项，第三级安全通用要求有 71 个安全控制点、211 个安全要求项。

4.2.2 落实安全通用要求

1. 安全物理环境

安全物理环境是针对计算机机房提出的安全控制要求，包括物理环境、物理设备、物理设施等。安全物理环境的安全控制点包括物理位置的选择、物理访问控制、防盗窃和防破坏、防雷击、防火、防水和防潮、防静电、温湿度控制、电力供应、电磁防护等。

2. 安全通信网络

安全通信网络是针对通信网络提出的安全控制要求，包括广域网、城域网、局域网等。安全通信网络的安全控制点包括网络架构、通信传输、可信验证等。

3. 安全区域边界

安全区域边界是针对网络边界提出的安全控制要求，包括信息系统边界、区域边界等。安全区域边界的安全控制点包括边界防护、访问控制、入侵防范、恶意代码防范、安全审计、可信验证等。

4. 安全计算环境

安全计算环境是针对网络内部设备设施提出的安全控制要求，包括边界内部的网络设备、安全设备、服务器设备、终端设备、信息系统、数据对象、其他设备设施等。安全计算环境的安全控制点包括身份鉴别、访问控制、安全审计、入侵防范、恶意代码防范、可信验证、数据完整性、数据保密性、数据备份与恢复、剩余信息保护、个人信息保护等。

5. 安全管理中心

安全管理中心是针对整个信息系统提出的安全管理方面的技术控制要求，是通过技术手段实现集中管理的。安全管理中心的安全控制点包括系统管理、审计管理、安全管理、集中管控。

审计管理是指保障审计措施的有效性，通过定期进行审计分析实现对信息系统及其运行环境的集中管理、集中监控、集中审计。集中管控是指对信息系统及其运行环境进行实时监控，并利用恶意代码防护措施、垃圾邮件防护系统、系统打补丁等技术手段，保障信息系统安全稳定运行。

6. 安全管理制度

安全管理制度是针对管理制度体系提出的安全控制要求，其安全控制点包括安全策略、管理制度、制定和发布、评审和修订等。

7. 安全管理机构

安全管理机构是针对管理组织架构提出的安全控制要求，其安全控制点包括岗位设置、人员配备、授权和审批、沟通和合作、审核和检查等。

8. 安全管理人员

安全管理人员是针对人员管理提出的安全控制要求，其安全控制点包括人员录用、人员离岗、安全意识教育和培训、外部人员访问管理等。

9. 安全建设管理

安全建设管理是针对网络安全建设整改过程提出的安全控制要求，其安全控制点包括网络定级及备案、安全方案制定、安全产品采购和使用、自主软件开发、外包软件开发、工程实施、测试验收、系统交付、等级测评、风险评估、服务商管理等。

10. 安全运维管理

安全运维管理是针对网络安全运维过程提出的安全控制要求，其安全控制点包括环境管理、资产管理、介质管理、设备维护管理、漏洞和风险管理、网络和系统安全管理、恶意代码防范管理、配置管理、密码管理、变更管理、备份与恢复管理、安全事件处置、应急预案管理、外包运维管理等。

4.2.3 落实云计算安全扩展要求

安全扩展要求是采用特定技术或在特定应用场景中的等级保护对象需要扩展实现的安全要求。《基本要求》中的安全扩展要求包括云计算安全扩展要求、移动互联安全扩展要求、物联网安全扩展要求和工业控制系统安全扩展要求。

下面介绍如何落实云计算安全扩展要求。

1. 云计算的概念

云计算是一种通过网络访问可扩展的、灵活的物理或虚拟资源池,并按需自动获取和管理资源的模式。云计算的特点:一是能根据业务需要和负载大小动态分配资源,部署于云计算平台上的应用需要适应资源的变化,并能根据变化做出响应;二是相对于异构资源共享的网格计算,云计算提供了大规模资源池的分享,通过分享提高了资源复用率,并利用规模经济来降低成本;三是从节省经济成本的角度考虑,云计算硬件设备、软件资源需综合考虑成本、可用性、可靠性等因素进行设计,而不会片面追求高性能。云计算的特征是按需自助、泛在网络访问、资源池化、快速弹性和可度量的服务。

云计算按照服务的提供方式可分为三大类,分别是软件即服务(Software as a Service,SaaS)、平台即服务(Platform as a Service,PaaS)、基础架构即服务(Infrastructure as a Service,IaaS)。云计算按照部署类型可分为私有云、公有云、混合云。

2. 云计算平台/系统

云计算平台/系统是采用云计算技术构建的网络和信息系统,有三种形态:一是云计算平台,也就是云服务商提供的云基础设施及其上服务层软件的集合;二是云服务客户业务应用系统,包括云服务客户部署在云计算平台上的业务应用和云服务商通过网络为云服务客户提供的应用服务;三是采用云计算技术构建的各类业务应用系统、业务应用及为业务应用独立提供底层云计算服务、硬件资源的集合(此类信息系统中没有云服务客户)。

3. 云计算安全扩展要求

云计算安全扩展要求是云计算平台在满足安全通用要求的基础上提出的安全要求,主要内容包括基础设施的位置、虚拟化安全保护、镜像和快照保护、云计算环境管理、云服务商选择等,具体包含安全物理环境、安全通信网络、安全区域边界、安全计算环境、安全管理中心、安全管理(建设、运维)。云计算安全扩展要求的安全控制点包括:基础设施位置、网络架构、网络边界的访问控制、入侵防范、安全审计、集中管控；计算环境的身份鉴别、访问控制、入侵防范、镜像和快照保护、数据安全性、数据备份恢复、剩余信息保护；云服务商选择；供应链管理；云计算环境管理；等等。

4. 云计算的安全措施

按照网络安全等级保护制度2.0"一个中心、三重防护"的理念，从通信网络、区域边界、计算环境三个方面进行防护，并由安全管理中心进行集中监控、调度和管理，构成了云计算的安全措施，如图4.3所示。

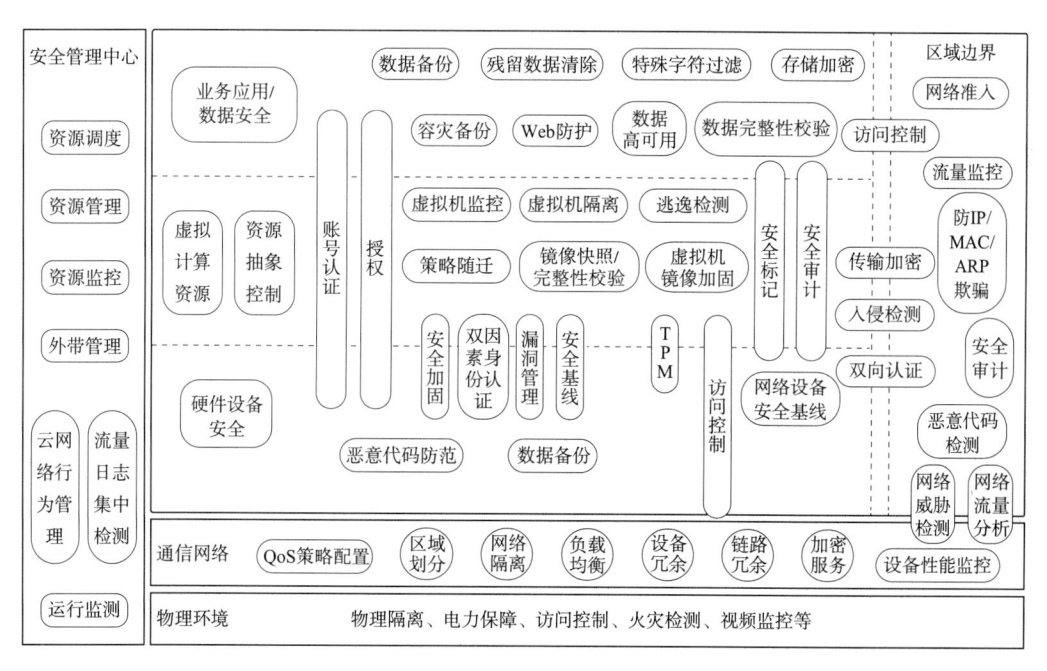

图 4.3　云计算的安全措施

5. 云计算的安全责任

与传统的网络和信息系统不同，云计算环境涉及一个或多个安全责任主体，各责任主体应根据管理权限划分安全责任边界。

云计算平台中通常有云服务商和云服务客户两种角色。在不同的云计算服务模式中，云服务商和云服务客户对资源有不同的控制范围，控制范围决定了安全责任边界。云服务商和云服务客户的安全责任划分，如图4.4所示。

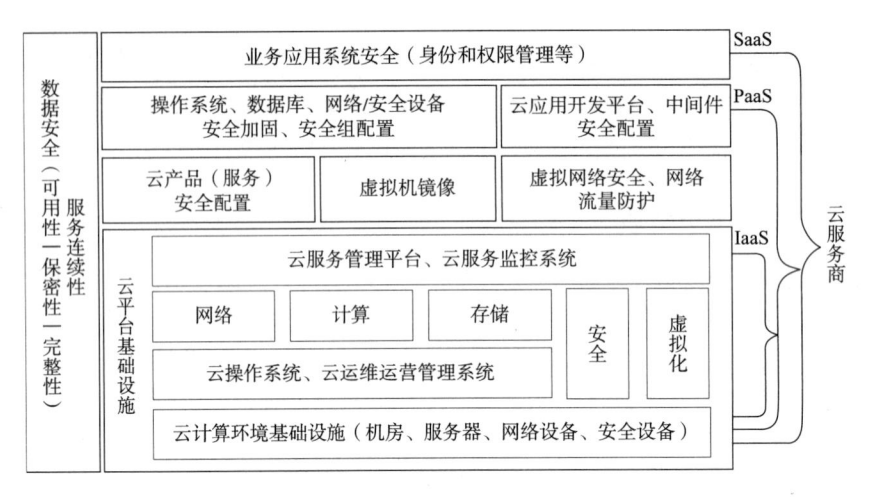

图4.4 云服务商和云服务客户的安全责任划分

4.2.4 落实移动互联安全扩展要求

1. 移动互联的概念

移动互联是指采用无线通信技术将移动终端接入有线网络的过程。无线网络分为通过公众移动通信网实现的无线网络（例如 5G、4G、3G、GPRS）和无线局域网（WiFi）两种方式。移动互联信息系统是采用移动通信网技术、互联网技术及互联网应用技术的信息系统。

2. 移动互联系统框架

采用移动互联技术的信息系统，其移动互联部分由移动终端、移动应用和无线网络三部分组成。移动终端通过无线通道连接无线接入设备接入。无线接入网关通过访问控制策略限制移动终端的访问行为。后台的移动终端管理系统负责移动终端的管理，包括向客户端软件发送移动设备管理、移动应用管理和移动内容管理策略等。

移动互联系统框架，如图4.5所示。

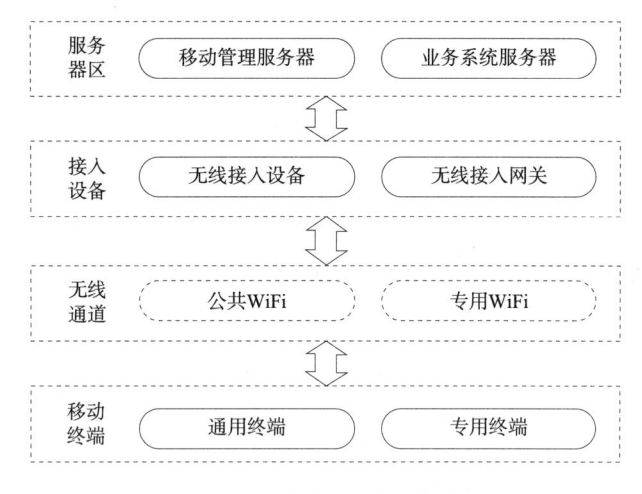

```
┌─────────────────────────────────────────────┐
│ 服务  │  移动管理服务器  │  │  业务系统服务器  │ │
│ 器区  └─────────────────┘  └─────────────────┘ │
└─────────────────────────────────────────────┘
                    ⇕
┌─────────────────────────────────────────────┐
│ 接入  │  无线接入设备  │  │  无线接入网关  │ │
│ 设备  └───────────────┘  └───────────────┘ │
└─────────────────────────────────────────────┘
                    ⇕
┌─────────────────────────────────────────────┐
│ 无线  │    公共WiFi    │  │    专用WiFi    │ │
│ 通道  └───────────────┘  └───────────────┘ │
└─────────────────────────────────────────────┘
                    ⇕
┌─────────────────────────────────────────────┐
│ 移动  │    通用终端    │  │    专用终端    │ │
│ 终端  └───────────────┘  └───────────────┘ │
└─────────────────────────────────────────────┘
```

图 4.5　移动互联系统框架

3. 移动互联安全扩展要求

移动互联安全扩展要求是在通用要求的基础上对采用移动互联技术的等级保护对象提出的扩展要求，即针对移动终端、移动应用和无线网络提出的安全要求。移动互联安全扩展要求与安全通用要求一起构成了针对采用移动互联技术的等级保护对象的完整安全要求，主要内容包括无线接入点的物理位置、移动终端管控、移动应用管控、移动应用软件采购和移动应用软件开发等内容。

移动终端分为通用终端和专用终端，二者所处环境不同，面临的安全风险也不同，因此，在具体应用场景中需要采用不同的安全防护策略与措施。无线通信安全方面，主要是局域网环境（即 WiFi 环境），特别是单位自行搭建的 WiFi 的网络安全。接入设备安全方面，包括无线接入设备和无线接入网关，重点是控制无线接入及无线访问控制。移动终端安全管理方面，主要是通过移动终端管理系统对移动应用和移动终端进行统一管理。

4. 移动互联系统安全建设参考框架

根据《基本要求》中的第三级移动互联安全扩展要求，结合移动办公业务需求，从移动终端安全、移动应用安全、网络接入安全三个维度对移动互联系统的安全防护提出了一个参考框架，如图 4.6 所示。

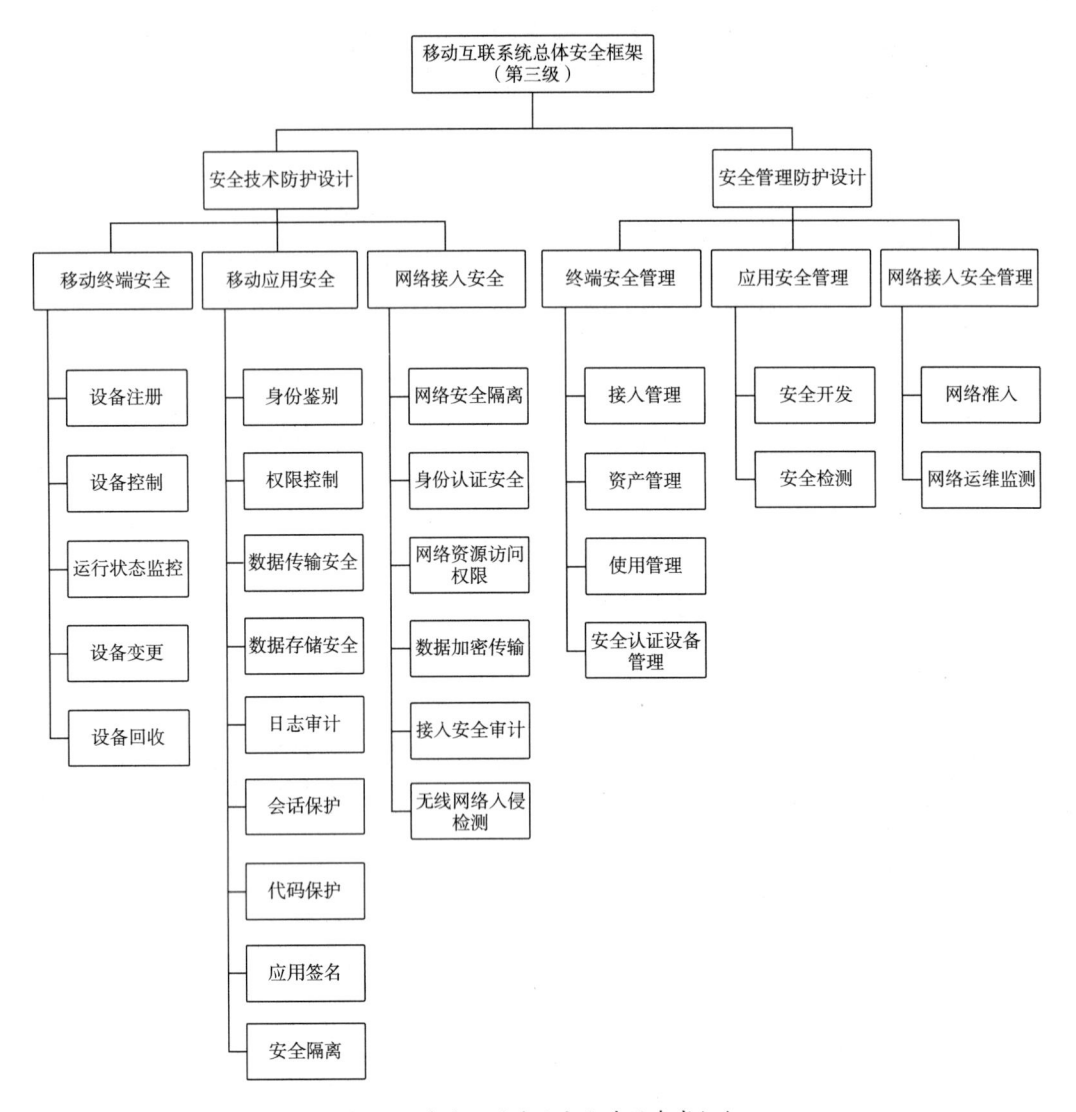

```
                        ┌─────────────────────┐
                        │ 移动互联系统总体安全框架 │
                        │      (第三级)        │
                        └──────────┬──────────┘
              ┌────────────────────┴────────────────────┐
        ┌──────────┐                              ┌──────────┐
        │安全技术防护设计│                              │安全管理防护设计│
        └─────┬────┘                              └─────┬────┘
    ┌─────────┼─────────┐                    ┌─────────┼─────────┐
 ┌─────┐  ┌─────┐  ┌─────┐              ┌─────┐  ┌─────┐  ┌─────┐
 │移动终端│  │移动应用│  │网络接入│              │终端安全│  │应用安全│  │网络接入│
 │ 安全 │  │ 安全 │  │ 安全 │              │ 管理 │  │ 管理 │  │安全管理│
 └──┬──┘  └──┬──┘  └──┬──┘              └──┬──┘  └──┬──┘  └──┬──┘
    │        │        │                    │        │        │
 设备注册  身份鉴别  网络安全隔离         接入管理  安全开发  网络准入
 设备控制  权限控制  身份认证安全         资产管理  安全检测  网络运维监测
 运行状态监控 数据传输安全 网络资源访问权限 使用管理
 设备变更  数据存储安全 数据加密传输      安全认证设备管理
 设备回收  日志审计  接入安全审计
           会话保护  无线网络入侵检测
           代码保护
           应用签名
           安全隔离
```

图 4.6 移动互联系统安全建设参考框架

4.2.5 落实物联网安全扩展要求

1. 物联网的概念

物联网是一种信息技术综合应用系统。物联网将感知节点设备通过互联网等网络连接起来构成信息系统,通常包括感知层、网络传输层、处理应用层,能够实现数据采集、数据传输、数据处理、数据应用等功能。物联网应用场景包括车联网、智能家居、智慧交通、智能电网、智慧油田、智慧社区、智慧城市、智能仓储等。

2. 物联网安全扩展要求

对于物联网，安全问题主要出现在物联网的感知层。针对感知层提出的安全扩展要求，与安全通用要求一起构成了物联网的整体安全要求，如图4.7所示。物联网安全扩展要求主要包括感知节点的物理防护、感知节点设备安全、网关节点设备安全、感知节点的管理和数据融合处理等。

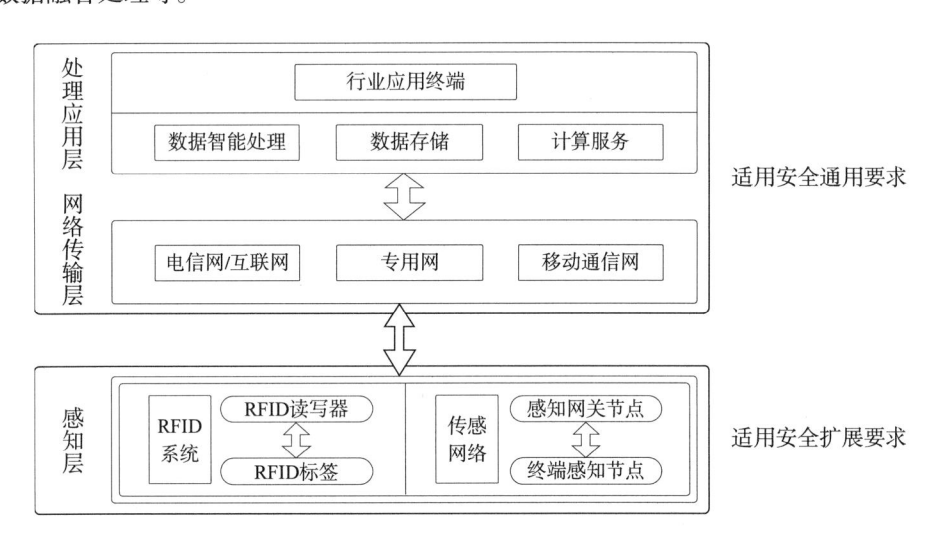

图4.7 物联网安全扩展要求

3. 物联网安全架构

为了将物联网作为一个整体进行安全保护，在考虑安全架构时，根据安全需求和安全技术的不同，可将处理应用层进一步划分为处理层和应用层，并分别考虑其安全需求。同时，需要从整体上对物联网建立信任机制和密钥管理机制，将其作为一个整体开展安全测评与运维监督。由此，形成了一种包含四个逻辑层和两种支撑技术的物联网安全架构，如图4.8所示。

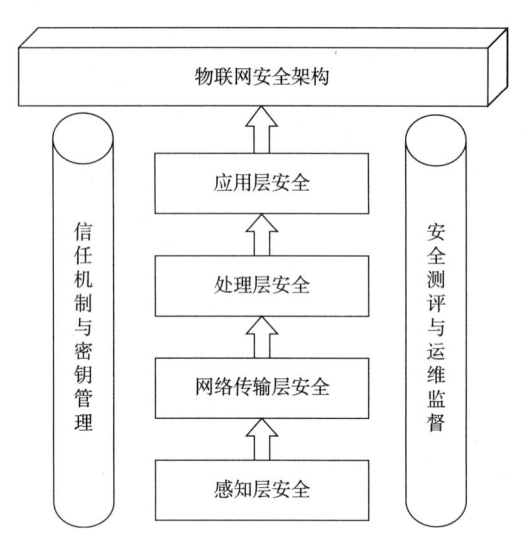

图 4.8 物联网安全架构

4. 物联网安全关键技术

根据物联网安全架构,物联网安全关键技术包括感知层安全关键技术、网络传输层安全关键技术、处理层安全关键技术、应用层安全关键技术、信任机制与密钥管理关键技术、安全测评与运维监督关键技术等。

(1)感知层安全关键技术是指针对感知层的设备、网络和数据处理等安全问题采取的技术,包括轻量级密码算法、轻量级身份鉴别技术、RFID 非法读写和非法克隆等密码安全技术、控制安全技术、抗重放安全技术、抗侧信道攻击技术等。

(2)网络传输层安全关键技术是指针对广域网和移动通信网的安全问题采取的技术,包括数据融合安全、网络冗余、防火墙、虚拟专网(VPN)、数据传输安全、数据流量保护等。

(3)处理层安全技术是指针对系统、服务、数据等安全问题采取的技术,包括访问控制、入侵检测、安全审计、应用软件安全、虚拟服务安全、数据安全等。

(4)应用层安全技术是指针对行业应用安全问题采取的技术,包括用户终端管理、隐私保护等。

(5)信任机制与密钥管理技术,包括初始密钥建立、根证书生成与管理、公钥证书体系及应用技术、会话密钥的产生与应用、口令管理等。

(6)安全测评与运维监督技术,包括系统运维相关支撑技术及平台、安全测评指标体系（针对感知层）、安全测评方法、安全测评工具等。

4.2.6 落实工业控制系统安全扩展要求

1. 工业控制系统的概念

工业控制系统是多种类型的控制系统的总称，通常用于电力、石油和天然气、化工、交通运输、水和污水处理、制药、纸浆和造纸、制造（例如汽车、航空航天和耐用品）等行业。参考国际标准 IEC 62264-1 对工业控制系统层次结构模型的划分方法，本书将工业控制系统的功能划分为五个层级，依次为企业资源层、生产管理层、过程监控层、现场控制层、现场设备层，如图 4.9 所示。工业控制系统各功能层对数据通信实时性及数据记录时间有不同的要求。

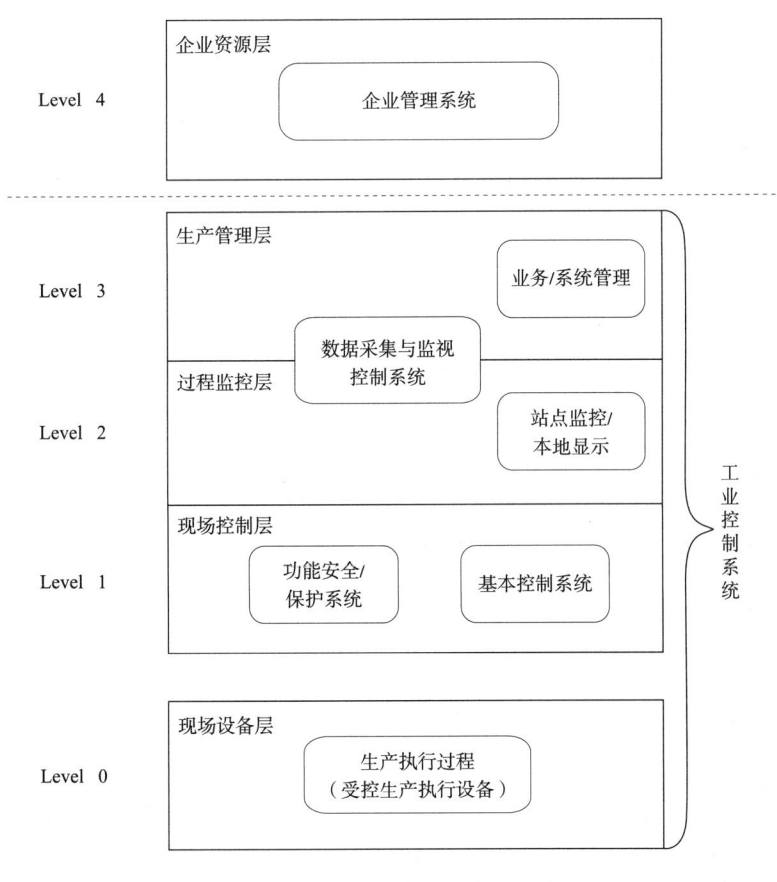

图 4.9 工业控制系统功能层级模型

2. 工业控制系统安全扩展要求

工业控制系统安全扩展要求主要针对现场控制层和现场设备层提出特殊安全要求，并与安全通用要求一起构成完整的安全要求，主要包括室外控制设备物理防护、网络架构、通信传输、访问控制、拨号使用控制、无线使用控制、控制设备安全、产品采购和使用、外包软件开发等。

3. 工业控制系统的安全措施

以火电工业控制系统为例，按照"一个中心、三重防护"的设计思路，可将安全防护措施分解成四个方面：一是网络方面，包括安全域之间的边界、通信链路关键节点、网络通信设备等；二是应用方面，包括上位机工程组态软件、监控软件、仿真软件等；三是主机方面，包括工程师站、操作员站、服务器主机、控制器内生安全等；四是数据方面，包括通信过程中的动态传输数据和静态数据等。每个方面针对不同的网络安全要求，配置相应的防护策略。

防护策略总体上可分为五类，基本覆盖了工业控制系统的所有网络安全需求：一是区域划分隔离，将控制系统按照不同的功能、控制区、非控制器进行区域划分；二是网络节点保护，对各安全区域的边界节点进行隔离防护，并对各安全域内的关键通信节点配置防护策略；三是主机安全防护，通过给上位机主机加装基于可信计算的白名单终端防护软件及对主机进行加固来保证主机设备安全，对下位机则通过内生安全防护技术提升控制器的防护能力；四是通信数据加密，对控制系统的关键数据（例如下装数据、身份验证数据等）进行通信加密和加密存储；五是集中审计管控，在安全管理区配置集中审计和管理平台，对系统安全策略进行统一管理，并集中收集分析各层级的安全审计内容。

4.2.7 落实大数据安全扩展要求

1. 大数据的概念

大数据是指具有体量巨大、来源多样、生成极快、多变等特征并且难以用传统数据体系结构有效处理的包含大量数据集的数据。

2. 大数据的部署模式

大数据的部署模式包括大数据平台、大数据应用和大数据资源，如图 4.10 所示。

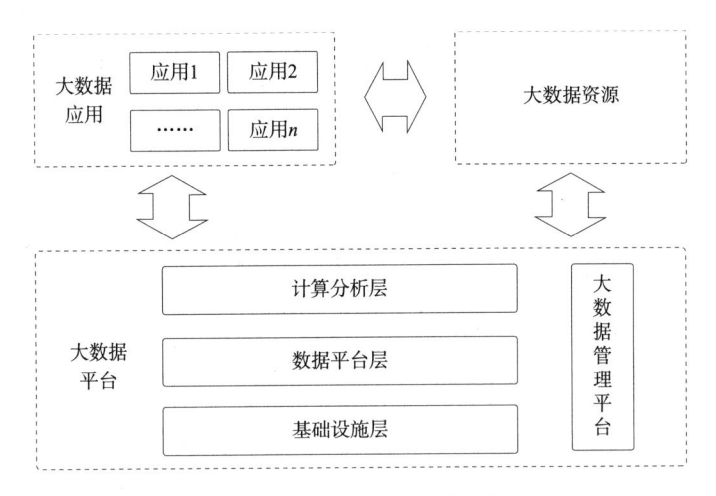

图 4.10 大数据的部署模式

大数据资源是指数据资源，即具有数量巨大、来源多样、生成极快、多变等特征并且难以用传统数据体系结构有效处理的包含大量数据集的数据。大数据应用是指基于大数据平台对数据执行处理过程，通常包括数据采集、数据存储、数据处理（例如计算、分析、可视化等）、数据应用、数据流动、数据销毁等环节。大数据平台是指为大数据应用提供资源和服务的支撑集成环境，包括基础设施层、数据平台层、计算分析层、大数据管理平台等。其中：基础设施层通常采用虚拟化技术、云计算技术或数据仓库技术支持上层大数据平台的数据处理和计算；也可以是集成大数据服务所需的存储与网络设备、服务器、虚拟化软件等基础设施和计算资源，以降低大数据服务基础设施部署和运维管理复杂度，优化大数据服务的性能。应按照"谁运营谁负责"的原则确认大数据对象的安全责任主体。

3. 大数据安全保护措施

一是数据清洗和转换。对数据进行重新审查和校验，目的在于删除重复信息、纠正错误，并提供数据一致性。

二是数据脱敏和去标识化。数据脱敏是一种为用户提供虚假数据而非真实数据，从而防止敏感数据被滥用的技术，包括静态脱敏（在非生产数据库中防止对静态数据的滥用）和动态脱敏（在生产库数据中对传输的数据进行脱敏）。数据脱敏和去标识化，既可以最大限度释放大数据的流动性和使用价值，又可以保证使用敏感信息的合规性。大数据平台提供者在数据脱敏和去标识化的管理过程中，可以从制定数据脱敏和去标识化规范、发现敏感数据、定义脱敏规则、执行脱敏工作、验证脱敏有效性等方面着手。

三是数据隔离。大数据系统数据隔离的目的是支持不同用户、不同类型数据的隔离访问和存储。

四是数据安全保护。数据安全保护是贯穿数据全生命周期的，应对数据采集、传输、存储、处理、销毁等阶段采取保护措施，保障数据的机密性、完整性、可用性。

4. 大数据安全保护扩展要求

（1）安全物理环境，包括机房位置选择（我国境内，远离江、河、湖、海、化工厂等）、门禁系统、防盗窃和防破坏、防雷击、防火、防水、防潮、防静电、温湿度控制、电力双路冗余、UPS、进出人员登记、电磁防护等。

（2）安全通信网络，包括网络分区及隔离、管理流量与业务流量分离、通信传输完整性保护。

（3）安全区域边界，包括跨越边界的访问和数据流通过边界设备提供的受控接口进行通信、五元组过滤、内容过滤、策略优化、基于会话状态信息的访问控制、已知威胁入侵监测、网络防病毒、网络行为审计。

（4）安全计算环境，包括网络设备和系统的身份鉴别、访问控制、安全审计、入侵防范、恶意代码防范、可信验证、数据完整性保护、数据备份恢复、剩余信息保护、个人信息保护等。

（5）安全管理中心，包括系统管理、审计管理。

大数据平台的安全要求，包括：对大数据应用系统、重要接口的身份鉴别；数据分类管理；对组件、接口调用及数据集使用的权限控制；重要接口调用情况审计；大数据存储和交换的完整性和保密性保护；数据迁移和销毁保护；个人信息保护。

4.2.8　保护对象应具备的安全保护能力

不同级别的等级保护对象，重要程度不同，面临的威胁不同，需要实现的安全目标也不同。各级别的等级保护对象，通过安全建设整改应具备的基本安全保护能力如下。

（1）第一级安全保护能力：能够防护来自个人的、拥有很少资源的威胁源发起的恶意攻击，一般的自然灾难，以及其他危害程度相当的威胁造成的关键资源损害；在自身遭到损害后，能够恢复部分功能。

（2）第二级安全保护能力：能够防护来自外部小型组织的、拥有少量资源的威胁源发起的恶意攻击，一般的自然灾难，以及其他危害程度相当的威胁造成的重要资源损害；能够发现重要的安全漏洞和处置安全事件；在自身遭到损害后，能够在一段时间内恢复部分功能。

（3）第三级安全保护能力：能够在统一安全策略下防护来自外部有组织的团体、拥有较为丰富资源的威胁源发起的恶意攻击，较为严重的自然灾难，以及其他危害程度相当的威胁造成的主要资源损害；能够及时发现、监测攻击行为和处置安全事件；在自身遭到损害后，能够较快恢复绝大部分功能。

（4）第四级安全保护能力：能够在统一安全策略下防护来自国家级别的、敌对组织的、拥有丰富资源的威胁源发起的恶意攻击，严重的自然灾难，以及其他危害程度相当的威胁造成的资源损害；能够及时发现、监测发现攻击行为和安全事件；在自身遭到损害后，能够迅速恢复所有功能。

4.2.9 落实重要保护措施要求

在网络安全重要保护措施中，网络架构、可信验证、用户身份鉴别、密码保护、标记和强制访问控制、入侵检测和恶意代码防范、安全审计等措施是非常重要的，要结合利用大数据分析技术、人工智能技术，才能保护重要网络系统的安全。

1. 网络架构科学合理

在规划设计网络时，要科学布署网络资源，合理确定网络架构，依据实际安全需求进行优化，才能实现各种技术功能，保护网络安全。

（1）网络分区。从业务和功能特性、安全特性的要求、现有网络或物理地域状况等方面，可以将网络划分为不同的安全域。一个安全域有相同的安全保护需求，相互信任，有具有相同的安全访问控制和边界控制策略的子网或网络，共享安全策略。安全域可以根据防护需要进一步划分成若干安全子域，从而区分防护重点，对重要资源实施重点保护。在规划网络安全区域时，可根据实际情况和区域边界安全防护要求，在主要网络设备上进行VLAN 划分。VLAN 是一种通过将局域网内的设备逻辑地而不是物理地划分成不同子网从而实现虚拟工作组的新技术。不同 VLAN 内的报文在传输时是相互隔离的，即一个 VLAN 内的用户不能和其他 VLAN 内的用户直接通信。如果不同的 VLAN 之间要进行通信，则需要通过路由器或三层交换机等三层设备实现。

（2）域间隔离。根据系统功能和访问控制关系，对网络采用防火墙、VLAN、微隔离等技术进行分区分域。每个区域都有独立的隔离控制手段和访问控制策略。通过分区分域，可以明晰网络架构、缩小被攻击面、延缓黑客攻击进程。首先，要清晰合理地划分安全域，将网络中的核心业务系统与非核心业务系统区域分开，对网络边界进行清理，明确管理边界及责任。然后，要对访问权限实施最小化整合，梳理确定对外互联边界和对内互联边界，通过边界整合使网络边界互联点尽可能少。为防止来自外部的攻击，重要区域应避免部署在网络边界处且直接连接外部系统。同时，重要区域与系统边界之间需要设置缓冲区，在重要区域前端需要部署可靠的边界防护设备并配置和启用安全策略来进行访问控制。

2. 落实可信验证措施

可信验证技术是网络安全等级保护制度2.0引入的最重要的技术要求之一。传统的计算机体系结构主要满足计算功能，而忽略了同步进行安全防护的要求。引入可信验证技术的目的，就是解决基础软硬件和信息系统网络安全防护先天不足的问题。可信计算是指在计算和运算的同时进行安全防护，以密码为"基因"实施身份识别、状态度量、保密存储，及时识别"自己"和"非己"成分，从而破坏与排斥进入"机体"的有害物质，加强内生安全，大力提升网络信息系统的免疫能力和主动防御能力。"用可信计算构筑网络安全"已成为广泛共识，基于可信计算技术构建新一代的安全架构已成为国际主流，英特尔、AMD、ARM、微软、谷歌等都在积极发展可信计算技术，全面提升其产品的安全防护能力，国内企业也已加快研发和应用可信计算技术。

可信验证的基本思想是，采取"计算+防护"并存的双体系架构建立可信的计算环境。首先，在信息系统中构建一个可信根。可信根的可信性由物理安全、技术安全和管理安全共同确保。可信根的内部有密码算法引擎、可信裁决逻辑、可信存储寄存器等部件，可以向节点提供可信度量、可信存储、可信报告等可信功能，是节点信任链的起点。然后，建立一条信任链。从可信根开始，到软硬件平台、操作系统、业务应用，一级度量认证一级、一级信任一级，把信任关系扩大到整个计算节点，形成可信网络和信息系统，构成可信网络生态。

3. 落实用户身份鉴别措施

身份鉴别在网络和信息系统安全保护技术中处于最基础和最关键的地位。网络系统安全最重要的保护，就是从身份鉴别入手来提高和控制网络系统的安全性。身份鉴别包括用户标识和用户鉴别,即用户以一种安全的方式向网络系统提交自己的身份证明,然后由网络系统确认用户的身份是否属实的过程。等级保护要求用户标识具有唯一性,且网络系统鉴别用户时使用的鉴别数据具有一定的复杂度、保密性和完整性。其中,第三级网络系统要求用户使用两种或两种以上的组合机制进行身份鉴别。

4. 落实密码保护措施

密码是指使用特定变换对数据等信息进行加密保护或安全认证的物项和技术,是保障网络系统安全最有效、最可靠的手段。密码技术主要包括密码算法、密钥管理和密码协议。密码是网络安全的核心技术和基础支撑,是构建网络信任体系的基石。网络运营者应贯彻落实《密码法》和密码应用相关标准规范,正确、有效地采用密码技术对数据进行保护,并使用符合相关要求的密码产品和服务。第三级以上网络运营者应在网络规划、建设和运行阶段,按照密码应用安全性评估管理办法和相关标准,在网络安全等级测评工作中同步开展密码应用安全性评估。

5. 落实标记和强制访问控制措施

强制访问控制是指由系统安全管理员从访问的角度对用户所创建的对象进行统一的强制性控制,按照规则决定哪些用户可以对哪些对象进行哪些类型的访问——即使是创建者自己,在创建一个对象后也可能无权访问该对象。强制访问控制是在自主访问控制的基础上对系统访问控制功能的加强。强制访问控制策略的配置权限应授予安全管理员,且需要对安全管理员进行身份鉴别和权限控制。安全管理员的身份鉴别需要满足信息系统用户标识与用户鉴别的要求。敏感标记是强制访问控制的依据,主客体都设有敏感标记。敏感标记可能是整型数字,也可能是字母,用于表示主客体的安全级别。

6. 落实入侵检测和恶意代码防范措施

恶意代码是指怀有恶意目的的可执行程序,是计算机病毒、木马、蠕虫、后门和逻辑炸弹等恶意程序的总称,通常会在用户不知晓也未获授权的情况下入侵用户的信息系统。入侵检测和恶意代码防范是《基本要求》对各安全级别的信息系统都提出的需求,包括:在所有服务器、终端等计算节点上安装防恶意代码软件,并定期升级和更新恶意代码特征库,保护全网服务器和终端等计算节点安全;在操作系统等各类计算节点上安装具有主动免疫可信检验机制的软件,采用可信计算主动防御机制,提供程序可信度量,阻止未授权及不符合预期的程序运行,实现对已知/新型恶意代码的主动防御,降低操作系统完整性和可用性被破坏的风险。

7. 落实安全审计措施

安全审计是保障信息系统安全的重要技术手段。应从系统和网络日志文件、目录和文件中不期望的改变、程序执行过程中不期望的行为、物理形式的入侵信息等方面进行审计，检查和防止虚假数据和欺骗行为。审计信息分析可针对系统的脆弱性评估、责任认定、损失评估、系统恢复等方面的关键性信息进行。

4.2.10 网络安全等级保护技术体系架构设计

根据《基本要求》，网络安全等级保护技术体系由安全通用要求、云计算安全扩展要求、移动互联安全扩展要求、物联网安全扩展要求、工业控制系统安全扩展要求、大数据应用场景说明组成，各部分又分为安全物理环境、安全通信网络、安全区域边界、安全计算环境、安全管理中心五个方面，如图 4.11 所示。

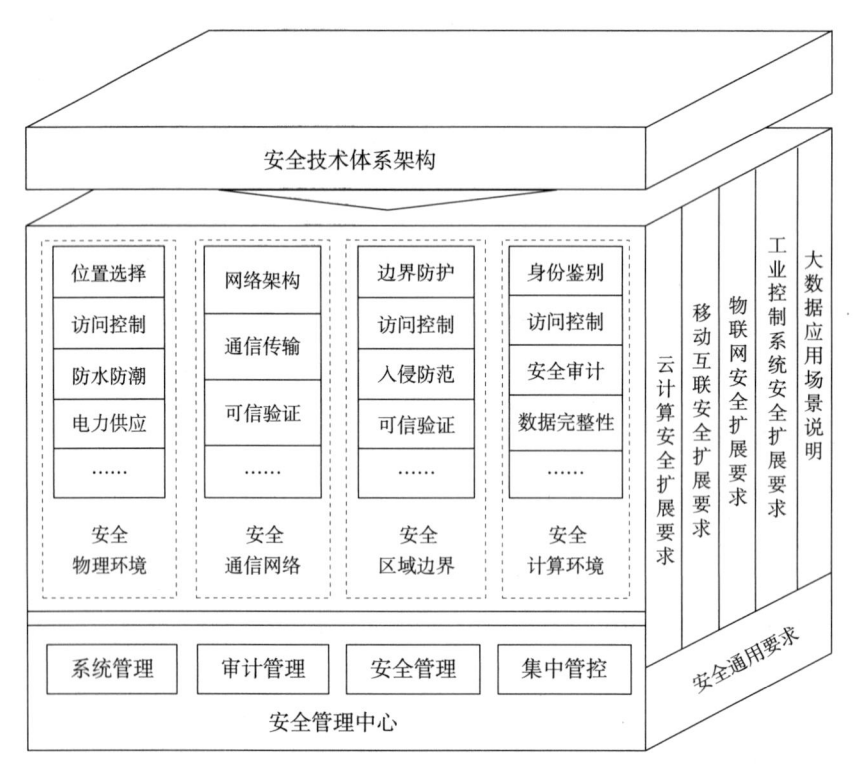

图 4.11 网络安全等级保护安全技术体系架构

（1）安全物理环境，包括位置选择、访问控制、防盗窃和防破坏、防雷防火、防水防潮、温湿度控制、电力供应等方面的安全措施。

（2）安全通信网络，包括网络架构、通信传输、可信验证等方面的安全措施。通过确定科学合理的网络架构，保障网络的基础业务能力、区域安全隔离、线路设备冗余等；通过通信传输保护措施，保障数据正确、可靠传输等。

（3）安全区域边界，包括边界防护、访问控制、入侵防范、可信验证、恶意代码和垃圾邮件防范、安全审计等方面的安全措施。通过边界防护措施保证边界受控且无非法设备接入；通过访问控制措施实现对数据的访问控制；通过入侵防范措施检测并防止网络攻击行为；通过恶意代码和垃圾邮件防范措施对木马病毒、垃圾邮件等进行检测和防护；通过安全审计措施实现安全事件的事后审计和追溯。

（4）安全计算环境，包括身份鉴别、访问控制、安全审计、入侵防范、恶意代码防范、数据完整性、数据保密性、数据备份恢复、个人信息保护等方面的安全措施，对计算环境中的网络设备、安全设备、主机操作系统、数据库系统、应用系统等核心对象提供安全防护。身份鉴别是指对用户身份的合法性进行判断；访问控制是指保证用户在权限范围内进行操作；入侵防范是指防止系统被非法入侵、漏洞被恶意利用；数据完整性、数据保密性是指保障数据在传输、存储过程中不被篡改、窃取；数据备份恢复是指提供系统故障恢复能力等。

（5）安全管理中心，包括系统管理、审计管理、安全管理、集中管控等方面的安全措施。系统管理是指实现系统管理员对业务系统及基础运行环境的集中管理；审计管理是指实现审计管理员对各类型设备的集中审计管理，并对各类管理员进行操作审计；安全管理是指实现安全管理员对各类安全策略的统一维护管理，保障安全策略的有效性；集中管控是指实现各类管理员对业务系统及各类型设备的集中管理，有效提高设备、系统的维护管理效率，同时降低因维护、管理措施不足或管理不到位而引入的安全风险。

4.3 落实《网络安全等级保护安全设计技术要求》

2019年5月，GB/T 25070—2019《网络安全等级保护安全设计技术要求》(简称为《安全设计要求》)发布，确定了以"一个中心、三重防护"理念对网络进行安全设计，对第一级到第四级等级保护对象提出安全设计技术要求，指导网络运营者、网络安全企业、网络安全服务机构进行网络安全等级保护安全技术设计实施,落实《基本要求》。

4.3.1 《网络安全等级保护安全设计技术要求》概述

1. 主要特点

(1)防护措施和能力的提升。强调变被动防御为主动防御、变单点防御为全局防御、变静态防御为动态防御、变粗放粒度防护为精准粒度防护,构建弹性防御体系,对拟发生的网络安全攻击进行全局分析和安全防护策略的实时、动态调整,实现精准、及时预警,以期最大限度避免、降低网络所面临的风险和威胁。

(2)保护对象范围的扩大。除传统网络、信息系统外,将云计算、移动互联、物联网、工业控制系统、大数据等新技术新应用列入标准范围,构成了"安全通用要求+安全扩展要求"的标准内容。一方面,将传统网络系统之外的新型网络系统全部列入;另一方面,增强了灵活性和可扩展性,随着 5G、机器学习、人工智能等新技术不断涌现,等级保护对象的外延将不断拓展。

(3)安全防护机制的完善。一是强化了可信验证技术使用要求,把可信验证列入各级别并逐级提出各环节的主要功能要求;二是提出了集中管控的理念,对整体网络和信息系统的安全策略及安全计算环境、安全区域边界、安全通信网络中的安全机制等实施统一管理,实现对网络链路、网络设备、安全设备等的运行状况的集中监测,对审计数据的收集和集中分析,对安全策略、恶意代码、补丁升级等安全事项的集中管理,以及对网络中发生的各类安全事件的集中识别、报警和分析。

2. 安全防护技术体系设计原则

(1)主动防御原则。主动防御是一种阻止恶意攻击和恶意程序执行的技术,就是在入侵行为对网络和信息系统发生影响之前,能够及时精准预警,实时构建弹性防御体系,避免、降低网络和信息系统面临的风险及威胁。

(2)动态防御原则。动态防御的核心是安全策略的动态调整和联动,体现在相关产品"协同作战"上,即防护、检测、响应相结合,实现网络、信息系统的联动和整体防护。

(3)纵深防御原则。纵深防御是指从网络全局视角构建整体的网络安全防御体系,是一种多层防御的理念,从数据层面、应用层面、主机层面、网络层面和网络边界构筑多道防御。恶意攻击者必须突破所有防线才能接触核心数据资产,攻击成本大大提高。

（4）精准防护原则。精准防御原则主要体现在通过对既有安全策略的优化调整，对重点保护的网络资产的安全防护策略进行优化细化，使重点保护对象得到精准和精细化的保护上。例如，将访问控制策略限制在特定的端口或服务上，其他端口或服务的访问流量将被拒绝。安全管理中心是目前实现精准防御的最佳实践。目前，业界较为成熟的安全管理中心均集成了日志采集器、数据库、大容量存储、日志分析、审计、报表等功能部件，可对所有安全设备进行集中管理及精细化安全策略统一下发，有利于网络安全措施的快速部署和设备运维信息的全面获取。对来自网络、安全等设施的安全信息与事件进行分析，关联和聚类常见的安全问题，过滤重复信息，发现隐藏的安全问题，使管理员能够轻松了解突发事件的起因、发生位置、被攻击的设备和端口，并能根据预先制定的策略做出快速响应，保障网络安全。

（5）整体防控原则。建立健全网络安全整体防控体系是控制和降低网络安全攻击的有效保障。网络安全整体防控体系设计涵盖网络安全技术和网络安全管理两大方面，目的是抵御恶意攻击者进行网络入侵、信息窃取、数据篡改等危害网络安全的活动。整体防控的核心是一体化安全管控的思想，从安全管理、技术和流程上建立完整的安全防控体系，做到安全风险与安全管理制度呼应，安全管理制度和安全防御系统策略匹配，安全防御技术措施与安全运维流程配套，实现人、技术和流程的协调统一。

（6）联防联控原则。网络和信息系统的复杂化导致新的网络安全攻击方法不断涌现，这就使得单一功能的安全产品及单一的防护技术、策略已经无法满足总体安全需求。多种安全技术或产品的相互结合、相互联动成为目前网络安全的主要方向。联防联控主要通过集中对入侵检测子系统、访问控制子系统、病毒防范子系统、安全接入认证子系统等进行统一管理和策略下发，实现各子系统安全告警日志的集中收集和关联分析，从而最大限度监测发现并有效处置网络攻击，还原攻击方法和路径，降低安全事件的误报和漏报。联防联控核心是将多种防护系统的安全策略进行优化、高效组合，形成跨系统的防护策略集，做到防守区域明确、防御责任明确、无风险盲区和遗漏点。

（7）安全可信原则。安全可信原则是建立在通过构建可信网络协议和设计可信网络设备实现网络终端的可信接入上的。可信计算技术需要从信息系统各层面进行安全增强，提供更加完善的安全防护功能。可信计算可以覆盖包含从硬件到软件、从操作系统到应用程序、从单个芯片到整个网络、从设计过程到运行环境的所有组成部分。安全可信涉及信息系统各层面，包括信息资产、平台、操作系统、应用软件、硬件和芯片。需要在全网构建可信架构体系，建立可信根、可信计算环境和可信认证体系。

4.3.2 按照"一个中心、三重防护"要求设计安全防护技术体系

1. 安全防护技术体系的设计过程

安全防护技术体系设计主要包括安全需求分析、安全架构设计、安全详细设计、安全效果评价四个方面,如图4.12所示。

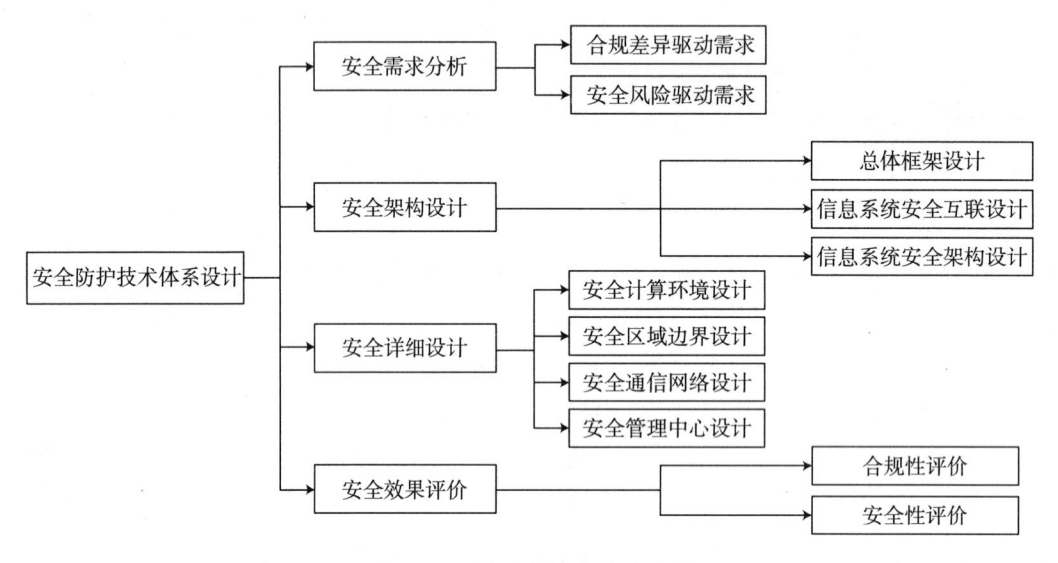

图 4.12 安全防护技术体系设计

(1)安全需求分析。安全需求分析是安全防护技术体系设计的首要环节,通过分析合规差异驱动需求和安全风险驱动需求,确定网络运营者的实际安全建设需求,并在此基础上设计科学合理的安全建设方案。

(2)安全架构设计。在安全需求分析的基础上,依据等级保护相关政策、标准及用户业务安全需求,形成网络安全架构设计。

(3)安全详细设计。按照"一个中心、三重防护"体系框架(如图4.13所示),构建安全机制和策略,从计算环境防护、区域边界防护、通信网络防护等方面进行安全防护设计。同时,设计统一的安全管理中心,确保防护的有效协同及一体化管理。

(4)安全效果评价。评价和验证安全方案设计的合理性,包括合规性评价和安全性评价。

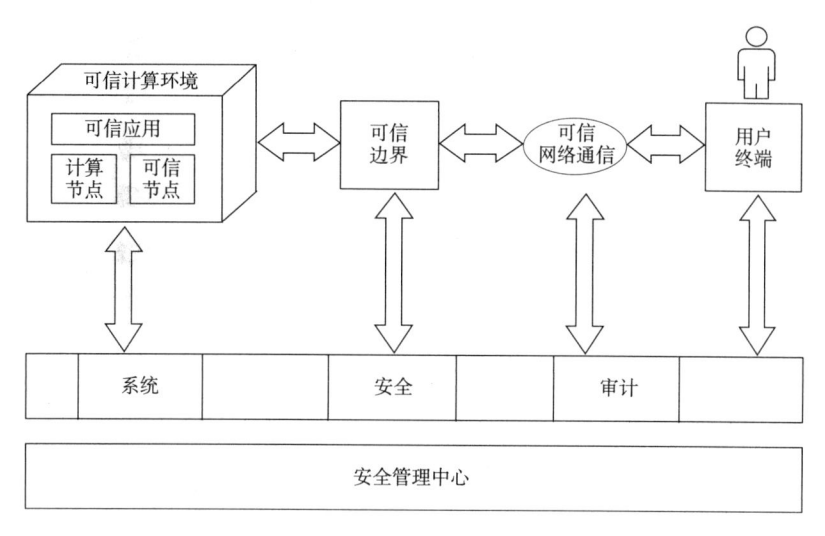

图 4.13 "一个中心、三重防护"体系框架

2. 网络和信息系统的区域划分

在对网络和信息系统进行整体结构设计时，要从安全和业务需求两个方面考虑区域的划分与隔离需求，包括办公区域、DMZ 区域、核心交换区域、网络接入区域、服务器区域等。为了方便安全管理，应专门划分单独的运维管控区，将系统业务流量与管理流量分离。区域划分还应考虑安全级别的差异，不同安全级别的区域应进行安全隔离，特别是对安全级别为第四级的网络和信息系统应单独划分区域。此外，随着云计算、移动互联、物联网、工业控制系统等新型保护对象的出现，应充分考虑不同形态网络互联的安全问题。

4.3.3 信息系统安全架构设计

信息系统安全架构设计应采取分层次设计的方法，不同的层次对应于不同的安全问题，从而有针对性地采取不同的安全保护措施，达到整体防御、纵深防御的效果。应根据信息系统各区域承担的功能和部署的设备，以及各区域涉及信息的重要程度等因素，将信息系统划分成不同的安全域，并在此基础上，构建由一个安全管理中心支持的包含安全区域边界、安全通信网络、安全计算环境的三重防护体系，如图 4.14 所示。

（1）安全区域边界。在网络（包括信息系统）的不同安全区域之间采取边界安全措施，实现区域边界安全。通过合理划分安全域边界，在边界处部署具有访问控制、入侵防范、恶意代码防范等功能的设备，实现互联区域数据交互的边界安全控制。访问控制类设备应具有细粒度的访问控制功能。入侵防范类设备应能够对来自内外网的攻击进行控制。同时，应重点对边界安全设备日志进行集中管理和审计。

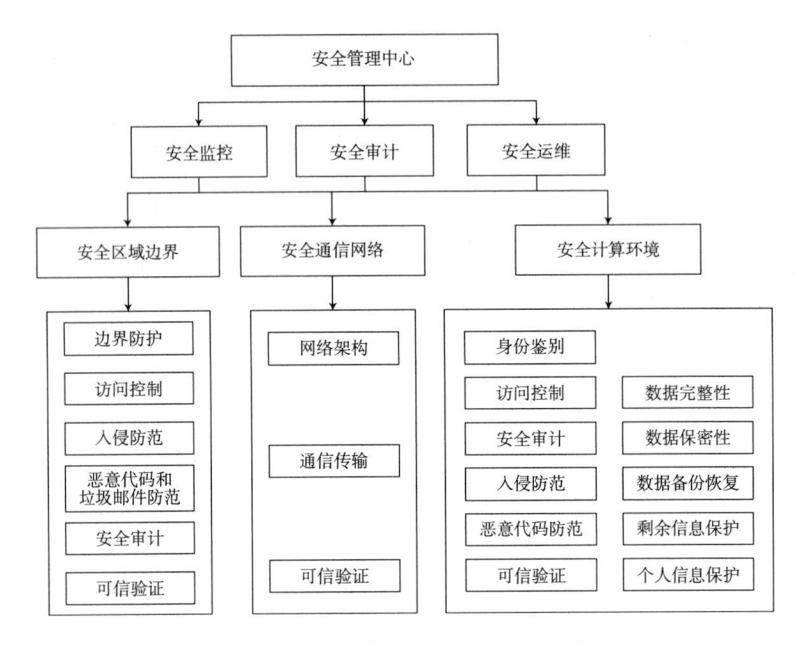

图 4.14　信息系统三重防护体系设计

（2）安全通信网络。在网络（包括信息系统）的安全计算环境之间采取信息传输安全保护措施，实现网络结构和通信传输的安全性，包括网络设备业务处理能力保障、区域间访问控制、网络资源访问控制、数据传输的保密性与完整性，以及基于可信根的应用程序可信验证等。

（3）安全计算环境。在网络（包括信息系统）的计算环境（包括主机、服务器、数据库等）中采取安全策略和措施，实现信息存储、处理及数据计算等方面的安全，保证网络设备、安全设备、服务器设备及应用程序的安全。

（4）安全管理中心。在网络（包括信息系统）上部署安全策略，在安全计算环境、安全区域边界、安全通信网络上部署安全机制，以便对网络（信息系统）实施统一安全管理。

（5）信息系统互联。通过部署安全互联部件和跨信息系统安全管理中心，实现相同或不同安全等级的信息系统安全保护环境之间的安全连接。

下列安全设备和技术支撑着上述安全措施的实现：安全管理中心/网络安全态势感知

系统；防火墙；Web 防火墙、网页防篡改、入侵检测、入侵防御、防病毒；统一威胁管理 UTM；身份鉴别、虚拟专网；加解密、文档加密、数据签名；安全隔离网闸、终端安全与上网行为管理；内网安全、审计与取证、漏洞扫描、补丁分发；安全管理平台；运维审计系统、数据库审计系统；灾难备份产品；等等。

4.3.4 云计算等级保护安全技术设计

1. 云计算安全需求分析

云计算安全需求分析主要包括安全资产分析、安全风险分析、安全责任分析、安全需求确认等内容。

（1）安全资产分析。对资产价值的分析和判定是进行网络安全风险分析的基础。云计算环境中的资产，包括由物理服务器、网络设备、安全设备、存储设备等构成的物理集群，对物理设备进行资源抽象控制的各类控制器及虚拟化的网络、计算、存储、安全资源池，以及为了方便提供云计算服务及云安全服务而开发的平台应用（例如云管平台、安全管理平台等）。云计算资产包括租户资产及云平台资产，如图 4.15 所示。

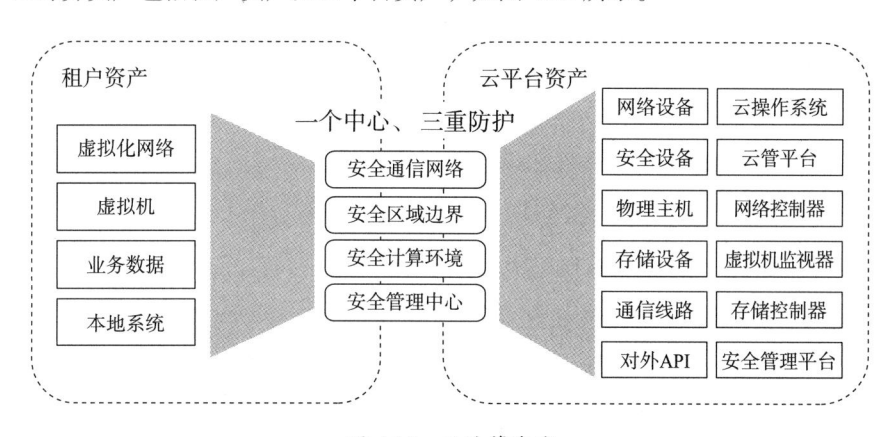

图 4.15 云计算资产

（2）安全风险分析，具体如下。

- 资产脆弱性分析。在云计算环境中，资产具有有形性和无形性特点，网络和信息资产不再局限于具体的物理实体，而是一个多客户、多业务的系统环境。物理实体由多个业务甚至多个客户共享，导致信息资产可以在客户业务系统内部或客户业务系统之间反复交换、反复使用（例如虚拟机的分配与回收再分配过程）。这种共享机制使云计算环境中的安全风险高度集中,某个宿主机的安全缺陷可能导致其承载的所有虚拟机都有被利用的风险。此外,云平台采用了虚拟化技术和虚拟机,使其脆弱性加剧。

- 云平台风险分析。信息系统上云后,云平台以超强的处理能力提供基础设施和软件应用。用户的信息系统只要接入网络、使用云计算提供的服务,云平台就能满足基本业务需求。云平台在为用户带来便利的同时,也存在一定的安全风险。如果云平台自身存在安全问题,就可能导致用户的业务系统不可用、数据泄露、应用系统主机被入侵等安全隐患。

- 租户侧风险分析。租户(即客户)侧风险主要集中在业务应用层面(非 SaaS 模式)、接口层面(非 SaaS 模式)、运维层面等。业务应用层面是基于对云平台的访问实现其业务功能的,业务应用的操作会影响云平台本身的安全。接口层面包括内部接口和外部接口,内部接口主要是平台内部各组件之间的接口,外部接口包括数据源和平台设施之间的接口、平台设施和数据消费之间的接口。租户侧面临的风险,集中在数据源与云平台之间、云平台与应用之间通过不安全的通道进行数据传输时,有可能出现的中间人攻击、数据泄露等安全隐患上。运维层面是指租户通过运维终端远程运维部署在云平台上的设施,其面临的主要风险有运维人员不受控、运维终端本身存在安全漏洞而被攻击者利用、运维过程中的数据管理风险。

(3)安全责任分析,具体如下。

- 基于公有云云服务商的客户应用,其安全责任由双方共同承担。云服务商要为客户提供云安全服务,保护客户的云上业务和应用系统,保障云平台自身安全并为客户提供安全产品和能力,负责基础设施(包括跨地域、多可用区部署的数据中心)和物理设备(包括计算、存储和网络设备)的物理和硬件安全,以及运行在云操作系统上的虚拟化层和云产品层安全。同时,云服务商要负责云平台侧的身份和访问的控制、管理、监控、运营,为客户提供高可用的和安全的云服务平台。客户负责其基于云服务商的服务构建的应用系统的安全。

- 客户应以安全为基础配置和使用各种云上产品,基于云上产品的安全能力,以安全可控的方式构建自己的云上应用和业务,保障自身数据安全。云服务商可以建议客户选择使用云安全服务或者云服务商安全生态中的第三方安全产品,为客户的云上应用和业务系统提供全面的安全防护。

（4）安全需求确认。在对资产进行分析和类别划分的基础上，依据类别确定各类资产的范围，进一步根据范围枚举所有资产。对每一类资产，分析其面临的威胁、威胁被利用的途径，并评估威胁被利用的程度所对应的风险等级。基于前述对信息资产、威胁、风险的梳理，确认资产安全需求。

2. 云计算安全架构设计流程

云计算安全架构设计流程和通用要求安全架构设计流程相同，应遵循等级保护"一个中心、三重防护"的思想，从通信网络到区域边界、再到计算环境进行重重防护，通过安全管理中心对安全设备进行集中监控、调度和管理。在资产分析、云计算安全风险分析的基础上，云服务商和客户应共同构建云平台安全综合防御体系，有效防范来自互联网的分布式拒绝服务（DDoS）攻击和对应用的入侵等，保障云平台自身的安全性、云平台业务系统的高可用性，防范敏感数据泄露和遭窃取。云计算安全架构，如图4.16所示。

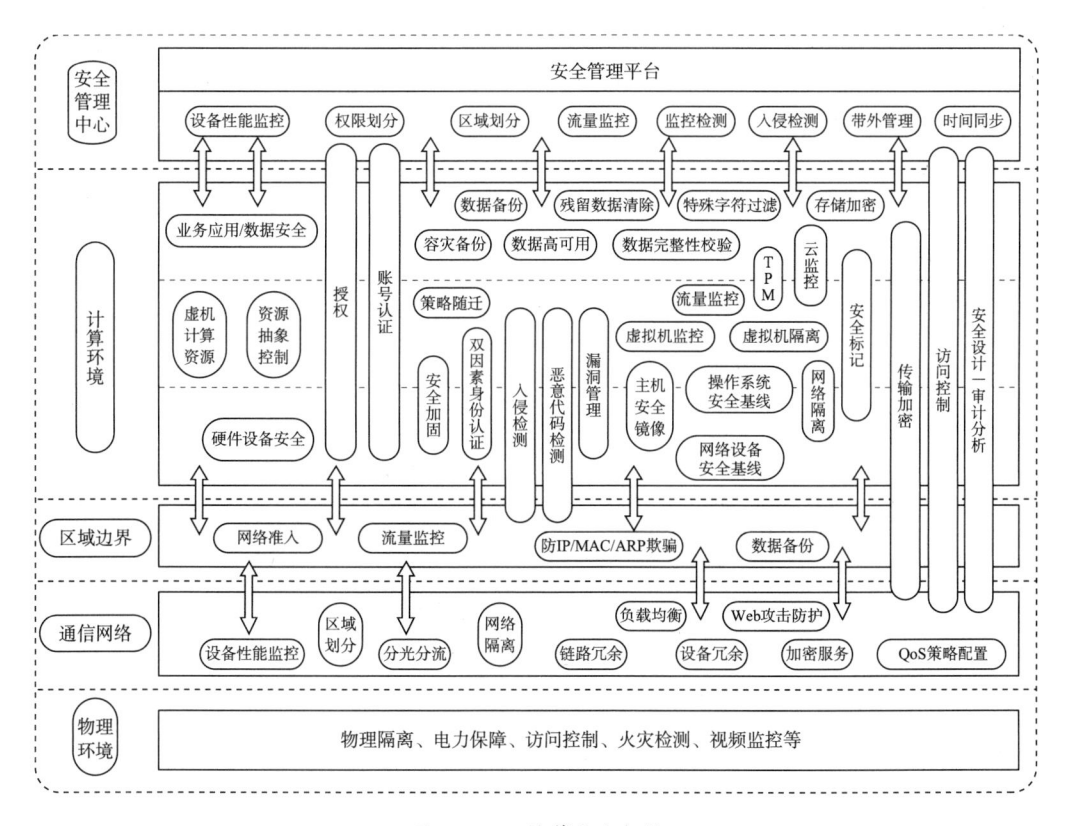

图 4.16 云计算安全架构

3. 云计算等级保护安全技术设计

云计算等级保护安全技术设计包括通信网络安全、区域边界安全、计算环境安全、安全管理中心。在满足用户终端安全的前提下，通过安全的通信网络到达区域边界，从安全的区域边界进入云服务商提供的安全的计算环境。区域边界安全包括网络的访问控制、安全的 API 接口和 Web 服务。计算环境安全包括资源层安全和服务层安全两部分。资源层包括物理资源和虚拟资源。物理资源安全可参考安全通用要求的安全物理环境部分。虚拟资源包括计算、网络、存储、分布式操作系统等资源，其安全能力由云服务商提供。服务层是对云服务商提供的服务的实现。根据服务模式不同，云服务商和客户承担的安全责任不同。云服务商可以通过安全接口，利用安全服务能力为客户提供安全技术和安全防护能力，利用安全管理中心集中管控整个云计算环境的系统管理、安全管理和安全审计。

云计算等级保护安全技术设计，如图 4.17 所示。

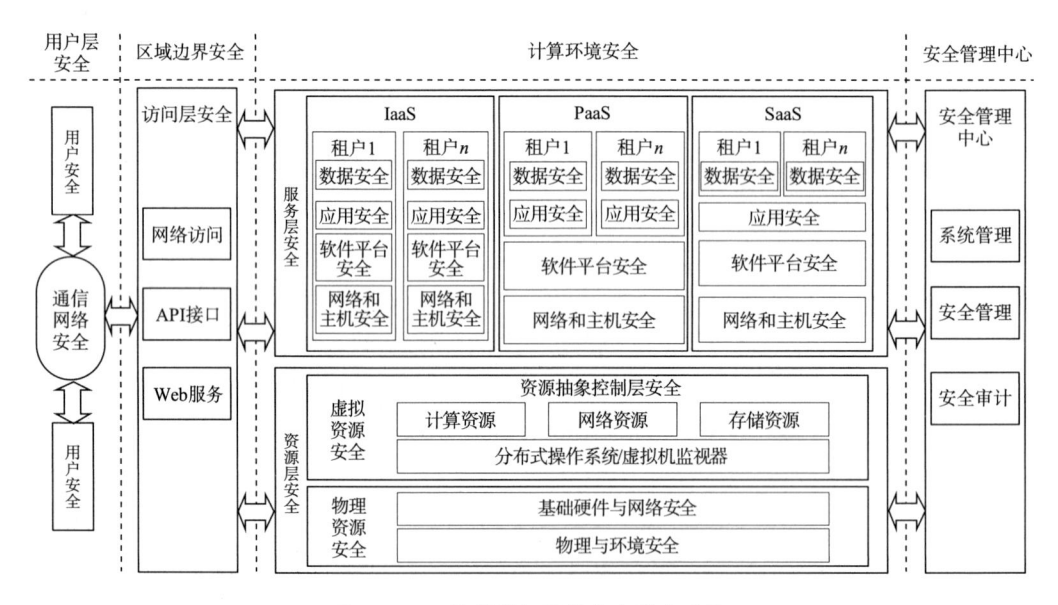

图 4.17 云计算等级保护安全技术设计

4.3.5 移动互联等级保护安全技术设计

1. 移动互联安全需求分析

对移动互联系统进行安全需求分析是安全防护设计的基本前提。根据移动互联系统在使用范围、重要程度、服务故障造成后果的严重程度、需要的安全防护水平和安全投资的不同，需要对移动互联系统的具体安全需求进行分析。安全需求分析流程分为需求分析准备、安全风险要素识别、系统风险分析/合规差距分析、安全需求确认四个阶段。

2. 移动互联安全架构设计流程

移动互联安全架构设计流程分为整体安全框架设计、模块互联安全设计、模块安全设计三步。在整体安全框架设计阶段，根据移动互联系统所定等级，同步进行系统框架设计和安全框架设计，划分核心域、DMZ 域和远程接入域，并设计相应的安全机制。在模块互联安全设计阶段，针对各安全域之间的互联、移动端与服务端的互联设计相应的安全机制。在模块安全设计阶段，主要针对服务端和移动端设计相应的安全机制。

开展整体框架设计，需要综合分析移动互联系统、网络基础设施和其他信息系统的基本情况，在科学设计网络基础设施的基本框架和支撑能力的基础上，合理确定并划分安全域。网络通常包含多个信息系统，它们的安全保护等级可能相同，也可能不同，因此，应首先进行安全域的划分，清晰定义信息系统区域边界，并将不同的信息系统放入不同的安全域。在安全域之间（即不同信息系统之间的区域边界），需要部署区域边界安全机制或措施，采取逻辑隔离或物理隔离措施。

3. 移动互联等级保护安全技术设计

移动互联系统从安全计算环境、安全区域边界、安全通信网络、安全管理中心四个方面设计相应的安全机制，如图 4.18 所示。移动互联系统安全计算环境由核心业务域、DMZ 域、远程接入域组成。移动互联系统安全区域边界由移动终端区域边界、传统计算终端区域边界、核心服务器区域边界、DMZ 域边界组成。移动互联系统安全通信网络由移动运营商或用户自行搭建的无线网络组成。

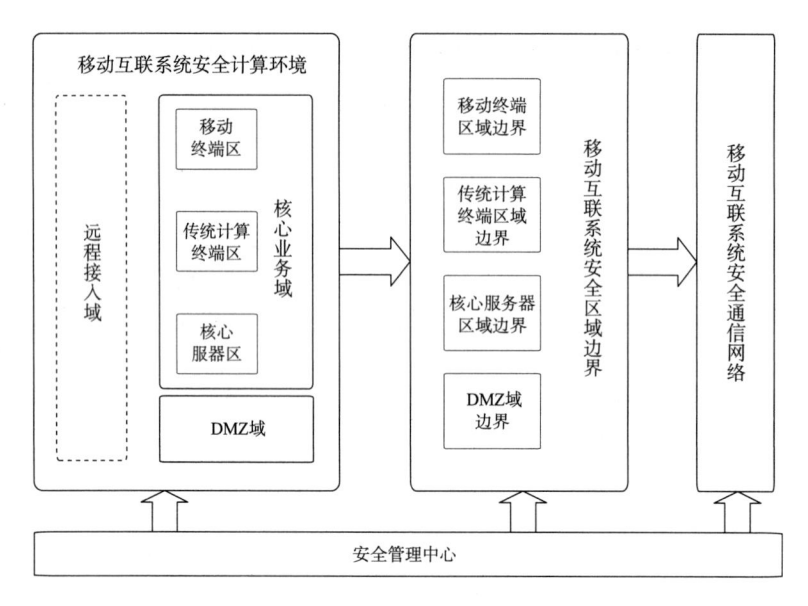

图 4.18　移动互联等级保护安全技术设计

4. 移动互联系统整体安全框架

移动互联系统通常设计为服务端和移动终端两部分。

移动互联系统的服务端可进一步划分为不同的安全域，以执行不同的安全策略。对外服务域用于对外（为移动终端）提供无线接入和业务服务。安全管理域负责移动互联系统的集中安全管理，可部署形成安全管理中心。核心业务域负责处理、存储移动互联系统的核心数据（不与移动终端直接连接），可为对外服务域提供数据或者中转接收来自移动终端的输入数据。移动互联系统服务端安全域的划分可根据用户业务需求和网络现状灵活进行，但需要具备关键区域。

移动互联系统的移动终端是指属于移动互联系统的客户端，经无线通信链路与对外服务域进行网络连接，通过服务接口访问业务应用。

移动互联系统整体安全框架，如图 4.19 所示。

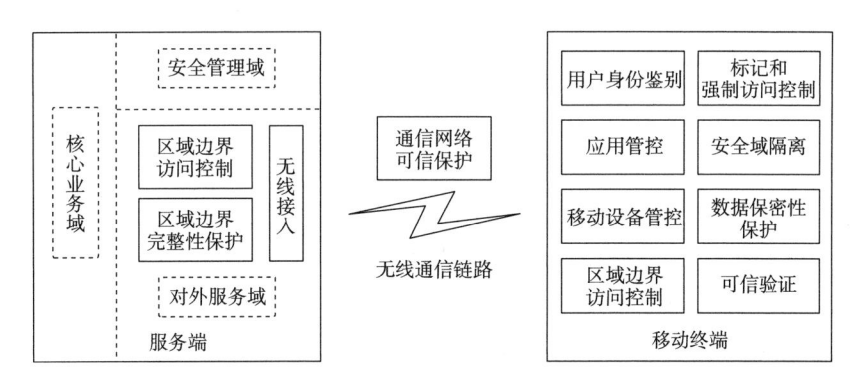

图 4.19　移动互联系统整体安全框架

4.3.6　物联网安全保护环境设计

物联网是指通过部署具有一定感知、计算、执行和通信等能力的设备（例如 RFID、传感器、红外感应器、GPS、激光扫描器等信息采集设备）来获得物理世界的信息，并按照约定的网络协议对采集到的信息进行传输、协同和处理，从而实现智能化识别、定位、跟踪、监控和管理的一种系统。物联网作为快速发展的新技术之一，已在智慧城市、安防监控、车联网、能源、电力等行业和领域得到应用。

1. 物联网资产分析

物联网架构从逻辑上可分为感知层、网络传输层和处理应用层。

感知层是物联网的基础层，负责信息的感知和采集，既包括传感器、执行器、智能装置、RFID、红外感应器、GPS、激光扫描器、智能节点等，也包括由多个传感节点组成的无线传感器网络等。

网络传输层是由多个网络构成的一个开放性网络，负责将感知层采集的信息实时、准确地传递出去，包括互联网、移动网、卫星网，以及窄带物联网、无线局域网、蜂窝移动通信网、无线自组网、低功耗广域网等多种异构网络及其融合网络等。

处理应用层可分为平台层和应用层。平台层由多个具有不同功能的处理平台组成，负责根据应用的需求从感知数据中挖掘和分析数据。平台层资产包括云平台、大数据、人工智能平台、物联网中间件等后端业务组件。应用层是用户接口，负责向用户提供个性化业务、身份认证、隐私保护等服务。

2. 物联网安全需求分析

物联网是一个庞大的复杂计算系统，其主要功能是对感知数据进行存储与智能处理、对各种业务提供应用服务。物联网应用覆盖工控监控、智能物流、智能交通、智能家居、环境保护、农业生产、医疗保健、公共安全等行业和领域。

物联网安全需求分析流程，包括安全需求分析准备、物联网资产识别评估、物联网系统安全分析、安全合规差异分析、安全需求确认五个阶段。物联网结构复杂、关联性强，任何一处的安全风险都有可能波及整个网络及其核心系统。物联网所对应的感知层的数量及其全部感知节点的规模远超单个感知层网络的规模，所连接的感知设备或器件的处理能力与单个感知层网络有很大差异，所处理的数据量很大，因此，制定物联网安全解决方案是一个复杂的过程。

3. 物联网安全架构设计

物联网面临的风险包括：感知层的物理攻击、伪造、假冒与权限获取攻击、信号泄露与干扰攻击、资源耗尽攻击、隐私泄露威胁等；网络传输层的网络层协议漏洞、海量感知节点设备威胁、异构网络融合风险、无线传输风险、分布式拒绝服务攻击等；处理应用层的软硬件故障、物理环境影响、无作为或操作失误、管理不到位、恶意代码、越权或滥用、网络攻击、物理攻击、泄密、篡改、抵赖等。

物联网应作为一个整体对象去定级和保护，其安全合规需要开展体系化建设（涵盖物联网的感知层、网络传输层、平台层和应用层）。物联网安全防护体系，既包括网络安全等级保护的基础安全要求，也涵盖扩展后对感知设备层面的安全要求。

根据《安全设计要求》中的物联网安全等级保护要求，物联网扩展安全架构如图4.20所示。

物联网安全扩展要求分为用户终端安全、计算环境安全、通信网络安全、区域边界安全和安全管理中心。其中，计算环境安全包括感知层计算环境安全和应用层计算环境安全。

第 4 章　深入开展网络安全等级保护工作

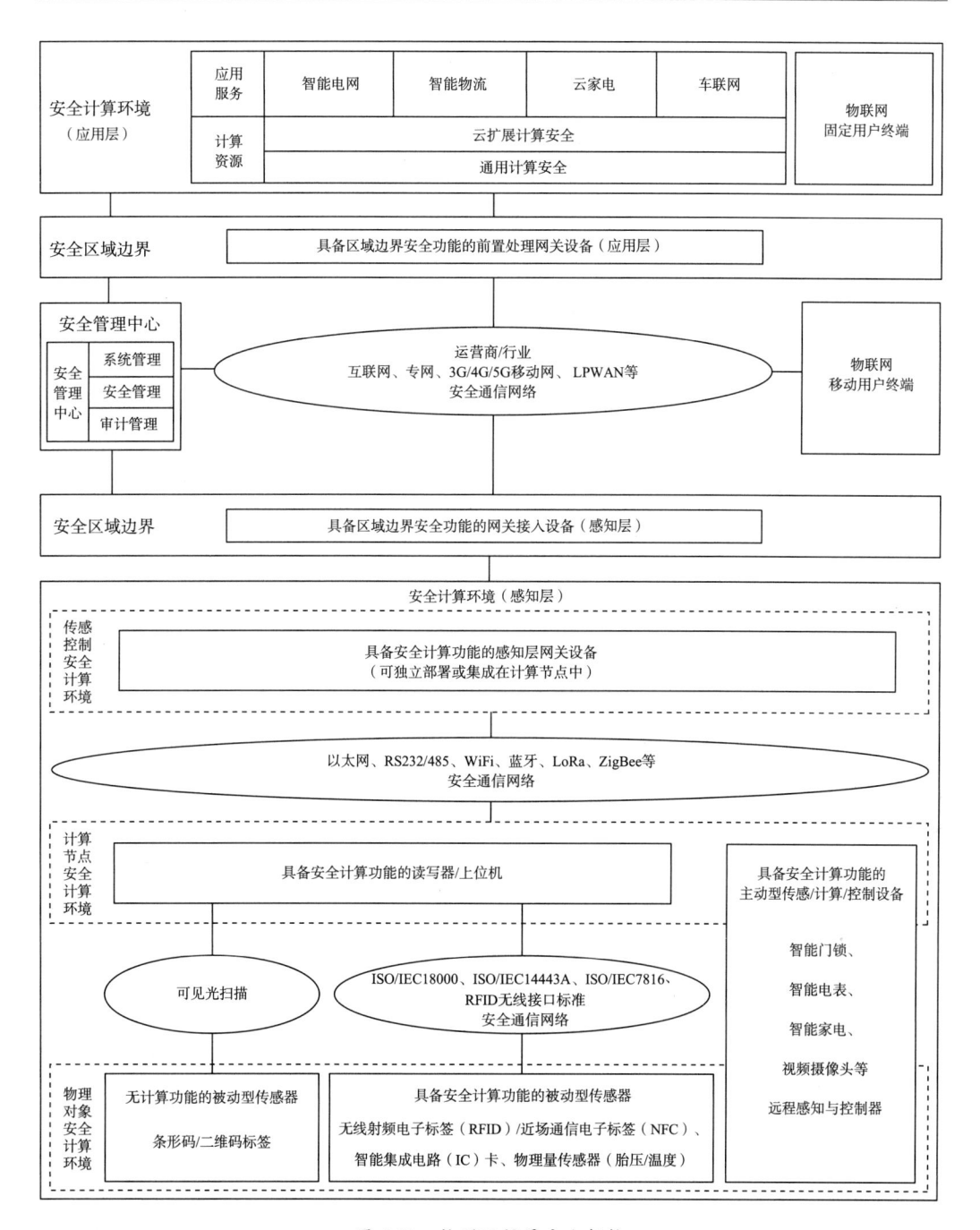

图 4.20　物联网扩展安全架构

4.3.7 工业控制系统安全保护环境设计

工业控制系统（简称为"工控系统"）是由各种自动化控制组件及对实时数据进行采集、监测的过程控制组件共同构成的确保工业基础设施自动化运行、过程控制与监控的业务流程管控系统，主要包括数据采集与监视控制系统（SCADA）、分布式控制系统（DCS）、过程控制系统（PCS）、可编程逻辑控制器（PLC）、远程终端单元（RTU）、智能电子装置（IED）、安全仪表系统（SIS）。

1. 工业控制系统的安全区域

对于大型的复杂工控系统，对所有组成部分都采取相同等级的安全要求是不切实际的，应将其划分成若干安全区域。一个安全区域包括一个工控制系统中的一组物理资产，具有共同的安全需求，可以是工控系统中一个或几个相邻的层，也可以是工控系统中一个层的一部分。安全区域应有边界。通信网络是连接不同安全区域的桥梁，具有共同的安全需求。

2. 工业控制系统资产描述

工业控制系统等级保护的范畴包括第 0 层到第 3 层。现场设备层、现场控制层、过程监控层、生产管理层等工控系统重点保护资产分布在第 0 层到第 2 层。第 0 层为现场设备层，定义了工控系统的实际物理过程，资产主要为生产装置、传感器和执行器。在工控系统的整个生产过程中，现场设备层的生产装置是资产分布最密集的区域。第 1 层为现场控制层，定义了感知、操控、基本控制物理流程的过程，实现了对系统的安全和保护，资产主要为控制器或 PLC 等。第 2 层为过程监控层，定义了监督控制的过程，资产主要为操作员站、工程师站、服务器等以 PC 为硬件平台的设备。第 3 层为生产管理层，定义了运营管理过程。生产管理层的特点是更具有 IT 特性，资产分析可参考安全通用要求。

3. 工业控制系统安全需求分析流程

工业控制系统安全需求分析包括工业控制系统风险及需求分析、等级保护合规需求分析两部分，如图 4.21 所示。

4. 工业控制系统安全架构设计

按照工控系统的功能层次，第 0 层到第 3 层都属于工业自动化与控制系统。第 3 层（生产管理层）更具有 IT 特性，在开展安全设计时，除了与第 2 层（过程监控层）的边界防护和安全通信有控制系统的特性要求，其他部分可参照安全通用要求进行安全设计。在大多数工控系统中,第 0 层到第 2 层组成的网络系统称为生产网。这里讨论的就是第 0 层到第 2 层系统功能的安全技术设计。

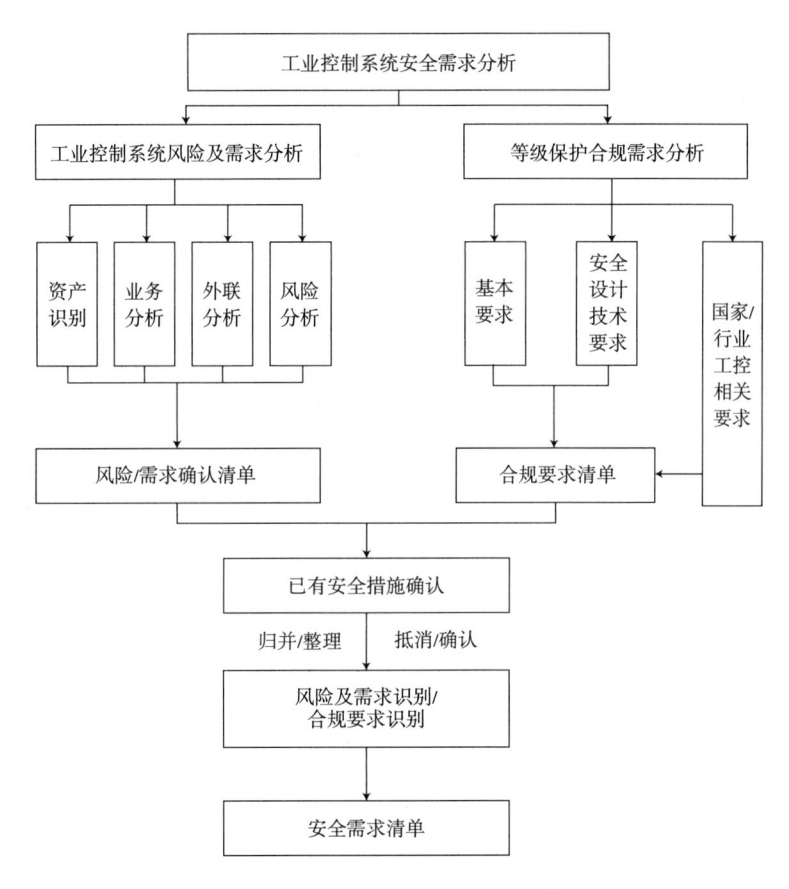

图 4.21 工业控制系统安全需求分析流程

根据工控系统中业务的重要性、实时性、关联性,对现场受控设备的影响程度,以及功能范围、资产属性等,可将其划分成不同的安全区域,实现对保护目标的多重防护。

工业控制系统等级保护安全技术设计框架,如图 4.22 所示。这是一个仅包含第 0 层到第 2 层的控制功能组件的工控系统,其中:左侧是典型的系统模型,通过区域边界防护措施与其他系统相连(也可以根据安全需要采取物理隔离方式);右侧系统把第 0 层和第 1 层的控制功能组件划分成两个安全区域,增加了区域边界防护措施。对于大型工控系统,可以划分多个安全区域,从而有针对性地实施安全保护措施。一个工控系统可划分成多个安全区域,对计算环境、通信网络、区域边界实施安全保护措施,其保护对象是分布在受控过程中的现场设备（例如执行器、传感器），以及由连接这些设备的控制器、PLC 等现场控制设备构成的控制回路——要保证它们正常运行。

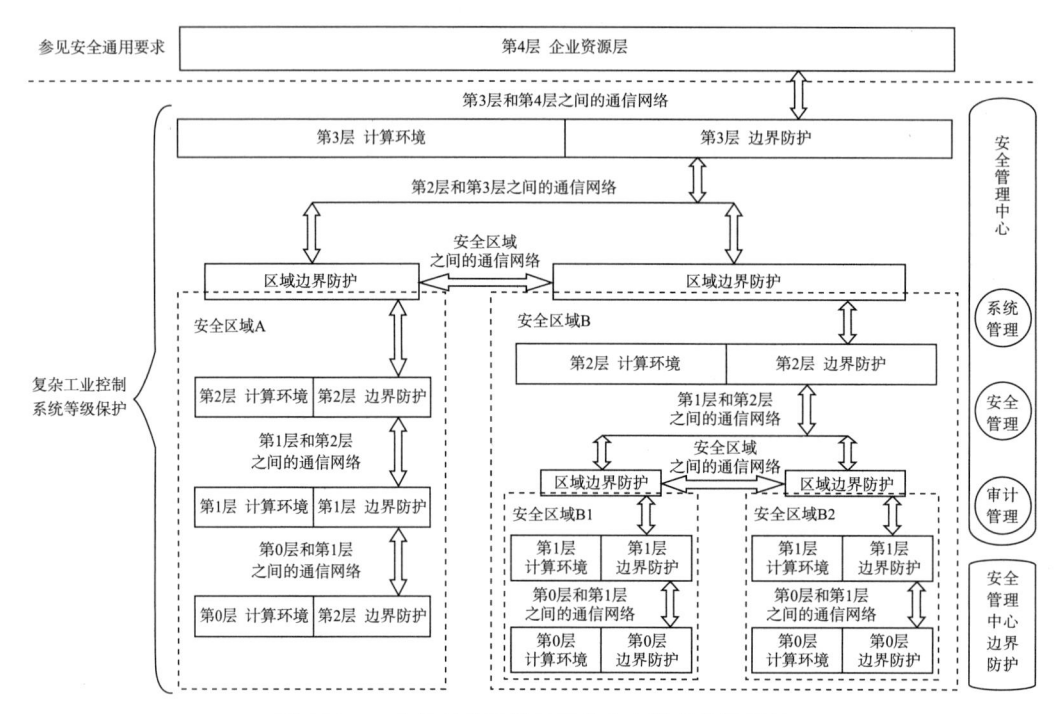

图 4.22　工业控制系统等级保护安全技术设计框架

4.3.8　大数据安全保护环境设计

1. 大数据安全需求分析流程

大数据安全需求分析包括大数据系统安全风险及需求分析、等级保护合规需求分析两部分。大数据系统安全风险及需求分析分为大数据应用支撑环境安全风险分析、大数据应用安全风险分析、系统外部互联安全风险分析，主要包括资产识别、威胁识别、脆弱性识别、已有安全措施确认和风险分析。等级保护合规需求分析是以《基本要求》中大数据相关合规要求为基础，参照行业大数据标准规范进行的。大数据安全需求分析流程，如图 4.23 所示。

2. 大数据安全架构设计流程

大数据安全架构设计流程，如图 4.24 所示。大数据安全架构设计包含大数据安全整体框架设计、大数据安全互联架构设计、大数据系统安全架构设计。在确定大数据的安全保护等级之后，即可开展大数据安全架构设计，主要工作如下。

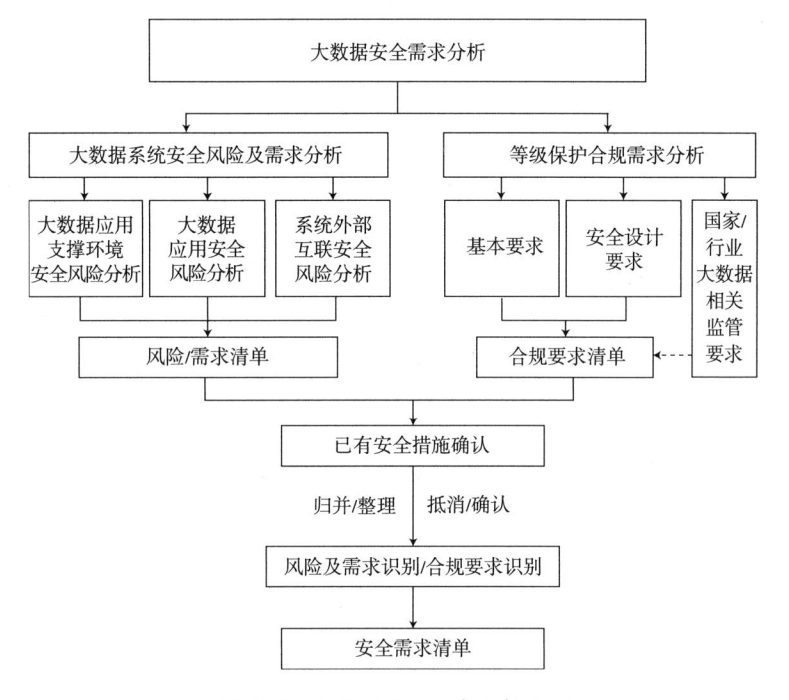

图 4.23　大数据安全需求分析流程

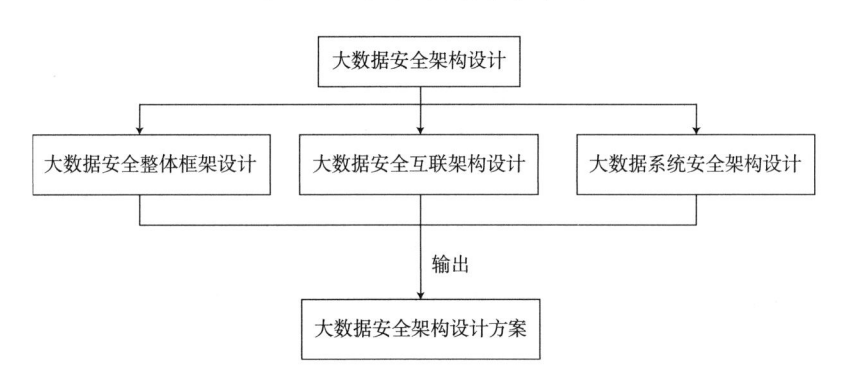

图 4.24　大数据安全架构设计流程

（1）大数据安全整体框架设计，包括确定大数据整体安全方针、明确大数据安全防护对象，以便结合《基本要求》等国家标准、行业要求和大数据安全保护特殊要求，构建大数据安全技术体系。对新建大数据系统，应在立项时确定其安全保护等级，并按照相应等级的保护要求进行整体安全框架设计。

（2）大数据安全互联架构设计，包括采集传输安全、采集设备安全、数据接入安全、安全审计等，以实现与大数据平台和业务应用互联的设备、节点的安全认证与鉴权。

（3）大数据系统安全架构设计，以大数据生命周期为节点，从大数据业务和大数据应用的角度为环境安全、安全管理中心、区域边界安全和网络通信安全提供支撑。

（4）大数据跨境安全防护设计，结合大数据跨境流转的场景特点，对跨境边界、跨境传输、跨境使用管理等方面进行安全设计。

3. 大数据安全整体框架设计

大数据平台及应用的网络架构主要包括核心安全域、大数据平台、大数据应用三部分。核心安全域部署了流量清洗、安全防护、负载均衡等相关安全产品，内部按照业务需求划分了多个安全区域/系统，通过访问控制策略进行边界隔离与访问控制。大数据安全整体网络架构，如图4.25所示。

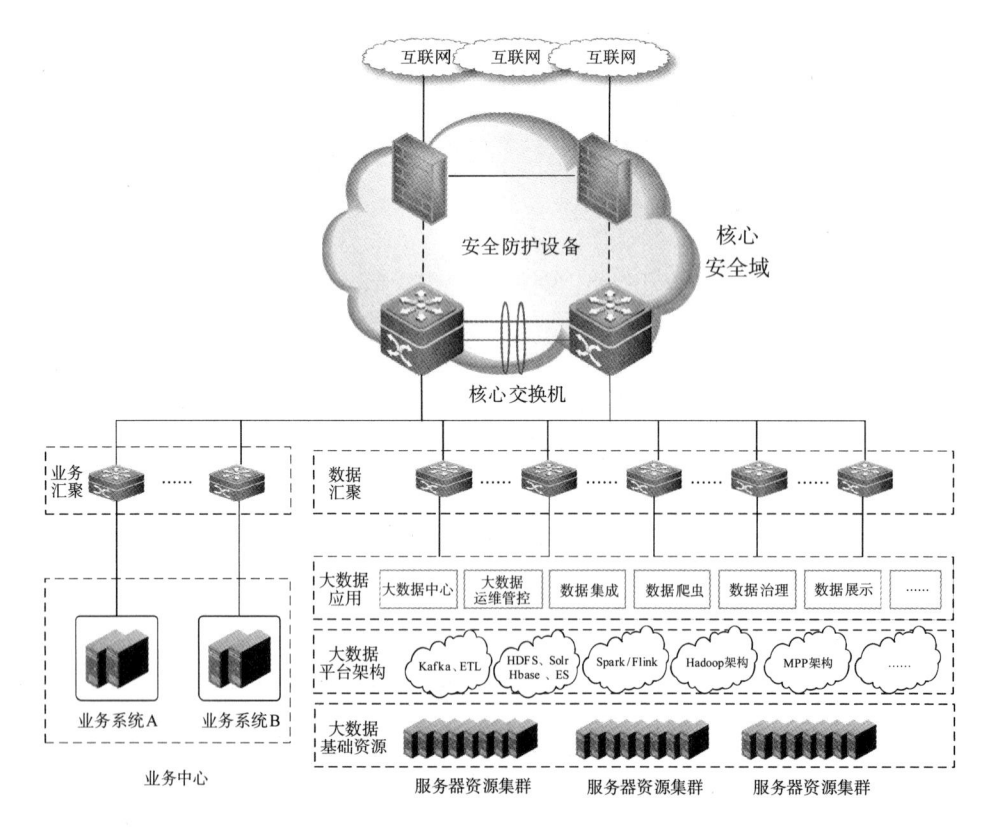

图 4.25 大数据安全整体网络架构

4.4 落实网络安全等级保护安全测评要求

4.4.1 落实等级测评通用要求

1. 等级测评的概念

等级测评是指测评机构依据国家网络安全等级保护制度规定，按照有关管理规范和技术标准，对非涉及国家秘密的网络安全等级保护对象的安全保护状况进行检测评估的活动。等级测评包括标准符合性评判活动和风险评估活动，即依据网络安全等级保护的国家标准或行业标准，按照特定的方法对网络的安全保护能力进行科学、公正的综合评判。

测评机构主要依据《网络安全等级保护测评要求》《网络安全等级保护测评过程指南》《计算机信息系统安全保护等级划分准则》《网络安全等级保护基本要求》《信息安全风险评估模型》等国家标准进行等级测评，并按照公安部统一制定的《网络安全等级保护测评报告模板（2021版）》格式出具测评报告。通过等级测评，可以发现网络存在的安全问题、掌握网络的安全状况、排查网络的安全隐患和薄弱环节、明确网络安全建设整改需求，可以衡量网络的安全保护管理措施和技术措施是否符合等级保护的基本要求、是否具备相应的安全保护能力。等级测评结果也是公安机关开展监督、检查、指导的参照。

2. 测评对象及其选择

测评对象是等级测评的直接工作对象，也是在被测定级对象中实现特定测评指标所对应的安全功能的具体系统组件，因此，选择测评对象是编制测评方案的必要步骤，也是整个测评工作的重要环节。恰当选择测评对象的种类和数量是整个等级测评工作能够获取足够证据、了解被测定级对象的真实安全保护状况的重要保证。

测评对象的确定一般采用抽查的方法，即抽取定级对象中具有代表性的组件作为测评对象。在测评对象确定任务中，应兼顾工作投入与结果产出。在确定测评对象时，需遵循以下原则：一是重要性，应抽查对被测定级对象来说重要的服务器、数据库和网络设备等；二是安全性，应抽查对外暴露的网络边界；三是共享性，应抽查共享设备和数据交换平台/设备；四是全面性，抽查应尽量覆盖各种设备类型、操作系统类型、数据库系统类型和应用系统类型；五是符合性，选择的设备、软件系统等应能符合相应等级的测评强度要求。

在确定测评对象时可参考以下步骤。

（1）对系统构成组件进行分类。例如，可以在粗粒度上分为客户端（主要考虑操作系统)、服务器(包括操作系统、数据库管理系统、应用平台和业务应用软件系统)、网络互联设备、安全设备、安全相关人员和安全管理文档,也可以在上述分类的基础上细化。

(2)对每一类系统构成组件,应依据调研结果进行重要性分析,选择对被测定级对象而言重要程度高的服务器操作系统、数据库系统、网络互联设备、安全设备、安全相关人员、安全管理文档等。

(3)对上一步获得的选择结果分别进行安全性、共享性和全面性分析,进一步完善测评对象集合。

3. 测评指标及其选择

测评指标源自《基本要求》中的安全要求。《基本要求》将技术安全要求细分为:保护数据在存储、传输、处理过程中不被泄漏、破坏和免受未授权的修改的信息安全类要求(简记为 S);保护系统连续正常运行、免受对系统的未授权修改或破坏而导致系统不可用的服务保证类要求(简记为 A);其他安全保护类要求(简记为 G),所有安全管理要求和安全扩展要求均标注为此类。

对于确定了级别的等级保护对象,测评指标的选择方法为:根据被测系统的定级结果(包括业务信息安全保护等级和系统服务安全保护等级),得出被测系统的系统服务保证类(A类)安全要求、业务信息安全类(S类)安全要求、安全通用要求(G类)和安全扩展要求(G类);根据被测系统的 A 类、S 类、G 类安全要求的组合情况,从《基本要求》中选择相应等级的安全要求作为测评指标。针对不同行业、不同对象的特点,分析其某些方面可能存在的特殊安全要求,选择较高等级的安全要求或其他标准中的补充安全要求。

4. 测评对象和测评指标的映射关系

在明确被测系统的测评对象和测评指标的基础上,将测评指标和测评对象结合起来,即将测评指标映射到各测评对象上,然后结合测评对象的特点,说明各测评对象所采取的测评方法,由此构成可以具体实施测评的单项测评内容。测评内容是测评人员开发测评指导书的基础。

鉴于被测系统的复杂性和特殊性,某些测评指标可能不适用于所有测评对象。这些测评指标属于不适用测评指标。除不适用测评指标外,其他测评指标和测评对象之间是一对一或一对多的关系,即一个测评指标可以映射到一个或多个测评对象上。

5. 测评方法

等级测评方法一般包括访谈、核查、测试三种。

（1）访谈是指测评人员通过引导等级保护对象相关人员进行有目的的（有针对性的）交流，理解、澄清或取得证据的过程。在访谈范围上，不同等级的定级对象在测评时有不同的要求，一般应基本覆盖安全相关人员的类型，在数量上抽样。

（2）核查是指测评人员通过对测评对象（例如制度文档、各类设备及相关安全配置等）进行观察、查验和分析，理解、澄清或取得证据的过程。核查可细分为文档审查、实地察看、配置核查三种具体方法。

（3）测试是指测评人员使用预定的方法/工具使测评对象（各类设备或安全配置）产生特定的结果，将运行结果与预期的结果进行比对的过程。测试一般利用技术工具对系统进行测试，包括基于网络探测和基于主机审计的漏洞扫描、渗透性测试、功能测试、性能测试、入侵检测、协议分析等。

4.4.2 落实等级测评扩展要求

1. 云计算安全测评扩展要求

云计算安全测评是指测评机构依据国家网络安全等级保护制度规定，受有关单位委托，对采用云计算技术构建的系统的等级保护状况进行的检测评估活动。

云计算平台/系统的等级测评业务，除了要按照等级测评通用要求开展安全检测评估，还要针对云计算安全扩展要求进行安全检测评估。云计算平台/系统的安全保护要求，在安全通用要求的基础上增加了安全扩展要求，主要涉及的控制点包括基础设施位置、网络架构、网络边界的访问控制、网络边界的入侵防范、网络边界的安全审计、集中管控、计算环境的身份鉴别、计算环境的访问控制、计算环境的入侵防范、镜像和快照保护、数据安全性、数据备份恢复、剩余信息保护、云服务商选择、供应链管理、云计算环境管理等。

2. 移动互联安全测评扩展要求

移动互联安全测评是指测评机构依据国家网络安全等级保护制度规定，受有关单位委托，对采用无线通信技术构建的系统的等级保护状况进行的检测评估活动。

移动互联系统的等级测评业务，除了要按照等级测评通用要求开展安全检测评估，还要针对移动互联安全扩展要求进行安全检测评估。移动互联安全扩展要求主要包括无线接入点的物理位置、移动终端管控、移动应用管控、移动应用软件采购、移动应用软件开发等。

3. 物联网安全测评扩展要求

物联网安全测评是指测评机构依据国家网络安全等级保护制度规定，受有关单位委托，对物联网的等级保护状况进行的检测评估活动。

物联网的等级测评业务，除了要按照等级测评通用要求开展安全检测评估，还要针对物联网安全扩展要求进行安全检测评估。物联网安全在安全通用要求的基础上，增加了感知节点设备物理防护、接入控制、入侵防范、感知节点设备安全、网关节点设备安全、抗数据重放、数据融合处理、感知节点管理等安全要求。

4. 工业控制系统安全测评扩展要求

工业控制系统安全测评是指测评机构依据国家网络安全等级保护制度规定，受有关单位委托，对工业控制系统的等级保护状况进行的检测评估活动。

工业控制系统的等级测评业务，除了要按照等级测评通用要求开展安全检测评估，还要针对工业控制系统安全扩展要求进行安全检测评估。工业控制系统安全扩展要求主要包括室外控制设备的物理防护、网络架构、通信传输、访问控制、拨号使用控制、无线使用控制、控制设备安全、产品采购和使用、外包软件开发等。工业控制系统结构复杂，组网存在多样性，等级保护对象划分具有灵活性，给开展等级测评带来了挑战。测评机构在选择工业控制系统安全扩展要求时，首先需要明确定级对象是否具备工业控制属性。在为工业控制系统定级时，通常不考虑企业资源层。如果仅将生产管理层单独定级，应不考虑增加工业控制系统扩展指标。

4.4.3 测评结论与测评报告

1. 测评结论

测评人员首先对等级保护对象开展单项测评。单项测评是针对各安全要求项的测评，支持测评结果的可重复性和可再现性。单项测评由测评指标、测评对象、测评实施、单元判定结果构成。单项测评中的每个具体测评实施要求项都与安全控制点下面的要求项（测评指标）对应。在对要求项进行测评时，可能需要使用访谈、核查、测试三种测评方法，也可能需要使用其中的一种或两种。

在单项测评的基础上，可以对等级保护对象的整体安全保护能力进行判断，即针对单项测评结果的不符合项及部分符合项，采取逐条判定的方法，从安全控制点间、层面间出发考虑，给出整体测评的具体结果。

整体测评完成后，应对单项测评结果中的不符合项或部分符合项进行风险分析和评价。一般采用风险分析的方法，对单项测评结果中的不符合项或部分符合项，分析其所产生的安全问题被威胁利用的可能性，判断其被威胁利用后对业务信息安全和系统服务安全造成影响的程度，综合评价这些不符合项或部分符合项对定级对象造成的安全风险，从而得到安全问题风险分析结果。

针对等级测评结果中存在的所有安全问题，采用风险分析的方法进行危害分析和风险等级判定，得到被测对象安全问题风险分析表。风险分析主要结合关联资产和关联威胁分别分析安全问题可能产生的危害结果，找出可能对系统、单位、社会及国家造成的最大安全危害或损失（风险等级）。风险分析结果的判断综合了相关系统组件的重要程度、安全问题的严重程度、安全问题被关联威胁利用的可能性、所影响的相关业务应用及发生安全事件可能的影响范围等因素。根据最大安全危害的严重程度，风险等级可进一步确定为"高""中""低"。

测评综合得分的计算公式如下。

$$100 - \left[\frac{\sum_{j=1}^{q} \frac{\sum_{i=1}^{p(j)} \left(\sum_{i=1}^{m(k)} 不符合测评项权重 + \sum_{i=1}^{m(k)} 部分符合测评项权重 \times 0.5 \right)}{\sum_{k=1}^{p(j)} \sum_{i=1}^{m(k)} 测评项权重}}{q} \right] \times 100$$

其中：q 为被测对象涉及的安全类；$p(j)$ 为某安全类对应的总测评项个数，不含不适用的测评项；$m(k)$ 为测评项 k 对应的测评对象个数。如果存在高风险安全问题，则直接判定等级测评结论为"差"。

等级测评结论由综合得分和最终结论构成。等级测评最终结论分为"优""良""中""差"四类。等级测评结论的判别依据如下。

（1）优：被测对象中存在安全问题，但不会导致被测对象面临中、高等级安全风险，且系统综合得分90分以上（含90分）。

（2）良：被测对象中存在安全问题，但不会导致被测对象面临高等级安全风险，且系统综合得分 80 分以上（含 80 分）。

（3）中：被测对象中存在安全问题，但不会导致被测对象面临高等级安全风险，且系统综合得分 70 分以上（含 70 分）。

（4）差：被测对象中存在安全问题，而且会导致被测对象面临高等级安全风险，或者被测对象综合得分低于 70 分。

2. 测评报告

2021 年 6 月，公安部网络安全保卫局下发了《关于印发<网络安全等级保护测评报告模板（2021 版）>的通知》，启用《网络安全等级保护测评报告模板（2021 版）》（简称为《2021 版测评模板》），《信息安全等级保护测评报告模板（2019 版）》同时作废。

为深入贯彻落实网络安全等级保护制度，进一步提升等级测评工作的标准化和规范化水平，推进网络安全等级保护 2.0 系列标准实施应用，公安部网络安全保卫局组织编制了《2021 版测评模板》，印发各地公安机关。各地公安机关将《2021 版测评模板》转发本地测评机构使用。中关村网络安全等级测评联盟组织各测评机构开展《2021 版测评模板》的应用培训。

《网络安全等级保护[被测对象名称]等级测评报告》说明如下。

（1）每个备案系统单独出具测评报告。

（2）测评报告编号为四组数据。各组数据的含义和编码规则如下。

- 第一组为系统备案表编号，由 2 段 16 位数字组成，可以从公安机关颁发的系统备案证明（或者备案回执）中获得。第 1 段为备案证明编号的前 11 位，前 6 位为受理备案公安机关代码，后 5 位为受理备案公安机关给出的备案单位编号；第 2 段为备案证明编号的后 5 位（系统编号）。
- 第二组为年份，由 2 位数字组成，例如"09"代表 2009 年。
- 第三组为测评机构代码，由测评机构推荐证书编号的后 6 位数字组成。
- 第四组为本年度系统测评次数，由 2 位数字组成。

每份测评报告都应包含：一张网络安全等级测评基本信息表，描述被测对象、被测单位、测评机构的基本情况（如表 4.2 所示）；一张声明页，是测评机构对测评报告的有效性前提、测评结论的适用范围及使用方式等有关事项的陈述；一张等级测评结论表，描述等级保护对象及等级测评活动中的一般属性，包括被测对象名称、安全保护等级、被测对象描述、测评工作描述、等级测评结论及综合得分（如表 4.3 所示）；如果被测对象为云计算（包括平台/系统）或大数据（包括平台/应用/资源），则需要增加云计算安全等级测评结论扩展表或大数据安全等级测评结论扩展表；一份总体评价，根据被测对象测评结果和测评过程中了解的相关信息，从安全物理环境、安全通信网络、安全区域边界、安全计算环境、安全管理中心、安全管理制度、安全管理机构、安全人员管理、安全建设管理、安全运维管理十个方面分别描述被测对象的安全保护状况，并给出被测对象的等级测评结论；一份主要安全问题及整改建议，描述被测对象存在的主要安全问题，并针对主要安全问题提出整改建议；其他内容，包括目录页、测评报告正文、九个附录。

表 4.2　网络安全等级测评基本信息表

被测对象				
被测对象名称			安全保护等级	
备案证明编号				
被测单位				
单位名称				
单位地址			邮政编码	
联系人	姓名		职务/职称	
	所属部门		办公电话	
	移动电话		电子邮件	
测评单位				
单位名称			机构代码	
单位地址			邮政编码	
联系人	姓名		职务/职称	
	所属部门		办公电话	
	移动电话		电子邮件	
审核批准	编制人	（签字）	编制日期	
	审核人	（签字）	审核日期	
	批准人	（签字）	批准日期	

表 4.3　等级测评结论表

测评结论和综合得分				
被测对象名称		安全保护等级	第 z 级（SxAy）	
扩展要求 应用情况	□云计算　　□移动互联　　□物联网 □工业控制系统　□大数据			
被测对象描述	【填写说明：简要描述被测对象承载的业务功能等基本情况，以及被测对象安全技术情况和安全管理情况，建议不超过 400 字】			
安全状况描述	【填写说明：根据实际测评情况简要描述被测对象的整体安全状况，包括最主要的中高风险安全问题及数量和等级结论，建议不超过 400 字】			
等级测评结论	【填写说明：除填写测评结论外，还需加盖测评机构单位公章或等级测评业务专用章】		综合得分	

测评报告正文内容：一是测评项目概述，包括测评目的、测评依据、测评过程、报告分发范围；二是被测对象描述，包括被测对象概述、测评指标、测评对象；三是单项测评结果分析，包括安全物理环境、安全通信网络、安全区域边界、安全计算环境、安全管理中心、安全管理制度、安全管理机构、安全管理人员、安全建设管理、安全运维管理、其他安全要求指标、测试验证、单项测评小结；四是整体测评；五是安全问题风险分析；六是等级测评结论；七是安全问题整改建议。

第 5 章　组织开展关键信息基础设施安全保护工作

党中央、国务院高度重视关键信息基础设施安全保护工作。关键信息基础设施是我国经济社会运行的神经中枢，是网络安全保护的重中之重，加强关键信息基础设施安全保护对于维护国家安全、保障经济社会健康发展、维护社会公共利益意义重大。为进一步加强关键信息基础设施安全保护工作，公安部出台了一系列政策文件，加快建设关键信息基础设施安全综合防控体系。

本章将系统介绍如何组织开展关键信息基础设施安全保护工作。

5.1　开展关键信息基础设施安全保护工作的政策要求

党中央高度重视关键信息基础设施安全保护工作。2019 年，中央网络安全与信息化委员会下发了《关于关键信息基础设施安全保护工作有关事项的通知》，明确了关键信息基础设施安全保护工作的有关要求。公安部作为关键信息基础设施安全保护工作的主管部门和法定责任部门，于 2019 年 7 月出台了《关于开展关键信息基础设施安全保护工作的指导意见》（公网安〔2019〕917 号），指导并组织各地区和有关部门开展关键信息基础设施认定和保护工作。

关键信息基础设施安全保护工作部门、运营者、公安机关应按照党中央、国务院的决策部署，坚持总体国家安全观的战略思维、系统思维、底线思维和创新思维，深入贯彻实施网络强国战略，按照"以问题导向、实战化引领、体系化作战"原则，以防控重大风险威胁为重点，积极构建新时期国家关键信息基础设施安全综合防控体系，实现以下目标：一是以建立完善关键信息基础设施安全保护制度为基础，全面加强关键信息基础设施安全保卫、保护和保障工作；二是加快落实网络安全"实战化、体系化、常态化"和"动态防御、主动防御、纵深防御、精准防护、整体防控、联防联控"的"三化六防"措施，大力提升关键信息基础设施安全防护能力；三是健全完善网上网下结合、人防技防结合、"打防管控"结合的立体化综合防控体系，及时发现处置重大风险隐患威胁，全力保卫关键信息基础设施安全，维护国家安全。

5.2 加强关键信息基础设施的安全保卫、保护和保障

一要加强关键信息基础设施安全保卫。公安机关、军队和国家安全部门是国家网络安全的保卫部门，应充分发挥主力军作用，对关键信息基础设施开展安全保卫，利用自身强大力量、技术手段，从国家层面开展实时监测、态势感知、通报预警、应急处置、追踪溯源、侦查打击、等级保护、指挥调度等重要工作，建设关键信息基础设施综合防控平台，研发先进技术手段，建立"打防管控"一体化的关键信息基础设施综合防御能力，依法打击网络恐怖、网络入侵攻击、网络窃密等网络违法犯罪活动，维护网络空间秩序，保护网络空间安全和关键信息基础设施安全。

二要加强关键信息基础设施安全保护。《网络安全法》规定，关键信息基础设施在网络安全等级保护制度的基础上实行重点保护。国家进入新时代，网络安全等级保护制度也进入了2.0时代，要求我们按照分等级保护、突出重点、积极防御、综合防护的原则，建立"打防管控"一体化的网络安全综合防控体系。各有关单位要深入落实网络安全等级保护制度，按照网络安全等级保护2.0标准，建设网络安全保护生态，变被动防护为主动防护，变静态防护为动态防护，变单点防护为整体防控，变粗放防护为精准防护，重点保护涉及国家安全、国计民生、社会公共利益的网络基础设施、重要信息系统和大数据安全。

三要加强关键信息基础设施安全保障。保障是最重要的基础。发改、财政、编制、教育等部门应加大支持力度，加大资金和项目投入，支持网络安全产业和企业发展。政府部门应加大经费、机构、编制、人员投入。教育部门应加大人才培养力度，解决政府部门、国有企事业和网络安全企业面临的困难。

5.3 关键信息基础设施安全存在的风险隐患

习近平总书记指出，"网络安全的本质在对抗，对抗的本质在攻防两端能力较量"。网络战不是我们想不想打的问题，而是必须有效应对的问题。

为有效应对敌对势力的网络战威胁，保卫国家安全，公安部近年来组织全国公安机关

开展了多次攻防演习。通过演习，发现了关键信息基础设施存在的一些突出风险隐患：互联网暴露点过多，非法外联问题突出；老旧漏洞不修补、弱口令等低级问题仍然存在；内网缺乏分区分域隔离，重要数据保护措施不到位；"神经中枢"类系统防护薄弱，系统和网络访问控制机制不健全；供应链成为防护薄弱点，也成为黑客攻击的桥梁；重要信息、敏感信息在互联网上泄露的问题严重；基层单位网络防守薄弱，可导致"一点突破，全网沦陷"的严重后果；由于网络广泛互连，重点单位难以抵御跨网攻击威胁；数据全生命周期防护不到位，是网络安全的最大短板；网络安全综合防御体系尚未建立完善。

问题一，大数据、云平台、物联网等安全防护薄弱，成为重点攻击目标。当前，数据集中共享、业务云化融合、万物互联互通已经成为发展趋势，也成为黑客关注的焦点，相关系统被攻击破坏的事件层出不穷。部分重点单位对大数据、云平台、物联网安全的重视程度不够，对其存在的安全风险认识不清，管理措施薄弱，技术防护措施不到位，成为重大风险隐患。许多单位的业务数据在多个部门之间传递、应用，数据在存储、交换、应用过程中防范措施不落实，成为攻击者的重点目标。

问题二，互联网上的暴露点过多，成为攻击者的首选攻击入口。随着重要行业部门的正面防护能力不断提升，攻击者越来越多地使用迂回攻击的手段，通过攻击防护薄弱的下属单位避免正面对抗，往往能取得突出效果。部分重点单位总部防护措施完善，但对全行业网络安全缺乏统筹管理，致使全行业网络暴露面过宽，基层单位防护措施不到位，漏洞大量存在，成为攻击者迂回攻击的突破口。

问题三，内网防护不健全，缺乏纵深防御。一些重要行业单位重边界防护、轻内部防御，缺乏分区分域隔离和域内防护措施，导致防护措施成为"马其诺防线"，被轻易绕过。

问题四，核心系统和设备安全加固手段缺失，缺少精细防护措施，极易被攻击者攻破。"神经中枢"类系统缺乏重点加固，攻击者可直捣网络核心。一些重点单位对域控系统、杀毒管理后台、堡垒机、身份认证系统等"神经中枢"重视不够，没有采取有效的精细化防护措施，可造成"一点被控，全网被控"的严重后果。

问题五，敏感信息泄露严重，成为网络攻击的"情报源"。一些重点单位的大量建设运维方案、网络拓扑、账号密码、系统原始代码等敏感信息被第三方上传到共享网站上。攻击者在境外代码共享平台 GitHub 及百度网盘等平台上获取一些单位的系统源代码，通过源代码筛选，挖掘并利用零日漏洞，攻破内网，即可获取重要数据资源。敌对势力一旦窃取以上信息，就可以分析掌握我重要部门的发展动向，直击我关键要害。

问题六，老旧资产、测试系统清理不及时，成为攻击的重要跳板。部分单位网络资产边界不清、责任不明，老旧资产、测试系统未及时清理下线，缺乏安全防护措施，被攻击利用而无法察觉。

问题七，远程办公和移动应用防护能力不强，成为攻击的新渠道。许多重要行业部门和政府单位为便于业务开展，在内外网之间部署了大量 VPN 通道。攻击者可通过信息搜集、资产测绘发现专网的 VPN 通道，并通过暴力破解、零日漏洞利用等手段，通过 VPN 进入单位内网；利用目录访问、弱口令、任意文件上传等组合攻击方式，获得重要业务系统控制权。一旦系统被攻击者关停或清空数据，就会造成业务瘫痪，严重影响经济秩序和经济安全。同时，移动 App 作为信息发布的重要渠道，其安全性未得到广泛关注，极易被逆向、监听。

问题八，供应链安全管控不力，成为迂回攻击的重要通道。长期以来，一些重点单位的网络安全防护工作停留在单点防护、被动防护上，忽视了网络安全的整体性、关联性，使供应链攻击成为屡试不爽的攻击手段。大量提供产品供应、安全服务、域名服务的供应商未落实安全责任和安全措施，在产品供应、安全服务、域名服务等供应链安全方面问题突出；重要行业部门对供应商的管理措施缺失，导致供应链成为攻击的跳板。

问题九，安全责任不落实、漏洞不修补、弱口令等低级问题长期存在。网络安全工作，技术和管理要并重。由于一些单位管理不到位、整改不及时，很多漏洞风险被反复利用，给攻击者带来可乘之机。尽管大部分部委、央企的弱口令、老旧漏洞问题明显改进，但地市级以下等基层单位安全意识薄弱，安全责任落实差，漏洞修补不及时、弱口令、口令复用等问题仍普遍存在。同时，基层单位对网络安全重视不够，防护措施不到位，成为网络攻击的突破口。

问题十，安全意识差，操作不规范，极易遭受社会工程学攻击。除以信息系统为目标外，针对"重点人"的社会工程学攻击手段危害极大，邮件钓鱼、身份伪装、信息套取等方法层出不穷。一些重点单位网络安全管理措施不到位，系统管理员安全意识淡薄，成为黑客的围猎目标，被长期跟踪、重点盯控而毫无察觉，导致"关键人"丢掉了"关键系统"控制权。

另外，黑客组织和不法分子采取多种方式，利用多种手段、工具、技术等进行网络攻击。一是将互联网上的暴露点作为首选攻击入口，从互联网侧实施攻击；二是利用老旧漏洞、弱口令、网上泄露的敏感信息等实施攻击；三是采取旁站攻击、物理设备攻击、跨网攻击、邮箱系统攻击、集权类设备攻击等手段，实施入侵攻击控制；四是采取零日攻击、供应链攻击、免杀和加密隧道等隐性攻击、钓鱼攻击、水坑攻击，以及目标单位周边 WiFi 攻击、安全产品和 IoT 设备漏洞利用攻击、核武器级漏洞利用攻击、域名污染攻击等新型攻击手段，实施网络攻击、入侵控制、窃密等违法犯罪活动，给我国网络安全带来严重威胁和挑战。

5.4 建立网络安全综合防控体系

各地区、各部门应按照中央总体部署，按照"四新"要求，即确立新目标（建立完善网络空间安全综合防控体系）、树立新理念（实战化、体系化、常态化）、采取新举措（动态防御、主动防御、纵深防御、精准防护、整体防控、联防联控）、实现新高度（国家网络安全保护能力和水平达到新高度），以问题导向、实战引领、体系化作战，使网络安全从防御迈向对抗。

一要深入落实《网络安全法》，依法落实网络安全等级保护制度和网络安全责任制。二要建立并实施关键信息基础设施安全保护制度，加强关键信息基础设施、大数据和公民个人信息保护。三要健全完善国家网络与信息安全信息通报机制，提高通报预警能力。四要严厉打击网络违法犯罪，维护网络公共安全和人民群众合法权益。五要建立完善大数据、云计算、物联网等的网络安全管理制度规范，加强对新技术新应用的安全管控。六要加强协作配合，依法开展网络安全保卫、保护和保障，打合成仗、整体仗。七要以网络安全案事件为主线，强化实时监测、通报预警、快速处置、追踪溯源、态势感知、情报信息、侦查打击、指挥调度等工作。八要大力加强高端人才培养和训练，选好用好特殊人才。九要落实"实战化、体系化、常态化"和"动态防御、主动防御、纵深防御、精准防护、整体防控、群防群治"的"三化六防"措施，描绘本地区、本行业网络空间地理信息图谱，实现挂图作战。十要打造重点省市"网络安全110"，重点地区和部门建设网络安全监控指挥中心，构建网络空间"打防管控"一体化综合防控体系，全面提升威胁情报能力、攻击对抗能力、综合防御能力、侦查打击能力、技术反制能力等网上斗争能力，坚决维护网络空间安全和网上公共安全。

5.5 关键信息基础设施安全保护工作的对策措施

通过数年的网络攻防实战对抗，我国重要行业部门、重点单位网络安全意识显著增强，网络安全工作明显加强，网络安全防护能力水平逐步提高，但问题短板仍然存在。在应对网络战威胁方面，我国还没有形成有效的应对能力，重要行业部门对高级可持续攻击和高效网络武器的防范能力不强，对一些关键系统和重要数据缺乏精细防护，应急共享机制和攻防对抗能力有待加强。

重要行业部门和各级公安机关要按照党中央关于网络安全的总体部署要求，以总体国家安全观为指导，全面落实重要行业部门网络安全主体责任和公安机关监管责任，完善常态化应急处置机制，建立警民联防联动共治的工作新格局，构建网络安全综合防控体系，坚决保卫关键信息基础设施安全和大数据安全，保卫国家安全。要按照中央要求和法律规定，以及确立新目标（构建国家网络安全综合防控系统）、树立新理念（实战化、体系化、常态化）、采取新举措（动态防御、主动防御、纵深防御、精准防护、整体防控、联防联控）、实现新高度（国家网络安全综合防御能力和水平）的"四新"要求，落实网络安全"实战化、体系化、常态化"和"动态防御、主动防御、纵深防御、精准防护、整体防控、联防联控"的"三化六防"措施，积极构建网络空间安全综合防控体系，大力提升国家关键信息基础设施综合防御能力和水平。

5.5.1 加强关键信息基础设施安全保护工作的组织领导

加强组织领导、统筹规划，全面落实网络安全责任制。一是在国家层面，各部门要与中央顶层设计、网络安全法律法规对标对表，坚持"统一领导、综合协调、分工负责、密切配合"的原则，认真落实中央各项要求和法律要求，落实责任制。二是重要行业部门要从机制体系、能力建设方面入手，强化重要行业主管部门和运营单位的主体责任，按照"打防管控"一体化原则，密切配合公安机关依法开展网络安全保卫、保护和保障，打合成仗、整体仗。三是落实"同步规划、同步建设、同步运行"的安全保护措施，从管理、技术、业务、运营各条线入手，将网络安全工作贯穿整个信息化生命周期，确保各项安全制度、策略、措施落地生根。

（1）建立关键信息基础设施安全保护工作的组织领导体系，落实网络安全责任制。保护工作部门要建立健全网络安全工作的组织领导体系，强化"一盘棋"思想，认真落实网络安全责任制和责任追究制度；要明确一名领导班子成员分管关键信息基础设施安全保护工作，并明确具体负责的司局级单位。运营者要严格落实《党委（党组）网络安全工作责任制实施办法》，并明确一名领导班子成员为首席网络安全官，分管关键信息基础设施安全保护工作；设置专门安全管理机构，确定关键岗位。同时，要建立健全网络安全管理和评价考核制度，加强网络安全统筹规划和贯彻实施。

（2）动态掌握关键信息基础设施基本情况及安全保护状况，做到底数清、情况明。保护工作部门和运营者应按照关键信息基础设施识别认定指南，分析识别和认定国家关键信息基础设施并报公安部；在此基础上，组织开展摸底调查，梳理排查关键信息基础设施建设、运行、管理情况及安全保护状况，全面掌握网络基础设施、重要业务系统和重要数据等资源底数和网络资产，建立档案并动态更新。保护工作部门要定期组织对本行业已确认的关键信息基础设施进行按照审查评估。当关键信息基础设施发生较大变化时，运营者要及时报告保护工作部门；保护工作部门应在收到报告后3个月内完成重新认定，并将认定结果报公安部备案。

（3）建立关键信息基础设施核心岗位人员管理制度，加强专门机构和人员管理。运营者要加强关键信息基础设施专门安全管理机构人力、财力、物力方面的投入和保障，建立专门工作机制，明确专门安全管理机构在关键信息基础设施安全保护计划、能力建设、应急演练、事件处置、教育培训、安全管理、评价考核等方面的职责，确保专门安全管理机构有效运转；加强关键信息基础设施核心岗位人员管理，建立健全各项管理制度，强化专门安全机构的负责人及关键核心岗位人员管理，组织对其进行安全背景审查，审查时应征求公安机关、国家安全机关的意见，审查情况应报送保护工作部门；加强关键信息基础设施设计、建设、运行、维护等服务实施安全管理，采购安全可信的网络产品和服务，确保供应链安全，采购的产品和服务可能影响国家安全的，应按照国家有关规定通过安全审查。公安机关应加强对关键信息基础设施安全服务机构的安全管理，为运营者开展安全保护工作提供支持。

5.5.2 大力提升关键信息基础设施安全保护能力

深化落实网络安全等级保护制度，大力加强关键信息基础设施安全保护。一是重要行业部门要在公安部指导下组织开展关键信息基础设施认定工作，确定关键信息基础设施清单。二是要深入落实网络安全等级保护制度，落实安全保护责任，构建以可信计算、人工智能、大数据分析、密码技术等为核心的关键信息基础设施技术保护体系，认真开展定级备案、等级测评和安全建设整改工作，配合公安机关做好网络安全执法检查，建设新时代网络安全保护生态。三是强化供应链安全。运营单位要重视关键信息基础设施供应链安全，优先采购安全可信的网络产品和服务，签订安全保密协议，加强安全管理和监督。四是加强重要数据安全保护。运营单位要全面梳理掌握重要数据底数和安全保护状况，采取容灾备份、国产密码保护、可信计算等关键技术防护措施，切实保护数据在采集、存储、传输、应用、销毁等环节的安全，确保全生命周期的安全。五是加强推动信息技术领域核心技术、产品和装备的研发及应用，按照中央统一部署，加快推进国产化替代。

（1）制定关键信息基础设施安全保护规划及安全建设方案，组织开展安全建设试点示范。保护工作部门应结合关键信息基础设施安全需求，按照"实战化、体系化、常态化"保护要求，组织制定并实施本行业关键信息基础设施安全保护总体规划和安全防护策略，加强网络安全和业务发展的统筹协调，创造有利于业务发展的网络安全环境，确保安全保护措施与关键信息基础设施"同步规划、同步实施、同步运行"。运营者应按照关键信息基础设施安全保护规划，组织制定安全建设方案，确保安全规划任务目标有效落实。安全保护规划和安全建设方案应通过国家关键信息基础设施安全保护专家组的评估审议。公安部将选择典型的关键信息基础设施开展安全建设试点示范，推进实施安全可控应用示范工程，集中资源力量开展安全保护技术攻关和应用创新，总结提炼建设经验做法，加强宣传推广。

（2）全面深入开展关键信息基础设施安全建设，大力提升安全防护能力。运营者应按照《网络安全法》和国家网络安全等级保护制度要求，依据《网络安全等级保护基本要求》《网络安全等级保护安全设计技术要求》等国家标准，开展相应等级的网络安全建设，健全完善网络安全管理制度，加强技术防护，建设关键信息基础设施综合防御体系。在落实网络安全等级保护制度的基础上，按照《关键信息基础设施安全保护要求》和行业特殊要求，强化整体防护、监测预警、应急处置、数据保护等重点保护措施，合理分区分域，收敛互联网暴露面，加强网络攻击威胁管控，强化纵深防御，积极利用新技术开展安全保护，构建以密码技术、可信计算、人工智能、大数据分析等为核心的网络安全保护体系，不断提升内生安全、主动免疫和主动防御能力。

（3）认真组织开展演习演练、安全检测和风险评估，及时发现深层次问题隐患和威胁。关键信息基础设施安全建设完成后，保护工作部门、运营者应增强忧患意识，防范风险隐患，定期组织开展自查自纠，按照国家有关工作部署要求，针对关键信息基础设施开展网络攻防实战演习和应急演练，组织技术检测力量定期对关键信息基础设施进行全面、深度渗透测试，开展专项风险评估，聚焦重点、抓纲带目、综合施策、攻防相长，及时发现关键信息基础设施安全保护工作薄弱环节，从管理和技术层面挖掘关键信息基础设施深层次安全风险隐患，防微杜渐，不断提升关键信息基础设施安全风险隐患的主动发现能力和攻防对抗能力。

（4）针对问题和风险隐患认真组织开展安全整改加固，及时消除和化解威胁关键信息基础设施安全的重大风险。针对主动发现和公安机关通报反馈的各类安全问题隐患及风险威胁，运营者应建立清单台账，逐一制定安全整改方案，及时开展整改加固。针对突出的安全隐患，运营者要立行立改，不能立即整改到位的，要采取有效的措施管控安全风险，完善安全保护措施，确保发现的问题隐患及时整改清零销账，及时消除和化解威胁关键信息基础设施安全的重大风险，着力防范各类风险隐患联动交汇、累积叠加，守住安全底线，不断提升关键信息基础设施安全保护能力。公安机关将建立重大安全风险隐患挂牌督办制度，对运营者网络安全工作不力、重大安全问题隐患久拖不改，或者存在较大网络安全风险、发生重大网络安全案事件的，会同行业主管部门对相关负责人进行约谈，挂牌督办。

（5）加强数据安全和新技术新应用风险管控。运营者应对核心业务系统所承载和处理的数据进行深入梳理排查，确认数据类型和资产情况，全面摸排数据资产并进行分级分类管理；对数据采集、存储、处理、应用、提供、销毁等环节，全面进行风险排查和隐患分析；加强新技术新应用安全保护和风险管控，配合公安机关打击整治针对新技术、新业态的网络违法犯罪，打造自主可控的安全防护体系。数据处理者应落实网络安全等级保护制度，开展数据定级备案、安全建设整改、检测评估等工作，及时消除风险隐患，确保数据全生命周期的安全。针对供应链安全、邮件系统安全、网站安全、数据安全、新技术新应用网络安全等方面存在的突出问题，保护工作部门应适时组织开展专项整治行动，整改突出问题，及时排除重大安全风险隐患。

5.5.3　大力提高网络安全通报预警和应急处置能力

建设"网络安全110"，挂图作战，构建网络空间安全综合防控体系。一是重要行业部门、运营单位要在公安机关指导下建立健全本行业、本单位网络安全信息通报预警制度，进一步加强网络与信息安全信息通报预警工作。二是公安机关、重要行业部门、运营单位要共同打造"网络安全110"，建设网络安全监控指挥中心，落实 7×24 小时值班值守机制，大力开展网络安全实时监测、通报预警、应急处置、侦查打击、指挥调度等工作，大力提升网络安全突发事件的应对能力。三是组织实施网络安全大城市战略，重点行业和重点城市描绘网络空间地理信息图谱即网络地图，实现挂图作战，大力开展网络空间安全综合防控体系建设，着力提升国家网络安全整体防御能力和水平。

（1）建设网络安全监控指挥中心，落实常态化实时监测发现机制。保护工作部门和运营者要调动各方资源力量，建设网络安全监控指挥中心，全面加强网络安全监测，对本行业、本领域的关键信息基础设施、重要网络等开展 7×24 小时实时监测，形成立体化的安全监测预警体系，严密监测网络运行状态和网络安全威胁等情况，一旦发现异常、网络攻击和安全威胁，立即采取有效措施，严密防范网络安全重大事件发生。公安部将统筹保护工作部门和运营者的网络安全监测预警资源，加强网络新技术研究和应用，健全完善常态化网络安全实时监测体系，构建国家层面的网络安全实时监测、通报预警、侦查调查、安全防护等工作体系，形成协同联动的国家关键信息基础设施安全监测体系。

（2）建设并应用关键信息基础设施安全保护平台，大力开展网络安全监测预警和应急处置。要加强网络新技术研究和应用，研究绘制网络空间地理信息图谱，实现挂图作战。保护工作部门、运营者要按照公安部的要求，建设本行业、本单位的网络安全保护平台，通过布设探针、数据推送等多种方式，汇聚各类网络安全数据资源，建设平台智慧大脑，依托平台和大数据开展实时监测、通报预警、应急处置、安全防护、指挥调度等工作。同时，各保护工作部门和运营者的安全保护平台应与公安机关相关工作平台对接联动，配合公安机关布设探针，利用人工智能技术和大数据分析技术，依托平台和大数据构建联合预警、协同防御体系，形成纵横联通、协同作战的立体化关键信息基础设施安全保护大平台。

（3）健全完善网络与信息安全信息通报机制，大力开展信息通报预警。保护工作部门要进一步建立健全本行业、本领域关键信息基础设施安全通报预警机制，加强通报预警力量建设，及时收集、汇总、分析各方网络安全信息，加强威胁情报工作，掌握关键信息基础设施运行状况和安全态势。保护工作部门应及时将有关安全漏洞、威胁及事件等信息汇总报送国家网络与信息安全信息通报中心，及时通报预警网络安全威胁隐患。运营者要深入开展网络安全监测预警和信息通报工作，及时接收、处置来自国家、行业和地方的网络安全预警通报信息；发生重大和特别重大网络安全事件或者发现重大网络安全威胁时，应按规定及时向保护工作部门和备案公安机关报告，快速处置突发事件并及时通报预警。

（4）制定网络安全事件应急预案并定期开展应急演练，提高应急处置能力。保护工作部门和运营者要立足于主动预防，提升网络安全预知、预警和预置能力，加强网络安全事件应急指挥能力、应急力量建设和应急资源储备。保护工作部门要统筹规划网络安全应急处置体系建设，针对关键信息基础设施可能遭受网络攻击、数据泄露等突出情况，按照国家网络安全事件应急预案要求，建立健全本行业、本领域网络安全事件应急预案，完善应急处置机制，定期组织应急演练；指导运营者做好网络安全事件应对处置，并给予技术支持和协助。运营者应按照应急预案积极开展应急演练，熟练掌握处置规程，不断提升应对处置突发网络安全事件的能力和水平。

（5）及时处置网络安全突发事件，配合公安机关开展事件调查和溯源固证。保护工作部门、运营者应与公安机关建立网络安全案事件报告制度和应急处置机制。关键信息基础设施一旦发生重大网络安全事件，运营者应第一时间向保护工作部门和公安机关报告，并立即组织分析研判，启动指挥调度机制，开展应急处置工作，同时按照有关操作规程保护现场、留存相关记录线索，并配合公安机关开展事件调查处置和侦查打击等工作。保护工作部门应加强对应急处置工作的指导，优化事件处置方案，并根据运营者的需要提供技术支持和协助，必要时协调国家网信部门、公安机关和工业和信息化部门等提供技术支持。保护工作部门和运营者应保护事件现场，配合公安机关开展事件侦查调查和立案打击工作。

5.5.4　大力提高应对大规模网络攻击的能力

建设网络安全态势感知大平台，强化监测、分析与通报处置。一是要加快推进网络安全态势感知平台建设，在互联网出口和专网出口架设探针，严把第一道关口，由外及内层层"设卡"。二是与公安机关平台对接，形成纵横联通、协同作战的立体化保卫大系统，开展网络安全实时监测、通报预警、应急处置、指挥调度等工作。三是建立健全行业网络安全案事件报告和应急处置机制，关键信息基础设施一旦发生网络安全案事件或者发现重大网络安全威胁，运营单位要第一时间向公安机关报告，保护现场和证据，开展应急处置，协助配合公安机关开展调查处置和侦查打击。

（1）加强网络安全威胁情报工作，提高主动发现威胁风险的能力。保护工作部门、运营者应加强网络安全威胁情报体系建设，组织开展关键信息基础设施威胁情报搜集工作。保护工作部门应指导运营者建立情报分析研判机制，调动技术支持单位资源力量，培养威胁情报专业人才，围绕本行业、本领域关键信息基础设施安全保护工作，主动获取和分析挖掘威胁情报、行动性线索，及时发现对关键信息基础设施和重要网络进行攻击窃密和破坏的动向，提升威胁情报搜集和分析研判能力。保护工作部门、运营者与公安机关要建立威胁情报共享机制，充分发挥各方优势，拓宽情报来源，及时整合分析各方情报线索，提高主动发现和处置威胁风险的能力；建立威胁情报共享机制，加强主动防御；加强情报搜集，构建一体化的网络安全威胁情报共享机制，及时发现苗头动向、及时预警防范、及时追踪溯源、及时开展反制；依托大数据分析技术，实现安全数据、环境数据、情报数据的关联分析，精准发现设备、系统、数据间的内在线索，挖掘大数据背后隐藏的众多网络安全事件，定位攻击源，溯源事件过程和攻击路径；将网络安全与业务深度融合，化繁为简，由内向外，联动通报处置事件。

（2）加强网络安全实战演习演练，检验并有力促进网络安全综合防御能力和对抗能力。保护工作部门和运营者要针对本行业、本领域关键信息基础设施开展网络攻防演练及比武竞赛，及时发现整改网络安全深层次问题隐患，检验网络安全防护有效性和应急处置能力；以攻促防，增强保护弹性和网络攻防技术对抗及谋略斗争能力；平战结合，立足应对大规模网络攻击威胁，强化合成作战。演练时，要以本行业运营者为防守方，将关键信息基础设施设为攻击目标，组建安全可靠、技术过硬的攻击队伍、应急处置队伍、技术支持队，模拟多种形式的攻击手法进行攻防演练。同时，保护工作部门和运营者要密切配合公安机关组织开展的攻防演习，不断提炼总结实战经验，促进实现网络攻防演习常态化，不断提升关键信息基础设施综合防御能力和对抗能力。开展攻防对抗演练，有力提升攻防对抗能力：一是创新完善网络攻防演习的内容和方式，构建形成多层次、体系化、常态化的演习机制，适时开展对抗演习，并在行业内部组织红蓝队伍，定期开展网络攻防对抗，提高技术对抗、智慧较量、谋略对抗能力；二是专注攻击技术研究，持续进步，在加强防护的基础上，深入收集并研究攻击者常用的工具方法，做到对内发现漏洞、补齐短板，对外展示能力、形成震慑；三是坚持练战结合，积极探索将攻防演习的手段方法应用于关键信息基础设施日常监测、通报预警，优化完善网络安全防护方法，坚持底线思维，提升安全防护能力，防范化解重大网络安全风险。

（3）充分调动社会力量，共同建立关键信息基础设施综合防御体系。保护工作部门、运营者要统筹资源和力量，充分发挥行业技术支持力量、网络安全科研机构、网络安全企业等的积极性、主动性和创新性，重点参与网络安全核心技术攻关、网络安全试点示范、总体规划、安全建设方案制定等工作。公安部将充分调动社会力量，加强关键信息基础设施安全协同协作、互动互补、共治共享和群防群治，建立健全公安机关牵头、重要行业部门配合、社会力量参与的关键信息基础设施安全保护工作新局面，形成各方主体各司其职、各负其责、齐抓共管的关键信息基础设施联防联控体系。

（4）收敛互联网暴露面，加强攻击点管控。一是缩减、集中互联网出入口：各重要行业部门分支机构在设计互联网出入口时应向上或就近归集管理，减少互联网出入口数量，在互联网出入口部署安全防护设备；对采用 VPN 方式归集的，应落实流量控制、身份鉴别等安全措施。二是压缩网站数量，加强域名管理：梳理互联网网站，排查历史域名，及时清除废弃域名，确保在线应用系统全部可管、可控。三是加强终端控制：部署终端统一管控措施，及时修补漏洞；强化用户管理，集中管控用户操作行为日志，加强特权用户设备及账号的自动发现、申领和保管。四是清理老旧资产：建立动态资产台账，掌握资产分布与归属情况；关停老旧和废弃系统，下线过期资产，清理无用账户。五是加强 App 管理：根据移动业务需求，厘清现有移动端 App 状况，按照最小化原则，归集建设与压缩；加强 App 和应用后端的安全检测与防护，严格控制信息外泄。

（5）梳理网络资产，开展重点防护和加固。一是对核心系统进行精准防护：对云平台、堡垒机、域控服务器等核心系统在主机层部署防护手段，实现主机内核加固、文件保护、登录防护、服务器漏洞修复、系统资源监控等安全防护功能。二是对网络实施精细化管控：将混杂的流量分成管理、业务、应用等维度进行管理；通过设备指纹、人机识别保障业务正常开展，精准拦截各种攻击。三是强化邮件服务器安全管控：加强邮件系统安全认证；梳理与邮件系统相关联的系统，严格控制访问策略，禁止敏感文件通过邮箱发送和存储，定期清理邮件信息。四是及时发现漏洞并修复：实时跟进漏洞预警，加强各类漏洞的检测发现、巡查修补；建立白名单访问机制，拦截超出白名单的访问行为，防范零日漏洞。

（6）网络架构合理分区分域，加强纵深防御。一是网络分区：根据业务和安全需要、现有网络或物理地域状况等，将网络划分为不同的安全区域。二是域间隔离：根据系统功能和访问控制关系，对网络进行分区分域管理；每个区域设置独立的隔离控制手段和访问控制策略。三是纵向防护：在安全防护纵深上采用认证、加密、访问控制等技术措施，实现数据的远距离安全传输及纵向边界的安全防护，防止被层层突破、直捣核心。

5.5.5　大力加强重要基础工作和保障

（1）加强网络安全专门机构建设和人才培养，大力提升网络安全队伍实战能力。运营者要根据关键信息基础设施安全保护需求，在人才选拔、任用、培训方面形成有效机制，坚持培养和引进并举，加强专门机构建设和人才培养，根据实际需求，突出实战实训，建立健全教学练战一体化的网络安全教育训练体系。保护工作部门、运营者要组织行业专业力量，积极参加国家层面的"网鼎杯"等网络安全比武竞赛，并组织开展行业内部网络安全比武竞赛，以赛代练、以赛促防，不断发现、选拔、培养行业网络安全专业人才，壮大人才队伍，大力提升网络安全队伍实战能力。加强专业人才培养，打造实战化队伍：一是设置专门网络安全管理机构，配备专职人员，加强人才培育和教育训练，加大科技攻关和信息化手段建设；二是通过组织实战演习、举办网络安全大赛，建立特殊攻防人才的发现、选拔、使用机制；三是各重点单位与公安机关密切配合，通过培训和实战训练，大力提升关键安全岗位人员实战化能力；四是要深入开展网络安全知识技能宣传普及，提高普通人员的网络安全意识和防护技能。

（2）加强管理和技术创新，充分利用新技术、新手段提升网络安全综合保护能力。保护工作部门、运营者要加强信息技术创新融合发展，依托大数据、人工智能、区块链、可信计算等新技术新应用，大力开展关键信息基础设施安全保护工作，在安全产品、工具研发、渗透测试、追踪溯源、情报搜集等方面实现技术突破，通过机器学习、网络空间地理测绘等新技术新应用，综合汇聚分析各方网络安全数据资源，形成关键信息基础设施基础数据资源池。同时，依托信息化手段建设应用管理平台，强化数据信息分析处理，加强关键信息基础设施全流程管控，堵塞管理盲点漏洞，提升网络安全综合保护能力和效能。

（3）加强网络安全经费保障和信息化手段建设，大力提升网络安全技术保护能力。保护工作部门、运营者要加强关键信息基础设施安全保护工作经费保障，通过现有经费渠道，保障关键信息基础设施开展等级测评、风险评估、密码应用安全性检测、演练竞赛、安全建设整改、安全保护平台建设、运行维护、监督检查、教育培训等的经费投入。运营者应保障网络安全经费足额投入，作出网络安全和信息化有关决策时应有网络安全管理机构人员参与。保护工作部门、运营者要加强信息化手段建设，开展网络安全技术产业和项目，支持网络安全技术研究开发和创新应用，推动网络安全产业健康发展。

（4）加快实施安全可信工程，有效防范和化解供应链带来的网络安全风险。保护工作部门、运营者要加快推进关键信息基础设施领域安全可信工程的实施，梳理排查关键信息基础设施供应链安全风险，加强风险管控，从芯片、操作系统、数据库等基础软硬件以及防火墙、入侵检测设备等网络安全专用产品方面逐步进行安全可信升级替代，制定替代方案，从源头上解决关键信息基础设施安全隐患，有效防范和化解供应链带来的网络安全风险。

5.6 开展关键信息基础设施安全保护的工作流程和要求

5.6.1 组织开展关键信息基础设施认定工作

（1）组织制定关键信息基础设施认定规则。重要行业和领域的主管部门、监管部门是负责关键信息基础设施安全保护工作的部门。保护工作部门应根据中央有关文件要求，从维护国家安全、社会公共安全、人民群众利益和重要业务安全的高度，对本行业、本领域网络设施和信息系统等进行梳理，参考公安部发布的关键信息基础设施识别认定指南，制定关键信息基础设施认定规则，组织专家进行评审，并报公安部备案。

（2）组织认定关键信息基础设施。保护工作部门应聚焦本行业、本领域的核心业务，在网络安全等级保护工作的基础上，根据本行业、本领域关键信息基础设施认定规则和关键信息基础设施识别认定指南，组织确定关键信息基础设施清单，通过专家评审后报公安部备案。一个关键信息基础设施可能涉及一个或多个运营者，可能包含一个或多个网络安全等级保护对象；若包含多个网络安全等级保护对象，则至少含有一个第三级以上网络安全等级保护对象。

（3）及时处理关键信息基础设施变更。关键信息基础设施发生较大变化，可能影响其认定结果的，关键信息基础设施运营者应及时将相关情况报告保护工作部门；保护工作部门重新认定关键信息基础设施，将认定结果通知运营者，并报公安部备案。

5.6.2 开展关键信息基础设施安全保护工作的总体要求

关键信息基础设施保护工作部门和运营者应按照《网络安全法》《关键信息基础设施安全保护条例》等法律法规要求，组织开展关键信息基础设施安全保护工作。

（1）落实网络安全等级保护制度 2.0 要求。保护工作部门和运营者应按照《网络安全法》《关键信息基础设施安全保护条例》要求，认真落实国家网络安全等级保护制度，依据《网络安全等级保护基本要求》《网络安全等级保护安全设计技术要求》《网络安全等级保护测评要求》等国家标准，开展网络安全技术设计、网络安全建设整改和等级测评，健全完善网络安全管理制度，构建关键信息基础设施综合防御体系，不断提升关键信息基础设施安全保护能力。

（2）落实关键信息基础设施安全保护责任。保护工作部门要明确一名领导班子成员分管关键信息基础设施安全保护工作，并确定承担具体工作的司局级单位。保护工作部门、运营者要严格落实《党委（党组）网络安全工作责任制实施办法》，主要负责人对关键信息基础设施安全保护负总责，并明确一名领导班子成员作为首席网络安全官分管安全保护工作，设置专门网络安全管理机构。同时，要建立健全网络安全管理和评价考核制度，加强网络安全统筹规划和贯彻实施。

（3）强化关键信息基础设施的供应链安全。保护工作部门和运营者要高度重视关键信息基础设施涉及的信息技术产品和服务等供应链安全。运营单位应优先采购安全可信的网络产品和服务，并对关键信息基础设施设计、建设、运行、维护等服务环节加强安全管理。运营单位采购网络产品和服务，应按照有关规定与网络产品和服务提供者签订安全保密协议，并对其责任义务履行情况进行监督。

（4）加强重要数据安全保护。运营者要全面梳理掌握本单位重要数据底数和安全保护状况，对重要系统和数据库进行容灾备份，并采取国产密码保护、可信计算等关键技术防护措施，切实保护数据在采集、存储、传输、应用、销毁等环节的安全，确保其全生命周期的安全。

（5）积极配合公安机关开展网络攻防演习和网络安全执法检查。按照中央要求和法律赋予的职责任务，公安机关每年组织开展"护网行动"网络攻防实战演习、网络安全执法检查、技术检测和渗透测试，组织开展网络安全专项整治行动。保护工作部门、运营者应积极配合公安机关开展有关工作，不断提升攻防对抗能力以及与公安机关的协同配合能力，提高国家整体应对网络战威胁能力。

（6）建立健全关键信息基础设施案事件报告和应急处置机制。运营者应不断健全完善网络安全应急预案，定期组织应急演练。保护工作部门、运营者与公安机关应建立网络安全案事件报告制度和应急处置机制，关键信息基础设施一旦发生网络安全案事件或者发现重大网络安全威胁，运营者应第一时间向受理备案的公安机关报告，保护现场和证据，开展应急处置，协助配合公安机关开展调查处置和侦查打击。

（7）加强实时监测和信息通报预警机制建设，落实常态化措施。保护工作部门应在国家网络与信息安全信息通报中心指导下，建立健全本行业、本领域网络安全信息通报预警制度。运营者应建设网络安全应急指挥中心，落实 7×24 小时值班值守机制，利用网络安全态势感知平台，大力开展网络安全实时监测、威胁情报、通报预警、应急处置、指挥调度等工作，大力提升网络安全突发事件的应对能力。

（8）建立网络安全态势感知平台。保护工作部门、运营者应按照公安部要求，建设本行业、本领域网络安全态势感知平台，并与公安部平台对接，形成纵横联通、协同作战的立体化国家关键信息基础设施安全保卫大系统，构建国家关键信息基础设施安全综合防御体系。

（9）大力加强高端人才培养，选好用好特殊人才。公安部通过组织开展演习和比武竞赛，发现了一批高端人才并通报给有关保护工作部门、运营者。有关单位和部门应建立特殊人才发现、选拔、使用机制，与公安机关密切配合，通过培训和训练，提升网络安全人才的实战化能力。

（10）保障经费和人员投入。运营者应配备足够的专门人员，设置网络安全专项经费，保障关键信息基础设施开展等级测评、风险评估、攻防演练、安全建设整改、安全保护平台建设、教育培训等的经费投入，加强信息化手段建设，提高技术管网能力。

5.6.3　关键信息基础设施安全保护应坚持的原则

关键信息基础设施在规划设计、开发建设、运行维护、退役废弃等阶段应加强安全保护。关键信息基础设施运营者应按照《关键信息基础设施安全保护要求》等国家标准的要求，在落实网络安全等级保护制度要求和国家标准的基础上，从关键信息基础设施分析识别、安全防护、检测评估、监测预警、技术对抗、事件处置六个方面，增强关键信息基础设施安全保护措施，确保关键信息基础设施运行安全和重要数据安全。关键信息基础设施安全保护，应坚持以下原则。

一是立足应对大规模网络攻击威胁。加强安全保卫、保护和保障，按照实战化、体系化、常态化要求，落实动态防御、主动防御、纵深防御、精准防护、整体防控、联防联控措施，采用可信计算、人工智能、大数据分析、密码等新技术，加强技术保护和管理措施，建立网络安全综合防御体系。

二是采取加强型保护措施。在落实网络安全等级保护制度和国家标准要求的基础上，采取更高保护强度措施，加强保护。关键信息基础设施安全保护应首先符合网络安全等级保护制度相关要求，按照《网络安全等级保护基本要求》《网络安全等级保护安全设计技术要求》等国家标准，落实基本保护措施。在满足"合规性"保护要求的基础上，采取进一步的加强型保护措施和实战化、体系化、常态化的保护措施，大力提升关键信息基础设施关键业务的风险识别能力、抗攻击能力、可恢复能力，确保关键信息基础设施业务稳定、持续运行及重要数据安全。

三是以保护关键业务和运行安全为重点，变单点防护为整体防控。关键信息基础设施安全保护应以保护关键业务和运行安全为重点，对业务涉及的一个或多个网络和信息系统进行体系化安全设计，构建关键信息基础设施整体安全防控体系。

四是以风险管理为导向，变静态防护为动态防护。根据关键信息基础设施所面临的安全威胁态势变化，进行持续监测和安全控制措施的动态调整，形成动态的安全防护机制，增强保护弹性，及时有效地防范应对安全风险威胁。

五是以信息共享为基础，变单一防护为联防联控。建立与国家网络安全监管部门、保护工作部门、其他利益相关方的信息共享、协调配合、共同防护机制，提升关键信息基础设施应对大规模网络攻击威胁的能力。

六是以可信计算等核心技术为支撑，变被动防护为主动防御。基于可信计算、人工智能、大数据分析等核心技术，构建可信安全管理中心支持下的安全防护框架，结合威胁情报、态势感知，及时发现和处置未知威胁，提高内生安全及主动免疫能力、主动防御能力。

七是以域间隔离为手段，变单层防护为纵深防御。网络实行分区分域管理，区域间进行安全隔离和认证；实行事前监测、事中遏制及阻断、事后跟踪及恢复，对网络攻击实现层层阻击、纵深防御。

八是以核心资产数据为重点，变粗放防护为精准防护。基于资产的自动化管理、协同威胁情报、检测未知威胁、异常行为等，实现对核心资产的精准防护，确保大数据、"神经中枢"类系统安全。

5.7 落实《关键信息基础设施安全保护要求》

关键信息基础设施运营者应按照《关键信息基础设施安全保护要求》，落实关键信息基础设施安全保护措施，包括分析识别、安全防护、检测评估、监测预警、技术对抗、事件处置六个环节的措施。

5.7.1 分析识别

分析识别是关键信息基础设施安全保护的首要环节。运营者应按照有关法律政策要求，围绕关键信息基础设施所承载的关键业务，开展关键信息基础设施分析和识别活动，包括业务依赖性识别、关键资产识别、风险识别等。

1. 业务依赖性识别

分析识别本单位的关键业务和关键业务所依赖的外部业务，以及识别外部业务对本单位关键业务的重要性。当本单位关键业务为外部业务提供服务时，识别关键业务对外部业务的重要性。从本单位关键业务、与本单位业务有关联的外单位关键业务两个方面，梳理关键业务链及相互间的依赖性，从而确定支撑关键业务的关键信息基础设施分布情况和运营情况。

2. 关键资产识别

在识别关键业务和关键业务链的基础上，分析识别关键业务链所依赖的资产（包括网络、系统、服务等），建立关键业务链的相关网络、系统、服务和其他资产的清单。基于资产类别、资产的重要性及支撑业务的重要性，对资产进行排序，确定资产防护的优先级，并以此作为识别认定关键信息基础设施的重要依据。采取自动化管理措施，对关键信息基础设施相关资产进行自动化管理。当关键业务链发生变化时，根据关键业务链所依赖资产的实际情况，动态更新资产清单。

3. 风险识别

对关键业务链和关键信息基础设施，开展安全风险隐患、威胁及其影响分析，分析识别关键业务链各环节的威胁风险、脆弱性、已有安全控制措施及主要安全风险点，确定风险等级及风险处置的优先级，形成安全风险报告，为开展关键信息基础设施安全防护奠定基础。

4. 重大变更

当关键信息基础设施发生改建、扩建、所有人变更等重大变化，有可能影响关键信息基础设施认定结果时（例如网络拓扑改变、业务链改变等），应重新开展分析识别和认定工作，并更新资产清单。

5.7.2 安全防护

1. 落实国家网络安全等级保护制度

运营者应首先落实国家网络安全等级保护制度，按照网络安全等级保护有关政策和标准，对网络和信息系统开展定级、备案、相应等级的安全建设整改和等级测评工作。落实等级保护制度，是关键信息基础设施安全防护的前提，是法律规定。

2. 安全管理制度

确定关键信息基础设施安全保护工作目标，建立一系列安全管理制度。

一是建立包括风险管理制度、网络安全考核及监督问责制度、教育培训制度、人员管理制度、业务连续性管理及容灾备份制度、"三同步"制度（安全措施同步规划、同步建设、同步使用）、供应链安全管理制度等的安全管理制度体系。制定包含管理体系、技术体系、运营体系、保障体系等内容的网络安全保护规划，加强机构、编制、人员、经费、装备、科研、工程等的资源保障。网络安全保护规划应形成文档并经审批后发布至相关组织和人员。网络安全保护规划应至少每年修订一次，发生重大变化时应及时进行修订。

二是基于关键业务链、供应链等安全需求，建立完善安全策略，并根据关键信息基础设施所面临的安全风险和威胁变化及时进行相应调整。安全互联策略包括访问控制策略、安全审计策略、身份管理策略、入侵防范策略、数据安全防护策略、自动化机制策略（配置、漏洞、补丁、病毒库等）、供应链安全管理策略、安全运维策略等。

三是在确定安全规划、安全策略的基础上，细化制定一系列操作规范、流程和工单，保证规划和策略落到实处。

3. 安全管理机构

成立网络安全与信息化工作委员会或领导小组，由单位主要负责人担任领导职务。设置专门的网络安全管理机构，明确负责人及若干专门岗位，设置系统管理、网络管理、安全管理等关键岗位。关键岗位应由专人负责，并配备2人以上共同管理。建立网络安全考核及监督问责机制，落实责任制。将安全管理机构主要人员纳入单位信息化决策体系，确保网络安全与信息化建设同步进行。

4. 安全管理人员

人是关键信息基础设施安全保护工作中最重要的要素。运营者要高度重视人才选拔和岗位安排。

一是对安全管理机构的负责人和关键岗位的人员进行安全背景审查，审查过程中应请公安机关和国家安全机关协助。对关键岗位的人员要进行安全技能考核，符合要求的方能上岗。

二是安排安全管理机构人员参加国家、行业或业界组织的网络安全大赛、论坛、研讨等相关活动，及时获取网络安全动态和知识，并传达给相关部门及人员。

三是建立网络安全教育培训制度，定期开展基于岗位的网络安全教育培训和技能考核，设置科学的年度培训时长。教育培训内容应包括网络安全相关法律、政策、制度、标准和规定，以及网络安全保护技术、管理制度、网络安全风险意识等。

四是当安全管理机构负责人和关键岗位人员的身份、安全背景等发生变化（例如取得非中国国籍）时，应重新进行背景审查。当发生内部岗位调动时，应及时评估并调整调动人员的访问权限。当人员离岗时，应及时终止离岗人员的所有访问权限，收回与身份鉴别相关的软硬件设备，进行离职面谈，并通知相关人员或角色，确保人员变动后不发生危害网络安全的事件。

五是明确专门岗位人员的安全保密职责和义务，包括安全职责、奖惩机制、离岗后的脱密期限等，并与专门岗位人员签订安全保密协议。

5. 安全通信网络

为了保障网络通信安全，运营者应从以下方面采取安全措施。

一是互联安全。建立具有不同安全保护等级的系统、不同业务系统、不同区域及与其他运营者之间的安全互联策略。保持同一用户的用户身份、安全标记、访问控制策略等在具有不同安全保护等级的系统、不同业务系统、不同区域中的一致性。对不同局域网之间的远程通信，应采取身份验证或鉴别等安全防护措施（例如，设置基于密码技术的身份验证或鉴别设施，对通信双方进行验证）。

二是边界防护。在具有不同安全保护等级的系统、不同业务系统、不同区域及与其他运营者之间的互操作、数据交换和信息流向方面，设置严格的控制策略和机制，实施严格的控制措施。对未授权设备进行动态检测及管控，只允许通过运营者自身授权和安全评估的软硬件运行，防止网络入侵攻击。

三是安全审计。在边界设置网络审计措施，监测、记录信息系统运行状态、日常操作、故障维护、远程运维等，留存相关日志数据不少于 12 个月，以便对非法操作进行溯源和固证。

6. 安全计算环境

计算环境是信息系统的核心，包括主机、数据库、服务器、重要数据等重要资产。为了保障计算环境安全，运营者应从以下方面采取安全措施。

一是鉴别与授权。确定重要业务操作或异常用户操作行为，并形成清单；设置动态的身份鉴别措施，或者采用多因子身份鉴别等方式，实现对设备、用户、服务（或者应用）、数据的安全管控。对针对重要业务数据资源的操作，可采取基于安全标记等的技术措施实施严格的访问控制。

二是入侵防范。采用人工智能和大数据分析等技术，建设防范新型网络攻击行为（例如高级持续性威胁攻击）的管理和技术措施，及时识别并阻断网络入侵和病毒传播，提高信息系统的主动防护能力。

三是设备配置和管理自动化。设置自动化工具、装备，支持系统账户、配置、漏洞、补丁、病毒库等的管理。在修复漏洞和打补丁时，应先验证、后实施。

7. 安全建设管理

在新建或改建、扩建关键信息基础设施时，应依法落实"三同步"要求，同步规划、同步建设、同步使用安全保护措施，充分考虑网络安全因素。在规划、设计和建设阶段，应加强全过程网络安全管理，与规划、设计和建设单位签署安全保密协议，落实相关单位的网络安全责任，确保网络和数据安全。为了保证安全措施的有效性，可采取渗透性攻击测试、评审、源代码检测等方式进行验证。可建设关键信息基础设施仿真验证环境，对关键业务和安全措施进行验证。

8. 安全运维管理

关键信息基础设施投入运行后，为了保障其安全，运营者应保证关键信息基础设施的运维地点位于我国境内；确需在境外运维的，应按照我国相关规定执行。运营者应与维护人员签订安全保密协议，确保人员安全可控。在运维过程中，运维人员应优先使用已登记备案的运维工具和装备；确需使用由维护人员带入关键信息基础设施内部的维护工具装备的，应在使用前通过恶意代码等安全检测，确保工具装备安全可控。

9. 供应链安全

关键信息基础设施的供应链安全是安全工作的重要方面，也是网络安全防护的薄弱环节，需要引起高度重视。为了保障供应链安全，运营者应从以下方面采取安全措施。

一是制定供应链安全管理策略。无论是采购产品还是服务，都要对关键信息基础设施和数据开展全链条、全生命周期的供应链安全风险分析、识别；针对威胁风险，制定安全建设策略、风险管理策略、供应商选择和管理策略、产品开发采购策略、安全维护策略等，并采取相应措施确保策略落实到位。

二是建立供应链安全管理制度，落实供应链安全管理部门和安全责任人，加强对供应链安全管理资金、人员、权限等资源的保障。

三是加强产品在设计、研发、交付、使用、废弃等阶段，以及制造设备、工艺等方面的供应链安全风险排除，加强全链条安全管理，确保产品安全可控。

四是选择有实力、有能力、保障有力的供应商，防止由于政治、外交、贸易、经济等非技术因素导致产品和服务供应中断。同时，要在能提供相同产品的多个供应商中选择，以防范供应商锁定风险。

五是采购、使用的网络关键设备和网络安全专用产品，应通过国家规定的检测认证。需要获得销售许可的产品，应获得有关机构颁发的销售许可证。

六是采购、使用的网络产品和服务，应符合法律、行政法规的规定和相关国家标准的要求，在功能、性能方面不能偷工减料、弄虚作假。可能影响国家安全的网络产品和服务，应通过国家网络安全审查。当发现使用的网络产品和服务存在安全缺陷、漏洞等风险时，应及时采取措施消除风险隐患；涉及重大风险的，应按规定向公安机关等有关部门报告。

七是在采购网络产品和服务时，应与供应商签订安全保密等有关协议，协议内容应包括安全职责、保密内容、奖惩机制、有效期等；或者，要求供应商签署承诺书，明确供应商的安全责任和义务，由供应商承诺不非法获取用户数据、控制和操纵用户系统及设备，不利用用户对产品的依赖性谋取不正当利益，不强迫用户进行产品更新换代。

10. 数据安全防护

在关键信息基础设施安全保护中，保护核心数据、重要数据安全是重中之重。运营者应落实《网络安全法》《数据安全法》中有关数据安全的要求，并从以下方面采取安全措施。

一是在开展数据分类分级的基础上,针对数据的不同类型和级别,制定有针对性的数据安全保护策略,明确一系列数据安全保护措施。

二是制定数据安全保护规划,明确保护目标、任务、具体措施,实施一系列数据安全防护手段;建立并落实数据安全管理责任制和评价考核制度,开展数据安全风险评估。

三是制定数据安全事件应急预案并定期开展演练,加强力量、资源、装备、经费等方面的保障,做好随时处置重大数据安全事件的准备;当发生重大安全事件时,能及时有效处置并恢复,将损失降到最低。

四是将在我国境内运营过程中收集和产生的个人信息和重要数据存储在境内;因业务需要,确需向境外提供数据的,应按照国家相关规定和标准进行安全评估,或者通过有关部门组织的安全审查;法律、行政法规另有规定的,应依照其规定执行。

五是加强数据全生命安全管理,严格管控核心数据、重要数据在存储、使用、加工、传输、提供、公开等环节的安全风险。可以采取加密、脱敏、去标识化等手段,保护核心数据、重要数据、敏感数据安全。

六是建立重要数据容灾备份机制。应加强业务连续性管理,建立信息系统、数据库等容灾备份机制,对重要系统和数据库采取异地备份措施。对业务数据安全性要求高的可采取数据异地实时备份,对业务连续性要求高的可采取重要系统异地备份,从而保障业务的异地实时切换,确保关键信息基础设施一旦被攻击破坏可及时恢复和补救。

七是当关键信息基础设施废弃时,应按照相应的数据安全管理策略对其中存储的数据进行妥善处理,确保不危害核心数据、重要数据安全。

5.7.3 检测评估

运营者应建立健全关键信息基础设施安全检测评估制度,制定检测评估方案,确定检测评估的服务机构选择、流程、过程管理、方式方法、周期、人员组织、资金保障等内容。

(1) 自行或者委托网络安全服务机构,每年至少对关键信息基础设施的安全性和可能存在的风险进行一次检测评估,对发现的问题隐患和风险及时整改。当涉及多个运营者时,应共同研究制定检测评估方案,定期组织或参加跨运营者的关键信息基础设施安全检测评估。

(2) 制定检测评估方案,确定检测评估目的、内容、流程、工具等。检测评估的内容应包括：网络安全法律法规、政策、制度的落实情况；组织机构建设情况；人员和经费投入情况；教育培训情况；网络安全等级保护制度的落实情况；密码应用安全性评估情况；管理措施的落实情况；技术防护情况；云服务安全评估情况；风险评估情况；应急演练情况；攻防演习情况；等等。对于跨系统、跨区域、跨部门的关键信息基础设施，还应重点检测数据传输流动、网络边界保护及其关键业务流动过程所经资产的安全防护情况。

（3）对于新建关键信息基础设施，应在上线前开展检测评估，评估通过后再上线运行。当关键信息基础设施的改建、扩建导致系统架构、关键业务、范围等发生重大变化时，运营者应自行或者委托网络安全服务机构进行检测评估，分析评估关键业务链、关键资产等方面的变更情况，以及由此带来的风险隐患变化情况，并依据风险变化及发现的安全问题开展整改，整改合格后方可上线。

（4）经有关部门批准或保护工作部门委托，检测评估机构可以针对特定的业务系统或系统资产，在确保安全的前提下，采取不事先告知的方式，对关键信息基础设施进行渗透性攻击测试，以检验其在面对实际网络攻击时的防护能力和响应处置能力。

（5）在网络安全执法部门或网络安全保护工作部门组织的网络安全、安全风险抽查检测工作中，运营者应积极配合和支持，提供网络安全管理制度、网络拓扑图、重要资产清单、关键业务介绍、网络日志等必要资料；针对检查、抽查检测中发现的安全问题和风险隐患，及时开展整改，消除隐患。

5.7.4 监测预警

运营者应建立监测预警制度，采取有效措施，开展网络安全实时监测、通报预警工作。

1. 建立监测预警制度

建立并落实常态化的实时监测、通报预警、快速响应机制。按照国家有关事件分类分级标准，明确网络安全事件预警分级准则，确定安全监测策略、监测内容和通报预警流程，明确关键信息基础设施的预警信息响应处置程序，制定不同级别预警的报告、响应和处置流程，对关键信息基础设施的安全风险进行全方位监测预警。建立监测预警制度，应重点关注以下内容。

一是关注国内外及行业关键信息基础设施安全事件、安全漏洞、病毒木马传播、处置方法和发展态势等，并对本行业、本单位关键信息基础设施的安全性进行研判分析，及时发出预警。

二是建立通报预警及协作处置机制。选择可信可靠的企业、研究机构，建立协作配合机制，建立和维护外部合作单位联系列表，明确合作单位名称、合作内容、联系人和联系方式等。

三是建立运营者与外部机构之间、其他运营者之间的合作机制，以及运营者内部管理人员、内部网络安全管理机构与内部其他部门之间的合作机制；针对保护工作、事件处置、演习演练等事项，定期召开分析研判会议，共同研究重要工作、处置网络安全问题。

四是建立网络安全信息共享机制，畅通信息共享渠道。建立与网络安全职能部门、保护工作部门、相关运营者、研究机构、网络安全服务机构、业界专家之间的沟通渠道，加强信息共享和合作，及时交流漏洞信息、威胁情报信息、工作经验、管理和技术措施等。

2. 开展实时监测

运营者应利用多种手段、多种渠道，建设监测系统，组织监测力量，大力加强实时监测，及时发现网络攻击、病毒木马传播、漏洞隐患等风险威胁，为安全防护、应急处置提供保障。开展实时监测，应重点关注以下内容。

一是在互联网出口、内外网连接处、内网重要节点设置监测设备，对全网、重要系统、关键部位进行实时监测。对关键业务涉及的信息系统进行监测。对在具有不同安全保护等级的系统、不同业务系统、不同区域之间的信息流动进行监测。对监测获得的信息采取保护措施，防止其受到非法访问、攻击篡改和破坏。

二是分析网络通信流量或事态的模式，建立常见网络通信流量或事态模型，通过实践检验事态模型的准确性和有效性，逐步增强事态模型的科学性，并依此调整监测设备，提高监测的及时性和准确性，防止发生误报和漏报。

三是利用自动化手段，建立自动化分析机制，对所有监测信息进行汇总整合、分析研判，包括：关联分析不同区域、不同设备的审计日志；关联分析多个信息系统内的多个组件的审计记录；关联分析信息系统审计记录信息与物理访问监控信息；关联分析来自非技术源的信息（例如供应链信息、关键岗位人员信息等）与信息系统审计信息；关联分析来自多个渠道的网络安全共享信息等。通过分析确定网络安全整体态势和局部状况，支撑网络安全保护和事件处置等工作。同时，通过安全态势分析结果，验证安全策略和安全控制措施是否合理有效；否则，应进行调整完善。

3. 开展通报预警

运营者应在开展实时监测的基础上，及时对发现的网络攻击、病毒木马传播、漏洞隐患等风险威胁进行通报预警和应急处置。开展通报预警，应重点关注以下内容。

一是依托本单位网络与信息安全信息通报预警机制，在行业和国家网络与信息安全通报机构的支持下，对网络安全共享信息和监测信息、报警信息等进行汇总、分析、研判，及时通报单位内部，并按照有关规定要求报告公安机关和保护工作部门。应根据事件的不同情况，采取不同方式进行通报预警，主要包括基本情况描述、可能产生的危害及程度、可能影响的用户及范围、建议采取的应对措施等。

二是采用自动化的报警方式，建立重点发现可能危害关键业务的监测机制和手段，并能自动化地采取应对措施，不会对关键业务造成破坏或者危害最小。例如，对恶意代码防御机制、入侵检测设备、防火墙等，设置弹出对话框、发出警报声音或者向相关人员发送内部电子邮件等报警方式。对获取的安全预警信息，应按照规定通报给相关人员和相关部门。在预警信息发出后出现新情况的，应向有关人员和组织及时发送最新预警信息。

三是建设通报预警平台，畅通通报预警和接收预警信息的渠道，确保能够持续获取预警发布机构的安全预警信息。组织力量，综合分析、研判相关事件或威胁对关键信息基础设施和关键业务可能造成的危害及危害的严重程度。根据事件类别，适时启动应急预案，采取应急措施对预警进行响应。当安全隐患得以控制或消除时，应执行预警解除流程，解除预警。

5.7.5 技术对抗

网络安全的本质是技术对抗，是攻防双方的谋略斗争、智慧较量和对抗反制过程。运营者应建立攻防兼备的网络安全专门技术队伍，在应对网络攻击中采取各种手段，阻击、反制和对抗对手的网络攻击。

（1）减少互联网出口，收敛暴露面。缩减互联网出口，收敛内网资产的 IP 地址、端口、应用服务等暴露面。杜绝对外暴露本单位组织架构、邮箱账号、组织通讯录等内部信息，以防止攻击者进行社会工程学攻击。杜绝在公共存储空间（例如代码托管平台、网盘等）存放网络拓扑图、源代码、IP 地址规划等技术文档，以防止被攻击者利用。

（2）监测识别并分析攻击行为。在网络关键节点部署密罐、沙箱等攻击监测设备，识别和分析攻击者、攻击源、攻击者行为、攻击能力及攻击策略、攻击路径、攻击方法、攻击工具等方面的情况，发现并处置网络攻击和未知威胁。采用技术手段对网络攻击进行诱捕、溯源、干扰和阻断，全面系统地分析网络攻击的意图、技术与过程，进行关联分析与还原，并以此加强和改进安全保护策略及设施部署情况。

（3）开展攻防演练，提升技术对抗能力。围绕关键业务的可持续运行，设定演练场景，定期组织开展本单位的攻防演练，及时发现整改网络安全深层次问题隐患，检验网络安全防护措施的有效性和应急处置能力，以攻促防，增强网络攻防技术对抗和谋略斗争能力。参加上级组织的跨组织、跨地域运行的关键信息基础设施攻防演练，平战结合，大力提高应对大规模网络攻击威胁的能力，推动网络安全产业和网络安全企业的发展。

5.7.6 事件处置

1. 建立事件管理制度

建立网络安全事件管理制度，按照国家有关网络安全事件分类分级规范和指南，确定不同类别和级别事件的处置指挥流程、处置要求等，制定应急预案，建立网络安全事件管理文档。事件处置和管理制度应符合国家联防联控相关要求，及时通报和报告，并按要求将信息与相关方共享。

组建专门网络安全事件应急处置队伍、技术支撑队伍、专家队伍，为处置网络安全事件提供相关装备、工具、经费等资源，保障事件得到及时有效处置。按照有关规定和要求，参加和配合相关部门开展的网络安全应急演练、应急处置、案件侦办等工作，提升网络安全事件处理能力。

2. 制定应急预案并进行演练

按照国家网络安全事件应急预案要求，根据行业和地方的特殊要求，制定网络安全事件应急预案。应急预案中应明确应急事件的相关部门、处理指挥、处置要求等。关键信息基础设施跨多个运营者的，应急预案中应包括相关运营者。应急预案中应明确，当网络和信息系统中断、受到损害或发生故障时需要维护的关键业务功能及恢复关键业务的方法和要求。在制定应急预案时，应与所涉及的运营者内部相关计划（例如业务持续性计划、灾难备份计划等）及外部服务提供者的应急计划进行协调，以满足应急的连续性要求。

应急预案中应包括非常规时期、遭受大规模网络攻击、断网等极端情况发生时的处置要求和流程。每年应至少组织开展一次应急演练，根据演练情况对应急预案进行评估修订，并持续改进完善。关键信息基础设施跨组织、跨地域运行的，运营者应共同研究制定演练方案，定期组织跨组织、跨地域的应急演练。

3. 事件响应和处置

（1）事件报告和通报。应按照国家有关网络安全事件处置要求，建立事件报告制度。当发生有可能危害关键信息基础设施和关键业务的安全事件时，应及时向保护工作部门、公安机关等有关部门报告，及时组织研判，形成事件报告并上报。同时，应按照有关要求和规定，及时将安全事件通报给内部有关部门和人员、供应链涉及的与事件相关的其他组织。

（2）事件处理和恢复，具体如下。

- 当发生网络安全事件时，应按照事件处置流程和应急预案开展事件处理，将关键信息基础设施和关键业务恢复到已知的状态。在进行事件处理时，应及时组织内部有关部门和外部相关组织共同处理。

- 在事件处置过程中，应按照公安机关要求，及时收集和固定证据，进行取证分析，记录所有涉及的处置响应活动以便日后分析。在进行取证分析时，应与业务连续性计划相协调，确保分析的准确性。

- 事件处理完后，应及时形成完整的事件处理报告，并将报告提交至公安机关、保护工作部门等有关部门。事件处理报告的内容主要包括事件发生原因、处置过程、处置结果、事件处理记录、与取证相关的其他信息、对事件细节和趋势的评估等。应对关键信息基础设施运行和关键业务恢复情况进行评估。

- 运营者应与公安部门、专家、技术支持单位一起，进一步查找分析事件原因，查找网络安全保护方面的差距和不足，完善保护措施，防止关键信息基础设施和关键业务遭受再次破坏、危害或威胁，将事件处理活动的经验教训纳入事件响应规程、培训及测试，并对相应的保护措施、事件处置流程等进行调整和完善。应及时将事件处置情况和处置结果通报有关部门和人员及供应链涉及的其他组织。

（3）重新识别。运营者应根据检测评估、监测预警中发现的安全问题隐患，以及发生的安全事件及处置结果，结合安全威胁和风险变化情况开展评估；根据需要，重新组织开展业务、资产和风险识别工作，并调整安全保护策略，完善安全措施，提升保护措施的有效性和针对性。

5.8 加强大数据安全保护

1. 世界经济、社会发展对大数据安全提出迫切要求

全球数字化时代已经到来。21世纪的全球化是数字全球化。全球化的动力已从贸易投资增长转向数据流动增长，数字化改变了传统的贸易方式，数字平台"大可敌国"。随着卫星互联网发展步伐加快，大数据中心建设将蓬勃发展，并以大数据带动传统产业和新兴产业发展。因此，要优先建设信息基础设施，发挥数字经济市场优势。同时，运用大数据技术，可有效加强政府网络管控和社会管理，改善城市治理。

2. 数据泄露事件对我国的影响和启示

2014年，剑桥大学教授科甘及其背后的"剑桥分析"公司在脸书上开发了一款心理测试应用，获得了包括27万用户及其好友在内的8700万人的数据。2016年，"剑桥分析"公司利用这些数据进行用户特征画像，并据此进行政治广告的精确投放。2018年3月16日，"剑桥分析"公司前工作人员斯托弗·威利向媒体揭露了该丑闻。

大数据遭窃取和非法使用，危害国家安全、国防安全、公共安全。大数据被利益集团和组织恶意使用，对用户"精准画像"，操纵人们的思想和认知，动摇政治基础，威胁政治安全，危害企业商业利益和安全；对用户"精准定位"，危害公民个人利益和生命安全。大数据分析技术与人工智能等技术相结合，也会使犯罪能力呈指数级增长。

脸书数据泄露事件给我们的启示包括：在信息和数字化时代，数据是国家的基础性、战略性资源；数据安全事关国家政治安全和社会稳定；大数据的双刃剑作用突显。我们需要思考：如何管控好大数据给国家安全带来的风险与挑战；如何科学平衡数据安全与数据流通应用之间的关系；如何构建数据安全综合治理体系，确保数据和公民个人信息得到有效保护。

3. 加强大数据安全保护

严格管控应用大数据技术、人工智能技术、区块链技术等带来的新风险。特别要重视大数据安全和公民个人信息安全，对数据采集、存储、使用、传输、提供、销毁等环节进行风险排查，进行全生命周期管理，切实落实保护措施，防止重要敏感数据遭窃取和泄露。同时，应加强大数据应用和安全保护经验交流。

第6章 公安机关新时期网络安全综合防控体系建设

为贯彻落实党中央关于加强网络安全工作的重要指示精神，公安机关应切实履行网络空间安全保卫职责，组织社会力量，深化组织落实网络安全等级保护制度和关键信息基础设施安全保护制度，健全完善新时期国家网络安全综合防控体系，有效防范化解网络安全重大威胁和风险隐患，有力处置重大网络安全突发事件，大力加强网络安全监管，严厉打击危害网络安全的违法犯罪活动，切实保障关键信息基础设施、重要网络和数据安全，保卫国家安全。

6.1 指导思想和工作目标

公安机关应按照党中央、国务院决策部署，推进国家网络空间治理体系和治理能力现代化，以总体国家安全观为统领，深入贯彻实施网络强国战略，积极构建"打防管控"一体化的新时期国家网络安全综合防控体系：一是以贯彻落实网络安全等级保护制度和关键信息基础设施安全保护制度为基础，以保护关键信息基础设施、重要网络和数据安全为重点，全面加强网络安全防范管理、监测预警、应急处置、侦查打击、情报信息等工作；二是坚持以突出问题为导向，以体制机制创新为动力，以实战化为引领，全面落实网络安全"实战化、体系化、常态化"和"动态防御、主动防御、纵深防御、精准防护、整体防控、联防联控"的"三化六防"措施；三是健全完善网上网下结合、人防技防结合、打防管控结合的立体化网络安全综合防控体系，及时监测发现处置网络安全重大风险隐患和威胁，依法打击网络安全违法犯罪活动，切实提高网络攻防对抗能力和综合防控能力，全力保卫国家网络空间安全，切实维护国家安全。

公安机关应大力开展"两个制度""四个机制""两个核心"体系建设，认真组织开展"五个实战"行动，加强"四个支撑"建设和"一组保障"，着力构建新时期国家网络安全综合防控体系，有力提升网络安全主动防御能力、对抗反制能力、侦查打击能力和风险管控能力，有效化解网络空间安全重大风险挑战。

6.2 组织落实网络安全等级保护制度和关键信息基础设施安全保护制度

1. 深入开展网络安全等级保护工作

公安机关应指导监督各单位、各部门全面落实网络安全等级保护制度要求，深入组织开展网络定级备案，定期开展等级测评，按照国家标准和"一个中心、三重防护"要求，科学开展安全建设整改，落实保护措施；建立网络安全等级保护工作体系，强化网络安全责任制落实和责任追究制度；加强供应链安全管理，确保供应链相关人员、设备、技术、服务等关键环节安全可靠；建立网络安全保护良好生态，提升全社会网络安全意识和基础安全防护能力。

2. 动态掌握关键信息基础设施基础数据和安全状况

公安机关应指导监督关键信息基础设施保护工作部门和运营者，按照关键信息基础设施识别认定指南，分析识别和认定关键信息基础设施并报公安部备案；在此基础上，组织开展摸底调查，梳理排查关键信息基础设施的建设、运行、管理情况及安全保护状况，全面掌握网络基础设施、重要业务系统和重要数据等资源底数和网络资产情况；梳理排查关键岗位人员，进行背景审查，确保关键岗位人员可靠。

3. 组织开展关键信息基础设施安全保护工作

公安机关应健全完善关键信息基础设施安全保护制度体系，加强有关法律、政策、标准及保卫、保护、保障体系建设；指导监督运营者在开展网络安全等级保护工作的基础上，制定关键信息基础设施安全保护规划和方案，强化核心岗位人员管理、安全防护、监测预警、技术对抗、事件处置等重点措施，开展安全建设和检测评估；部署保护工作部门开展关键信息基础设施安全保护试点示范；加强网络安全综合服务商管理和培训。

4. 加强数据安全和新技术新应用风险管控

公安机关应指导监督网络运营者，全面摸排数据资产并进行分级分类管理；对数据采集、存储、处理、应用、提供、销毁等环节全面进行风险排查和隐患分析；督促数据处理者落实网络安全等级保护制度，开展数据定级备案、安全建设整改、检测评估等工作，及时消除风险隐患，确保数据全生命周期安全；加强新技术新应用安全保护和风险管控，打击整治针对新技术、新业态的网络违法犯罪，打造自主可控的安全防护体系。

6.3 大力加强网络安全综合防控机制和指挥调度机制建设

1. 建立公安机关牵头的网络安全保护机制

建立公安机关牵头、有关部门参加的应对网络攻击的网络安全保护机制；充分发挥制度优势及有关部门的职能优势、技术优势、资源优势，集中最强力量，形成职责明确、任务清晰、协调联动、运转高效的联合作战机制，打主动仗、整体仗、合成仗；深入开展全天候网络攻击监测预警、侦察调查、应急反制、追踪溯源等工作，全力防范和打击网络攻击及入侵窃密活动。

2. 健全完善网络与信息安全信息通报机制

公安机关应加强市级网络与信息安全信息通报机构建设，建立完善网络与信息安全信息通报机制，大力推动各级信息通报机构实战化运转；依托"护网行动"网络攻防实战演习、网络安全执法检查、重大活动网络安保等专项行动，进一步加强各重要行业信息通报预警机制建设，加强公安机关、通报机制成员单位、通报机制技术支持单位之间的协同作战，强化信息共享和监督管理，及时收集、分析和通报、处置各类重大网络安全事件，有效预警和化解网络安全重大风险隐患。

3. 建立健全网络安全指挥调度机制

公安机关应积极组织网络与信息安全信息通报机制成员单位、技术支持单位，统一归口网络安全案事件、威胁情报、漏洞资源等信息和线索报送；组织相关力量开展常态化网络安全事件分析研判，指挥调度相关部门开展网络攻击的通报预警、事件处置、威胁情报、案件调查、监督检查等工作，形成业务闭环。在国家重大活动期间，应启动重大活动网络安保指挥调度机制，调度相关单位和人员，落实各项安保措施，共同做好重大活动网络安保工作。

4. 健全完善社会力量协同配合机制

公安机关应充分调动高等院校、科研机构、网络安全企业、互联网企业等外部力量的积极性和技术支撑能力，健全完善网络安全数据资源共享和协同联动机制，加强对网络安全协会、等级测评机构等的监督指导，推动网络安全智慧大脑、挂图作战等关键技术攻关。完善公安机关牵头、社会力量积极参与的协同配合机制，进一步强化网络安全监测分析、通报预警、应急处置、重大活动安保等实战能力，全面提升公安机关网络安全保卫能力。

6.4 大力加强网络安全监测预警体系和威胁情报体系建设

1. 加强网络安全监测预警体系建设

依托网络与信息安全信息通报机制，充分调动本地重要行业部门、公安机关网络安全部门及技术支持单位资源力量，构建完善内外协同配合、上下协调联动的全天候、全方位网络安全监测预警体系。公安机关应建立多层次网络安全监测渠道，扩展和丰富监测手段，实现重要节点、重点单位安全监测全覆盖；建立网络安全监测支撑点，分方向、分领域开展常态化专项监测；健全完善监测预警考核评价体系，定期对相关单位监测工作进行考核评价。

2. 组织开展网络安全监测预警

公安机关应组织建设和应用关键信息基础设施安全保卫平台，充分利用人工智能、大数据分析等技术，提高实时监测、分析研判、通报预警等实战能力；围绕重点单位、重要网络和数据开展 7×24 小时安全监测，及时监测发现、分析研判和处置网络安全事件线索；完善信息通报流程、渠道和要求，对重大漏洞隐患、网络安全事件及相关舆情信息，第一时间开展预警通报，全面提升对关键信息基础设施、重要网络和数据安全的监测预警能力。

3. 组织开展网络安全事件应急处置

公安机关应组织建立网络安全突发事件应急处置体系，依托网络与信息安全信息通报机制，积极组织开展网络安全事件分析研判、应急处置等工作；指导监督网络运营者建立完善网络安全事件应急预案，定期开展应急演练；组织开展网络攻防实战演习，检验安全防护措施的有效性，及时发现深层次问题隐患并开展整改清零；加强网络安全应急力量和技术手段建设，配足配强网络安全应急人员，当发生网络安全事件时能够有效处置并迅速恢复，将危害损失降到最低。

4. 加强网络安全威胁情报体系建设

公安机关应依托网络安全保护机制，建立威胁情报协作共享和研判会商机制；调动社会力量，充分发挥各方优势，拓宽威胁情报来源，大力加强网络安全威胁情报体系建设；培养网络安全威胁情报专业人才队伍，开展情报业务训练；围绕保卫关键信息基础设施、重要网络和大数据安全重点任务，针对网络攻击威胁和风险，全面开展网络安全威胁情报信息搜集、分析研判等工作，为打击网络攻击违法犯罪活动提供有力支撑。

6.5 大力加强网络安全刑事执法和行政执法

1. 严厉打击危害关键信息基础设施安全的违法犯罪活动

公安机关应围绕黑客组织和不法分子实施网络攻击入侵、渗透控制、窃密等破坏活动，以及危害关键信息基础设施安全的违法犯罪活动，深入开展线索搜集、调查取证、追踪溯源和立案打击；充分发挥重点保护单位、网络安全机构和互联网企业的作用，建立案件侦办社会力量支撑体系；加强国际执法合作，严厉打击跨境网络攻击活动；深入研究网络攻击类犯罪的组织形式、攻击手段和规律特点，加快推进案事件调查溯源技术手段建设，提升应对网络攻击事件的监测发现、固证溯源、侦查调查能力。

2. 加强网络安全行政执法

公安机关应依据《网络安全法》《数据安全法》《关键信息基础设施安全保护条例》《个人信息保护法》等国家网络安全法律法规，对不履行网络安全法定责任义务的单位和个人加强行政执法力度；针对关键信息基础设施、重要网络和数据领域存在的行政违法行为，采取多种处罚措施，督促网络运营者认真落实网络安全等级保护制度，落实网络安全责任；加强网络安全行政案件规范化建设，建立网络安全行政案件办案责任制，细化办案程序和法律适用依据，加强办案过程监督管理；强化办案业务培训，建立专家咨询和案例指导制度，不断提高网络安全行政执法能力。

3. 加强网络安全监督检查和挂牌督办

公安机关应建立完善日常监督检查和专项执法检查相结合的网络安全监督检查制度；

通过组织自查自评、技术检测、现场检查、督促整改、复核验证、行政执法等方式，掌握关键信息基础设施、重要网络和数据安全保护状况，及时发现和消除网络安全风险隐患和突出问题，堵塞安全漏洞；对网络安全案事件多发、演习发现突出问题的行业部门实施异地检查、交叉检查，强化检查效果；建立网络安全重大风险隐患挂牌督办制度，对网络安全问题突出、风险隐患严重的单位和部门进行挂牌督办。

4. 针对突出问题组织开展专项整治行动

公安机关应针对供应链安全、邮件系统安全、网站安全、数据安全、互联网企业网络安全、新技术新应用网络安全等方面存在的突出问题，适时组织开展专项整治行动；对关键信息基础设施、重要网络建设和应用过程中的人员、设备、技术、服务等供应链，组织排查网络安全风险，整改突出问题，及时清除敌对势力、黑客组织和不法分子在重点单位网络设施中预植的木马和逻辑炸弹，封堵后门、修补漏洞，排除重大安全风险隐患。

6.6 大力加强网络安全技术支撑体系建设和基础保障

1. 建设网络安全监控指挥中心

有条件、基础好的省市应建设网络安全监控指挥中心，开展实战化运作；以关键信息基础设施保卫平台和网络大数据平台为支撑，依托网络与信息安全通报机制，组织网络安全职能部门、重要行业部门、网络运营者、网络安全企业、互联网企业等外部力量，利用网络安全协同联动和合成作战机制，开展常态化、全天候网络安全案事件实时监测、接警受理、指挥调度、督办反馈等工作，构建"打防管控"一体化格局。

2. 组织研发网络安全执法工具和装备

公安机关应围绕网络安全等级保护、应急处置、漏洞扫描、新技术新应用等业务领域，组织研发网络安全检查、应急、执法等工具和装备。对已应用的检查工具箱，公安机关应组织、指导研发单位根据网络安全等级保护国家标准最新要求，修订有关检查工具箱技术规范，对工具箱进行升级改造。对工作亟需的数据安全检查和网络安全事件应急处置等工具箱，公安机关应组织相关厂商研究制定技术规范，开展研发、试用和推广工作。

3. 加强网络空间安全保卫队伍建设

公安机关应建立完善网络安全保卫人才培养体系，创新选才、引才、育才、留才机制和方法，健全人才培养配套制度体系；认真落实公安部关于加强公安院校网络安全与执法专业人才培养的指导意见，会同公安院校、重点高校、网络安全企业、科研机构等建立网络安全人才联合培养机制，提高高校网络安全专业师生的实战能力，支持国内重点高校培养实战型网络安全人才；通过组织开展网络安全大赛和网络攻防演习，建立高端技术人才的发现、选拔和使用机制，建设强有力的网络安全保卫队伍。

4. 加强社会力量建设和管理

公安机关应充分发挥网络安全服务机构和等级测评机构的作用，加强其技术能力培养和日常监督管理；建立完善网络安全教育训练及信息安全测试员等专业技术人员培养体系，壮大网络安全社会人才队伍。

第 7 章　网络安全等级保护测评机构能力要求和评估

2018 年 12 月，国家标准化管理委员会发布了 GB/T 36959—2018《网络安全等级保护测评机构能力评估要求和评估规范》，明确了网络安全等级保护测评机构的能力要求及开展能力评估的规范，为进一步加强网络安全等级保护测评机构自律、规范测评活动、提升测评能力和质量、深入贯彻实施国家网络安全等级保护制度提供了重要保障。

7.1　网络安全等级保护测评机构自律管理

等级测评工作涉及网络范围广、敏感性强，参与的测评机构及测评人员复杂，因此，应加强对测评活动、测评机构和测评人员的自律管理，以保证等级测评的客观、公正和安全，维护网络安全。

1. 等级测评

等级测评是指测评机构依据国家网络安全等级保护制度规定，按照有关管理规范和技术标准，对已定级备案的非涉及国家秘密的网络（含信息系统、数据资源等）的安全保护状况进行检测评估的活动。

网络安全等级保护测评工作是网络安全等级保护工作的重要环节，是专门机构针对网络开展的一种专业性、服务性的检测活动。

2. 测评机构

测评机构是指符合国家网络安全等级保护制度和相关标准要求，通过有关网络安全等级保护测评机构能力评估，具备开展等级测评能力的机构。

3. 测评机构自律管理

测评机构联合成立了中关村网络安全等级保护测评机构联盟（简称为"测评联盟"）。

测评联盟按照章程和有关测评规范，组织联盟会员，加强行业自律，提高测评机构的测评技术能力和服务质量。

测评联盟在国家网络安全等级保护工作协调小组办公室的指导下开展工作。

7.2　网络安全等级保护测评机构能力要求

7.2.1　基本条件

网络安全等级保护测评机构应具备以下基本条件。

（1）在中华人民共和国境内注册成立的，由中国公民、法人投资或者国家投资的企事业单位。

（2）产权关系明晰，注册资金 500 万元以上，独立经营核算，无违法违规记录。

（3）从事网络安全服务 2 年以上，具备一定的网络安全检测评估能力。

（4）法定代表人、主要负责人、测评人员仅限于中华人民共和国境内的中国公民，且无犯罪记录。

（5）具有网络安全相关工作经历的技术和管理人员不少于 15 人，专职渗透人员不少于 2 人，岗位职责清晰，且人员相对稳定。

（6）具备固定的办公场所，配备满足测评业务需求的检测评估工具、实验环境等。

（7）具有完备的安全保密管理、项目管理、质量管理、人员管理、档案管理、培训教育等规章制度。

（8）不涉及网络安全产品开发、销售或者信息系统安全集成等可能影响评估结果公正性的业务（自用除外）。

（9）应具备的其他条件。

7.2.2　能力要求

网络安全等级保护测评机构应满足以下能力要求。

（1）组织管理能力。测评机构管理者应掌握网络安全等级保护政策文件，熟悉相关的标准规范。测评机构应按一定方式组织并设立相关部门，明确其职责、权限和相互关系，保证各项工作有序开展。测评机构应具有能胜任等级测评工作的专业技术人员和管理人员，大学本科（含）以上学历人员所占比例不低于 70%。测评机构应设置满足等级测评工作需要的岗位（例如测评技术员、测评项目组长、技术主管、质量主管、保密安全员、设备管理员、档案管理员等），岗位职责明确，人员稳定。测评机构应制定完善的规章制度，包括项目管理制度、设备管理制度、人员管理制度、教育训练制度，以及申诉、投诉及争议处理制度等。

（2）测评人员能力。测评机构从事等级测评工作的专业技术人员（简称为"测评人员"）应具有把握国家政策、理解和掌握相关技术标准，以及熟悉等级测评的方法、流程和工作规范等方面的知识及能力，并有依据测评结果做出专业判断及出具等级测评报告等的能力。

（3）测评能力。测评机构应通过提供案例、过程记录等资料，证明其具有 2 年以上从事网络安全相关工作的经验。测评机构应保证在其能力范围内从事测评工作，并有足够的资源来满足测评工作的要求，具体体现在安全技术测评实施能力、安全管理测评实施能力、安全测试与分析能力、整体测评实施能力、风险分析能力上。测评机构应依据测评工作流程，有计划、按步骤开展测评工作，并保证测评活动的每个环节都得到有效控制。

（4）设施和设备安全与保障能力。测评机构应具备必要的办公环境、设备、设施和管理系统，配备满足等级测评工作需要的测评设备和工具，具备符合相关要求的机房及必要的软硬件设备；确保测评设备和工具运行状态良好，并通过持续更新、升级等手段保证其提供准确的测评数据。测评设备和工具均应有正确的标识。

（5）质量管理能力。测评机构应建立、实施和维护符合等级测评工作需要的文件化的管理体系，并确保测评机构各级人员能够理解和执行；保证管理体系的有效运行，发现问题及时反馈并采取纠正措施，确保其有效性。

（6）保证能力。测评机构应具有公正性保证能力、可靠与保密性保证能力，能够确保测评方法与程序、测评记录、测评报告的规范性。测评机构及其测评人员应严格执行有关管理规范和技术标准，开展客观、公正、安全的测评服务。

（7）风险控制能力。测评机构应充分估计测评可能给被测系统带来的风险，并通过多种措施对被测系统可能面临的风险加以规避和控制。

（8）可持续性发展能力。测评机构应根据自身情况制定战略规划，通过不断投入保证测评机构的持续建设和发展。

7.3 网络安全等级保护测评机构和测评人员的管理要求

1. 测评机构行为的规范性要求

测评机构不得从事下列活动。

（1）影响被测等级保护对象正常运行、危害被测等级保护对象安全。

（2）泄露知悉的被测单位及被测等级保护对象的国家秘密和工作秘密。

（3）故意隐瞒测评过程中发现的安全问题，或者在测评过程中弄虚作假、未如实出具等级测评报告。

（4）未按规定格式出具等级测评报告。

（5）非授权占有、使用等级测评相关资料及数据文件。

（6）分包或转包等级测评项目。

（7）从事信息安全产品（专用测评设备和工具除外）开发、销售和网络安全集成。

（8）要求被测单位购买、使用其指定的信息安全产品。

（9）其他危害国家安全、社会秩序、公共利益及被测单位利益的活动。

2. 测评机构的服务要求

测评机构应与被测单位签署测评服务协议，依据有关标准规范开展测评业务，防范测评风险，客观准确地反映被测对象的安全保护状况。测评机构应按照统一模板出具网络安全等级测评报告，并针对被测网络分别出具等级测评报告。为第三级以上网络提供等级测评服务的测评机构，其测评师人数不得少于15名。

测评机构应采取管理和技术措施保护测评活动中相关数据和信息的安全，不得泄露在测评服务中知悉的商业秘密、重要敏感信息和个人信息，不得擅自发布、披露在测评服务中收集掌握的网络信息、系统漏洞、恶意代码、网络攻击信息等。

3. 测评机构的等级测评专用章管理

测评机构应指定专人管理等级测评专用章，制定管理规范，不得滥用。在出具等级测评报告时，测评机构应加盖等级测评专用章。未加盖等级测评专用章的报告，视为无效。

7.4　网络安全等级测评机构能力评估

国家认证认可部门批准的认证机构,可依据《网络安全等级保护测评机构能力评估要求和评估规范》开展测评机构能力评估工作,将符合条件的测评机构纳入相关名录,供需要开展等级测评的单位选择。

第 8 章　公安机关组织开展网络安全监督检查工作

本章对公安机关组织开展网络安全监督检查工作的相关事项进行说明。

8.1　组织开展网络安全监督检查的法律依据

自 2010 年以来，公安机关网络安全保卫部门在全国范围内每年组织开展网络安全监督检查工作，取得了明显成效，及时发现消除了大量网络安全风险隐患和突出问题，有力促进了重要行业、重点单位网络安全意识和网络安全防护能力的提升，强化了网络安全责任落实，切实增强了国家网络安全综合保障能力。为认真履行公安机关法定职责，切实维护国家网络安全，进一步加强和规范网络安全监督检查工作，依据《人民警察法》《网络安全法》《计算机信息系统安全保护条例》《公安机关互联网安全监督检查规定》等法律法规和规章，公安部网络安全保卫局研究制定了《关于加强公安机关网络安全监督检查工作的意见》(公网安〔2020〕2506 号)，下发各地公安机关贯彻落实。

8.2　监督检查方法和工作目标

公安机关网络安全监督检查是指公安机关网络安全保卫部门（简称为"公安网安部门"）依据有关法律法规，对网络运营者的网络安全保护工作情况及非涉密网络安全状况进行监督、检查和指导，对行业主管部门（含监管部门，下同）在全行业组织、部署网络安全保护工作的情况进行监督指导。应按照"依法依规、客观公正、廉洁规范"及"谁受理备案、谁开展检查"的原则，开展日常网络安全监督管理工作。

1. 监督检查方法

县级（含）以上公安网安部门通过部署网络运营者自查，采取数据采集、技术检测、听取汇报、质询交流、查验材料等方式实施网络安全监督检查；在网络安全案事件侦查调查过程中，应针对涉案涉事网络运营者履行网络安全法定义务的情况同步开展监督检查；在国家重大活动网络安全保卫任务期间，应按照公安部网络安全保卫局的统一部署开展专项监督检查。

2. 监督检查工作目标

通过开展网络安全监督检查工作，及时发现和整改网络安全风险隐患和问题，监督指导网络运营者全面落实网络安全主体责任和保护措施，大力提升网络安全和数据安全保护能力和水平；督促指导行业主管部门落实主管（监管）责任，全面防范化解重大网络安全风险，维护关键信息基础设施、重要网络和数据安全，维护国家安全。

8.3 监督检查分工和任务

公安网安部门可以独立对网络运营者开展监督检查，也可以会同网络运营者的行业主管部门联合开展监督检查。部级、省级、地市级和区县级公安网安部门应按照如下分工和任务要求开展监督检查。

1. 针对网络跨区域备案单位的监督检查任务分工

对网络跨省（区、市）或者全国联网运行且在京备案的单位，由公安部网络安全保卫局联合北京市公安网安部门开展网络安全监督检查，非在京备案的由省级公安网安部门组织开展网络安全监督检查。对跨市或者全省联网运行网络的备案单位，由省级公安网安部门联合市级公安网安部门开展网络安全监督检查。对辖区内独立运行的网络、新建或在建网络，由属地公安网安部门开展网络安全监督检查。对跨省市提供服务的云服务平台，由备案地公安网安部门开展网络安全监督检查。对数据中心、IDC机房等网络基础设施，由属地公安网安部门分别开展网络安全监督检查，相关省市公安网安部门予以配合。有争议的，由共同的上级公安网安部门指定开展网络安全监督检查。

2. 地市级、区县级公安网安部门的监督检查任务

针对网络运营者的网络安全工作，地市级、区县级公安网安部门的检查任务如下。

一是对网络运营者的下列事项进行检查：网络安全领导机构、专门管理部门、人员配

备、相关保障及网络安全责任制落实情况；网络安全等级保护制度落实情况；网络安全监测、网络安全事件应急预案制定和演练情况；网络安全状况和重大事件报告、处置及责任追究情况；对实战化工作、等级测评、风险评估、网络安全案事件调查中发现的重大风险隐患和问题的整改情况；网络安全负责人和相关岗位人员的教育训练情况；对公安网安部门通报事件的整改情况；网络安全综合防控体系建设情况；重大活动网络安全保护工作部署和开展情况；网络安全威胁信息收集、分析和报送共享情况；网络安全保护类平台建设和技术设备应用情况；重要数据和公民个人信息保护情况；新技术新应用安全防护情况；数据跨境安全评估情况；等等。

二是采集网络运营者的网络资产数据。为支持公安机关网络安全威胁情报、案件侦办、事件处置、重大活动网络安保、实战化等工作的开展，公安网安部门在监督检查中，应采集或要求网络运营者提供相关网络资产数据、第三方供应链厂商和服务商数据，以及网络安全部门负责人、联系人等信息。

三是发现上述检查事项中存在的风险隐患和问题，现场提出整改意见和建议。

四是在开展网络安全工作、落实网络安全保护措施、加强网络安全保障、与公安机关密切配合等方面对网络运营者进行指导。

3. 省级公安网安部门的监督检查任务

省级公安网安部门除按照地市级、区县级公安网安部门监督检查任务要求开展检查外，还需监督指导本级行业主管部门、监督检查网络运营者的下列事项：本地行业网络安全统筹规划和组织实施情况；网络安全等级保护工作组织部署和开展情况；关键信息基础设施安全保护工作部署和开展情况；网络安全通报预警、应急处置机制建设和工作开展情况；重要数据和公民个人信息保护工作组织部署和开展情况。

4. 公安部网络安全保卫局的监督检查任务

公安部网络安全保卫局除按照省级、地市级、区县级公安网安部门监督检查任务要求开展监督、检查、指导外，还需对行业主管部门的下列事项开展监督指导：全行业网络安全和数据安全统筹规划和组织实施情况；全行业标准规范、部门规范性文件的制定和落实情况；其他需要行业主管部门组织开展的工作的情况。

8.4 现场监督检查重点内容

公安网安部门应从网络安全保障工作、网络安全等级保护工作、关键信息基础设施安全保护工作、网络安全信息通报预警和应急处置工作四个方面,对网络运营者开展监督检查,对行业主管部门开展监督指导。

1. 网络安全保障工作

公安网安部门应制定出台网络安全有关政策文件和行业标准规范、工作规划和实施方案,对组织部署情况,网络安全考核评价、责任制落实、责任追究、事件报告和处置、人员管理、教育训练等相关制度的制定和落实情况,发生重大威胁时的报告情况、安全案事件发生情况、责任追究和整改情况,机构负责人和关键岗位人员安全背景审查情况,采购安全可信的网络安全产品、服务的情况及网络安全审查申报情况,新技术新应用网络安全风险管控情况,网络安全服务外包等供应链安全情况,网络安全保障机制建立和落实情况,以及网络安全保护类平台、技术设备建设和应用情况,进行现场监督检查。

2. 网络安全等级保护工作

公安网安部门应对网络安全等级保护工作中的以下情况进行现场监督检查:网络定级及向公安机关备案的情况,网络变化后的定级备案变更情况;新建及在建网络定级备案情况,以及落实"同步规划、同步建设、同步运行"网络安全保护措施的情况;按照《网络安全等级保护测评要求》等国家标准,第三级以上网络开展年度等级测评的情况,以及发现问题隐患和整改的情况;按照《网络安全等级保护基本要求》《网络安全等级保护安全设计技术要求》等国家标准开展网络安全建设的情况;数据安全和个人信息保护情况;第三级以上网络使用安全可信网络产品及服务的情况;使用互联网远程运维工具及采取相应管控措施的情况;网络安全保护工作自查情况。

3. 关键信息基础设施安全保护工作

公安网安部门应对关键信息基础设施安全保护工作中的以下情况进行现场监督检查:关键信息基础设施行业主管部门和运营者制定出台关键信息基础设施安全保护有关政策文件和行业标准规范、工作规划和实施方案及其组织部署情况;主要负责人对关键信息基础设施安全保护负总责的落实情况,网络安全官设立及履行职责情况,专门安全管理机构设置情况;关键信息基础设施认定规则的制定和认定情况,向公安机关备案情况,认定变更情况；新建及在建网络是否及时认定关键信息基础设施、是否及时向公安机关备案的情况；个人信息和重要数据保护工作情况；开展年度检测评估及发现问题的情况，检测评估机构资质核验情况；关键信息基础设施安全建设方案的制定和实施情况；安全监测、通报预警、应急处置、威胁情报等重点工作的开展情况；关键岗位人员管理、供应链安全、数据安全等重点保护措施的落实情况；采购、使用安全可信网络产品及服务的情况；在境内收集、产生的个人数据和重要数据的存储情况，跨境数据传输安全评估情况。

4．网络安全信息通报预警和应急处置工作

公安网安部门应对网络安全信息通报预警和应急处置工作中的以下情况进行现场监督检查：加入国家（地方）网络与信息安全信息通报机制的情况；建立健全本行业、本单位网络与信息安全信息通报机制的情况，责任部门落实情况；处置本级（国家、地方）网络与信息安全信息通报中心通报的预警信息、安全事件等的情况；组织本行业、本单位开展网络安全监测、通报预警、应急处置的情况；网络安全事件应急预案制定、应急处置机制建设、应急演练常态化开展情况；发生网络安全重大威胁、网络安全案事件时的报告、应急联络等相关制度的建立和落实情况。

8.5 监督检查程序和相关要求

公安网安部门开展网络安全监督检查工作的程序和相关要求如下。

1．组织部署

按照公安部网络安全保卫局的部署要求，根据本地备案单位情况和网络安全保护状况，制定监督检查方案，确定检查人员，成立检查组，部署本地被检查单位开展网络安全自查，统筹组织监督检查工作。

2．远程技术检测

在开展现场检查前，应研究制定技术检测方案，对被检查单位运行的网络实施技术检测；在进行技术检测前，要告知被检查单位。开展技术检测时，不得干扰、影响被测网络的正常运行，确保网络安全。可委托具有相应技术能力的网络安全服务机构提供技术支持。

3. 现场检查

开展现场检查前，应通知被检查单位。现场检查民警不得少于 2 人，并应出示人民警察证和县级以上公安机关出具的《网络安全监督检查通知书》。完成现场检查后，民警应填写《网络安全监督检查记录单》，由被检查单位网络安全负责人、民警确认并签名；拒绝签名的，民警应注明情况。

4. 检查处置

监督检查中发现重大网络安全风险隐患的，应责令被检查单位立即采取措施消除；不能立即消除的，应责令限期整改；拒不整改或整改不到位的，应依法进行处罚。检查中发现第三级以上网络存在重大安全风险隐患的，应及时通报同级行业主管部门和网信部门。检查中发现重要行业或本地区存在严重威胁国家安全、公共安全和社会公共利益的特别重大网络安全风险隐患的，应及时报告同级人民政府、网信部门和上级公安机关。

5. 督办整改与复查

针对技术检测、现场检查中发现的重大问题和风险隐患，应向被检查单位发放《网络安全监督检查限期整改通知书》，并抄送行业主管部门或当地政府相关部门。被检查单位完成整改后，应以书面形式将整改情况报告公安网安部门；公安网安部门应及时对整改情况进行复查。

6. 工作总结上报

完成监督检查工作后，应对检查工作认真总结，及时上报上级公安机关，并抄送同级人民政府和网信部门。同时，应及时将检查数据录入有关平台。在检查过程中收集的资料、数据和制作的各类文书，应按照规定立卷存档。

8.6 监督检查管理和纪律要求

公安网安部门在网络安全监督检查工作中，应加强管理和纪律要求。

1. 加强保障和培训

开展网络安全监督检查工作，应配备必要的设备和工具。执行检查工作的民警应经过省级（含）以上公安网安部门的培训。应对提供技术支持的服务机构和人员加强监督管理和培训。

2. 遵守保密要求

公安网安部门及其工作人员在履行网络安全监督检查职责时获取的信息，只能用于维护网络安全的工作，不得用于其他用途；应对知悉的国家秘密、工作秘密、个人信息、隐私和商业秘密等严格保密，不得泄露、出售或者非法向他人提供。公安网安部门应严格监督网络安全服务机构落实保密责任。

3. 遵守工作纪律

检查人员在网络安全监督检查工作中，不得收取任何费用，不得推荐产品和服务；有玩忽职守、滥用职权、徇私舞弊、索贿受贿或其他违法、失职行为的，应对直接责任人和相关负责人依法依规追究责任。

4. 加强服务机构和人员管理

要加强对网络安全服务机构的管理和评价，要求其报备检测 IP 地址、检测人员和测试工具等信息，并对检测人员进行安全背景审查。检测人员有违法违规操作的，应依法依规追究其责任。

第 9 章 《网络产品安全漏洞管理规定》解读

网络产品安全漏洞严重影响网络和信息系统安全,影响国家安全。为了有效防范不法分子利用网络产品安全漏洞从事危害国家网络安全的活动,同时规范网络产品安全漏洞发现、报告、修补和发布等行为,防范网络安全风险,根据《网络安全法》,工业和信息化部会同公安部、国家互联网信息办公室联合制定了《网络产品安全漏洞管理规定》,于 2021 年 9 月 1 日起实施。《网络产品安全漏洞管理规定》共 16 条,规范了中华人民共和国境内的网络产品(含硬件、软件)提供者和网络运营者,以及从事网络产品安全漏洞发现、收集、发布等活动的组织或个人的涉及网络产品安全漏洞活动。

本章将对《网络产品安全漏洞管理规定》的主要内容进行解读。

9.1 网络产品安全漏洞管理职责任务分工

第三条 国家互联网信息办公室负责统筹协调网络产品安全漏洞管理工作。工业和信息化部负责网络产品安全漏洞综合管理,承担电信和互联网行业网络产品安全漏洞监督管理。公安部负责网络产品安全漏洞监督管理,依法打击利用网络产品安全漏洞实施的违法犯罪活动。

有关主管部门加强跨部门协同配合,实现网络产品安全漏洞信息实时共享,对重大网络产品安全漏洞风险开展联合评估和处置。

本条对网络产品安全漏洞管理职责任务进行了分工。

国家互联网信息办公室作为网络安全工作的统筹协调部门,负责统筹协调网络产品安全漏洞管理工作。

工业和信息化部是国家工业和信息化工作的主管部门。网络产品安全漏洞管理工作涉及许多方面,包括网络产品(含硬件、软件)提供者和网络运营者,以及从事网络产品安全漏洞发现、收集、发布等活动的组织或个人,因此,工业和信息化部负责网络产品安全漏洞综合管理工作,同时承担电信和互联网行业网络产品安全漏洞监督管理工作。

公安部作为国家网络安全监管部门，代表国家对网络产品安全漏洞实施全方位、全流程的安全监督管理，包括对电信和互联网行业网络产品安全漏洞的监督管理，并承担打击各种利用网络产品安全漏洞实施违法犯罪活动的工作。

国家互联网信息办公室、工业和信息化部、公安部等网络安全职能部门，与国家安全机关、保密工作部门、密码管理部门及行业主管部门，建立信息共享机制，加强跨部门协同配合，实现网络产品安全漏洞信息实时共享，对重大网络产品安全漏洞风险开展联合评估和处置，实现对网络产品安全漏洞和相关组织、个人行为的有效管理。

9.2 对组织和个人的管理要求

第四条 任何组织或者个人不得利用网络产品安全漏洞从事危害网络安全的活动，不得非法收集、出售、发布网络产品安全漏洞信息；明知他人利用网络产品安全漏洞从事危害网络安全的活动的，不得为其提供技术支持、广告推广、支付结算等帮助。

本条对所有组织和个人在网络产品安全漏洞方面提出了禁止性要求。一是不得利用网络产品安全漏洞从事网络攻击、未经授权的扫描探测等危害网络安全的活动。二是未经批准，不得非法收集、出售、发布网络产品安全漏洞信息；特别是发布未采取修补措施的漏洞、威胁重点单位的网络和信息系统安全的行为，必须严格禁止，否则要承担法律责任。三是明知他人利用网络产品安全漏洞从事危害网络安全的活动的，不得为其提供技术支持、广告推广、支付结算等帮助，否则依法追究刑事责任。

第六条 鼓励相关组织和个人向网络产品提供者通报其产品存在的安全漏洞。

本条鼓励和支持相关组织和个人，在获得网络产品提供者的安全漏洞时，及时通报给网络产品提供者，帮助网络产品提供者改进，体现合作精神。

第九条 从事网络产品安全漏洞发现、收集的组织或者个人通过网络平台、媒体、会议、竞赛等方式向社会发布网络产品安全漏洞信息的，应当遵循必要、真实、客观以及有利于防范网络安全风险的原则，并遵守以下规定：

（一）不得在网络产品提供者提供网络产品安全漏洞修补措施之前发布漏洞信息；认为有必要提前发布的，应当与相关网络产品提供者共同评估协商，并向工业和信息化部、公安部报告，由工业和信息化部、公安部组织评估后进行发布。

（二）不得发布网络运营者在用的网络、信息系统及其设备存在安全漏洞的细节情况。

（三）不得刻意夸大网络产品安全漏洞的危害和风险，不得利用网络产品安全漏洞信息实施恶意炒作或者进行诈骗、敲诈勒索等违法犯罪活动。

（四）不得发布或者提供专门用于利用网络产品安全漏洞从事危害网络安全活动的程序和工具。

（五）在发布网络产品安全漏洞时，应当同步发布修补或者防范措施。

（六）在国家举办重大活动期间，未经公安部同意，不得擅自发布网络产品安全漏洞信息。

（七）不得将未公开的网络产品安全漏洞信息向网络产品提供者之外的境外组织或者个人提供。

（八）法律法规的其他相关规定。

本条规定了任何组织或个人在网络产品安全漏洞发现、收集等方面应遵循的原则和八项禁止性要求。任何组织或个人在网络产品安全漏洞发现、收集等方面应遵循必要、真实、客观及有利于防范网络安全风险的原则。任何组织或个人都应遵守这八项禁止性要求。

一是不得在网络产品提供者提供网络产品安全漏洞修补措施之前发布漏洞信息。近年来发生过企业和机构在网络产品提供者提供产品漏洞修补措施之前发布产品的漏洞信息，给网络产品提供者造成困惑和不良影响的事件，特别是这些漏洞信息被黑客和不法分子利用实施网络攻击，对重点单位信息系统安全造成了严重危害。认为有必要提前发布的，有关组织或个人应与相关网络产品提供者共同评估协商，并向工业和信息化部、公安部报告，由工业和信息化部、公安部组织评估，同意后再发布。

二是既使得到了批准，也不得发布网络运营者在用的网络、信息系统及其设备存在的安全漏洞的细节情况。这些信息一旦被不法分子利用，将危害网络运营者的网络和信息系统安全。

三是有关组织或个人应实事求是，客观描述网络产品安全漏洞情况，不得刻意夸大漏洞的危害和风险，不得利用网络产品安全漏洞信息实施恶意炒作或者进行诈骗、敲诈勒索等违法犯罪活动。近年来发生过企业利用已掌握的网络产品安全漏洞，敲诈勒索重点单位，被公安机关打击处理的情况。

四是不得发布或提供专门用于利用网络产品安全漏洞从事危害网络安全活动的程序

和工具。明知有关程序和工具可以结合网络产品安全漏洞实施网络违法犯罪活动，仍发布或提供的，将被追究法律责任。

五是在发布网络产品安全漏洞时，应同步发布修补或防范措施，以便用户及时修补漏洞，或者采取有关防范措施，避免发生危害。

六是在国家举办重大活动期间，未经公安部同意，任何组织或个人不得擅自发布网络产品安全漏洞信息。严防由此引发的网络攻击危害重点单位网络安全的情况。

七是任何组织或个人不得将未公开的网络产品安全漏洞信息向网络产品提供者之外的境外组织或个人提供甚至获取利益。

八是法律法规的其他相关规定。

第十条 任何组织或者个人设立的网络产品安全漏洞收集平台，应当向工业和信息化部备案。工业和信息化部及时向公安部、国家互联网信息办公室通报相关漏洞收集平台，并对通过备案的漏洞收集平台予以公布。

鼓励发现网络产品安全漏洞的组织或者个人向工业和信息化部网络安全威胁和漏洞信息共享平台、国家网络与信息安全信息通报中心漏洞平台、国家计算机网络应急技术处理协调中心漏洞平台、中国信息安全测评中心漏洞库报送网络产品安全漏洞信息。

本条规定任何组织或个人设立网络产品安全漏洞收集平台，应向工业和信息化部备案：已经设立的，应及时备案；计划设立的，应在开展漏洞收集业务前备案。工业和信息化部及时向公安部、国家互联网信息办公室通报相关漏洞收集平台情况，并向社会公布已通过备案的漏洞收集平台的相关信息。

鼓励和支持有关组织或个人，及时发现网络产品安全漏洞，向工业和信息化部网络安全威胁和漏洞信息共享平台、国家网络与信息安全信息通报中心漏洞平台、国家计算机网络应急技术处理协调中心漏洞平台、中国信息安全测评中心漏洞库报送漏洞信息，并配合有关部门进行处置，共同维护网络安全。

第十一条 从事网络产品安全漏洞发现、收集的组织应当加强内部管理，采取措施防范网络产品安全漏洞信息泄露和违规发布。

本条规定有关组织在开展网络产品安全漏洞发现、收集业务时，应采取技术和管理措施，加强内部安全保密管理，防范网络产品安全漏洞信息泄露和违规发布给重点单位网络安全造成危害。

9.3 对网络产品提供者的管理要求

第五条 网络产品提供者、网络运营者和网络产品安全漏洞收集平台应当建立健全网络产品安全漏洞信息接收渠道并保持畅通，留存网络产品安全漏洞信息接收日志不少于 6 个月。

本条规定为了加强漏洞信息共享、提高共同应对网络安全威胁的能力，网络产品提供者与网络运营者和网络产品安全漏洞收集平台之间，应建立健全网络产品安全漏洞信息接收渠道，建立信息共享机制，落实责任人，确保漏洞信息在三者之间流动畅通。为便于审计和管理，网络产品提供者、网络运营者和漏洞收集平台应留存网络产品安全漏洞信息接收日志不少于 6 个月。

第七条 网络产品提供者应当履行下列网络产品安全漏洞管理义务，确保其产品安全漏洞得到及时修补和合理发布，并指导支持产品用户采取防范措施：

（一）发现或者获知所提供网络产品存在安全漏洞后，应当立即采取措施并组织对安全漏洞进行验证，评估安全漏洞的危害程度和影响范围；对属于其上游产品或者组件存在的安全漏洞，应当立即通知相关产品提供者。

（二）应当在 2 日内向工业和信息化部网络安全威胁和漏洞信息共享平台报送相关漏洞信息。报送内容应当包括存在网络产品安全漏洞的产品名称、型号、版本以及漏洞的技术特点、危害和影响范围等。

（三）应当及时组织对网络产品安全漏洞进行修补，对于需要产品用户（含下游厂商）采取软件、固件升级等措施的，应当及时将网络产品安全漏洞风险及修补方式告知可能受影响的产品用户，并提供必要的技术支持。

工业和信息化部网络安全威胁和漏洞信息共享平台同步向国家网络与信息安全信息通报中心、国家计算机网络应急技术处理协调中心通报相关漏洞信息。

鼓励网络产品提供者建立所提供网络产品安全漏洞奖励机制，对发现并通报所提供网络产品安全漏洞的组织或者个人给予奖励。

本条规定了网络产品提供者应当履行的网络产品安全漏洞管理责任和义务。网络产品提供者应本着对用户负责、对国家网络安全负责的态度，确保其产品安全漏洞得到及时修补和合理发布，并指导和支持产品用户采取防范措施，确保重要网络系统安全。具体措施如下。

一是网络产品提供者要对自己的产品从设计、开发、制造、出售等环节同步落实安全措施。在设计、开发、制造阶段，产品要按照国家标准设置安全功能，确保产品满足相关安全要求。在出厂之前，要对产品进行源代码检测；可邀请第三方检测机构开展安全检测，检测内容包括是否存在后门、漏洞等；对发现的问题进行整改，确保产品自身的安全功能符合要求。

二是发现或获知所提供网络产品存在安全漏洞后，网络产品提供者应立即组织对安全漏洞进行验证；确认漏洞存在后，应及时采取升级、发布漏洞补丁等措施，并配合用户采取相应措施。网络产品提供者应及时评估安全漏洞的危害程度和影响范围，查找各环节存在的问题，对产品进行整改，并举一反三，对有关产品开展风险排查、第三方检测，发现漏洞要及时处置；对上游产品或组件存在的安全漏洞，应立即通知相关产品提供者进行整改，并配合用户进行升级，以消除问题隐患。

三是网络产品提供者发现或获知所提供网络产品存在安全漏洞后，应收集存在漏洞的产品的名称、型号、版本，以及漏洞的技术特点、危害、影响范围等信息，按照有关规定及时报送公安机关，并在 2 日内向工业和信息化部网络安全威胁和漏洞信息共享平台报送相关信息。

四是网络产品提供者应在公安机关指导下，及时组织对网络产品安全漏洞进行修补。对于需要产品用户（含下游厂商）采取软件升级、固件升级等措施的，应及时将网络产品安全漏洞风险及修补方式告知可能受影响的产品用户，并提供必要的技术支持，以便及时消除风险隐患。

五是鼓励和支持网络产品提供者建立所提供网络产品的安全漏洞奖励机制，对发现并通报所提供网络产品的安全漏洞的组织或个人给予奖励。

为落实信息共享机制，工业和信息化部网络安全威胁和漏洞信息共享平台将有关漏洞信息同步向国家网络与信息安全信息通报中心、国家计算机网络应急技术处理协调中心通报。

9.4 对网络运营者的管理要求

第八条 网络运营者发现或者获知其网络、信息系统及其设备存在安全漏洞后，应当立即采取措施，及时对安全漏洞进行验证并完成修补。

本条规定了网络运营者对漏洞的处置责任。网络运营者在发现或获知其网络、信息系统及其设备存在安全漏洞后，应立即组织对安全漏洞进行验证，分析研判，并在确保安全的前提下，及时修补漏洞，消除威胁风险。

9.5　对违反管理规定的行为的处罚

第十二条　网络产品提供者未按本规定采取网络产品安全漏洞补救或者报告措施的，由工业和信息化部、公安部依据各自职责依法处理；构成《中华人民共和国网络安全法》第六十条规定情形的，依照该规定予以处罚。

本条规定了对网络产品提供者违反有关规定和违法行为的处罚。网络产品提供者未按本规定采取网络产品安全漏洞补救措施，或者未按有关规定报告补救措施的，由工业和信息化部、公安部依据各自职责依法处理；构成《网络安全法》第六十条规定情形的，由工业和信息化部、公安部依照该规定予以处罚。

第十三条　网络运营者未按本规定采取网络产品安全漏洞修补或者防范措施的，由有关主管部门依法处理；构成《中华人民共和国网络安全法》第五十九条规定情形的，依照该规定予以处罚。

本条规定了对网络运营者违反有关规定和违法行为的处罚。网络运营者未按本规定采取网络产品安全漏洞修补或者防范措施的，由工业和信息化部门、公安机关、网信部门等有关主管部门依法处理；构成《网络安全法》第五十九条规定情形的，依照该规定予以处罚。

第十四条　违反本规定收集、发布网络产品安全漏洞信息的，由工业和信息化部、公安部依据各自职责依法处理；构成《中华人民共和国网络安全法》第六十二条规定情形的，依照该规定予以处罚。

本条规定了对违反本规定收集、发布网络产品安全漏洞信息行为的处罚。任何组织或个人，违反本规定收集、发布网络产品安全漏洞信息，由工业和信息化部、公安部依据各自职责依法处理；构成《网络安全法》第六十二条规定情形的，依照该规定予以处罚。

第十五条　利用网络产品安全漏洞从事危害网络安全活动，或者为他人利用网络产品安全漏洞从事危害网络安全的活动提供技术支持的，由公安机关依法处理；构成《中华人民共和国网络安全法》第六十三条规定情形的，依照该规定予以处罚；构成犯罪的，依法追究刑事责任。

　　本条规定了对利用网络产品安全漏洞实施危害网络安全活动的处罚。任何组织或个人，利用网络产品安全漏洞从事危害网络安全的活动，或者为他人利用网络产品安全漏洞从事危害网络安全的活动提供技术支持的，由公安机关依法处理；构成《网络安全法》第六十三条规定情形的，依照该规定予以处罚；构成犯罪的，由公安机关开展侦查调查，依法追究刑事责任。

第 10 章　落实《数据安全法》，大力加强数据安全保护

本章对《数据安全法》的相关内容进行解读。

10.1　《数据安全法》的出台过程和重要意义

1.《数据安全法》的出台过程

2018 年 9 月 7 日，第十三届全国人大常委会公布立法规划，《数据安全法》排在第一类立法项目。中央国家安全委员会办公室会同全国人大，组织司法、网信、公安、工信、安全等部门和专家，研究起草《数据安全法》。2020 年 6 月 28 日，《数据安全法》（草案）在第十三届全国人大常委会第二十次会议审议。2021 年 6 月 10 日，国家主席习近平签署了第八十四号主席令，《数据安全法》已由中华人民共和国第十三届全国人民代表大会常务委员会第二十九次会议通过，现予公布，自 2021 年 9 月 1 日起施行。

2.《数据安全法》出台的重要意义

《数据安全法》立足保障国家安全与数据安全，安全与发展并重，明确了数据安全的相关基本制度。随着数字化产业化、产业数字化建设加快，数据已经成为我国政府和企业最核心的资产。数字化是信息技术发展应用的高级阶段，数字经济、数字社会、数字政府是数字化发展的三大重要组成部分。人类社会正在进入以数字化生产力为主要标志的全新历史阶段。近年来，世界主要国家都把数字化作为经济发展和技术创新的重点，纷纷出台数字化发展战略，加快推进数字化建设布局。党的十九届五中全会通过的《关于制定国民经济和社会发展第十四个五年规划和二〇三五年远景目标的建议》明确提出要加快数字化发展，并对此作了系统部署。

数据作为关键要素和重要战略资源，在国家经济发展和社会进步中发挥着基础性和全局性作用。可以说，谁掌握了数据，谁就掌握了未来。当前，我国数字化建设快速发展，

新基建稳步推进，数字经济、数字社会和数字政府建设取得了明显成效。中国信息通信研究院发布的研究报告显示，2019 年我国数字经济占国内生产总值比重达 36.2%，对经济增长的贡献率达 67.7%。未来几年，我国数字经济将保持年均 15% 左右的高增长率。全国已有超过 500 个城市开展了智慧城市建设。然而，数字化建设发展在提高生产力、重构生产关系的同时，给网络安全和国家安全带来了巨大影响，数据泄露和遭窃取成为威胁国家安全的一大隐患。据报道，2020 年全球数据泄露的平均损失成本为 1145 万美元。数据安全事件影响大、损失重。因此，数据掌控、利用及保护能力成为提升国家竞争力的核心要素。

为了规范数据处理活动，保障数据安全，促进数据开发利用，保护个人、组织的合法权益，维护国家主权、安全和发展利益，国家制定出台了《数据安全法》。《数据安全法》的出台，标志着我国将数据安全保护的政策要求通过法律形式进行了明确和固化，为各地区、各部门加强数据安全保护提供了法律保障。《数据安全法》是数据领域的基础性法律，也是国家安全领域的一部重要法律。《数据安全法》的适用范围从我国境内扩大至在境外开展数据处理活动但损害我国国家安全和利益的情形，明确了域外管辖；对与维护我国国家安全和利益、履行国际义务相关的属于管制物项的数据，依法实施出口管制；境外执法机构调取我国境内数据，必须获得我国主管机关的批准；境外对我国数据投资、贸易等方面采取不合理限制措施的，我国可对等采取措施。这些规定，为在数据领域维护国家安全和国家利益提供了法律保障。

10.2 数字化时代网络安全面临的风险和挑战

数字化时代的网络安全呈现出风险普遍化、集聚化等特征，风险防控难度大，主要体现在以下三个方面。

1. 数字安全风险将遍及所有场景

数字化时代，网络安全的核心是数字安全，网络安全边界发生了重大变化。物理网络和虚拟网络融合，打破了网络世界和物理世界的边界，一切都可编程（数字化）、万物均可互联，每个设备都可以成为攻击点，任何对网络世界的攻击都可以变成对现实物理世界的危害。未来，基础设施的运行，以及政府管理、社会运转和城市运行，都将数字化并架构在网络上，国家经济发展严重依赖数字经济，数字基础设施一旦遭受攻击，国家经济发展、社会运行和治理的根基将随之动摇。

2. 关键数据资源成为网络攻击的重点

数字化时代，数据成为重要生产要素，数字化发展带来大量数据安全问题。产业数字化、公共服务数字化、社会治理数字化，使得政务、商务数据和个人信息爆发增长、海量汇聚，数据资源量大、多源、跨平台流动和开放共享，成为黑客入侵攻击和窃密的重点目标，关键数据资源、商业秘密和个人隐私泄露风险突出，数据开发利用和安全保护之间的矛盾凸显。

3. 网络攻击专业化、智能化程度提高

数字化时代，无线网、虚拟专用网、软件定义网、卫星互联网等新形态网络广泛应用，网络安全边界模糊，网络接入设备多样化（除了手机、计算机、可穿戴设备，还有车联网、智能制造、智能家居等设备），面临的网络安全漏洞、后门多样化，网络攻击的切入点增加，网络攻击更加专业化、智能化、自动化，常规网络安全管理、监测、防护设备和措施在数字化时代会失去部分作用。

10.3 数据安全方面存在的主要问题

安全是发展的前提，推动数字化发展必须强化数据安全保障。在数字化时代严峻的安全形势下，我国的数据安全保护工作还存在认识不到位、制度不健全、措施不完善和保障不充分等问题。

1. 重数据开发利用、轻安全规划建设的现象仍然突出

一些种类的数据，权属关系不明确，保护责任义务不清晰、不明确。许多部门对数据安全认识不到位，对发展和安全的统筹力度不够，重数据开发利用、轻安全规划建设。一些地方智慧城市建设方案缺少数据安全保护规划。有的地方政府部门为推进大数据、云服务等数字化建设，在没有解决安全需求的情况下强制要求各重要行业部门将数据集中、内网互联，留下了重大的网络安全风险隐患。

2. 数据安全综合防御体系尚未建立

目前，我国的数据安全防护以单点、单体防御为主，各行业部门单打独斗，防护面不完整，整体合力尚未形成。数字化时代的网络攻击和数据窃取精准、先进，隐秘性、破坏

性强,传统单一的防护措施难以适应,数据安全已成为体系化问题。在应对智能化、专业化网络攻击和数据窃取方面,目前防御手段和技术能力明显不足。

3. 数据安全基础保障严重不足

数字化时代网络安全保护任务艰巨繁重,但目前政府有关部门、重要行业、央企、互联网企业的数据安全专门机构和专业人员明显不足。超过70%的重要行业部门缺少数据安全保护专业人员,大多数单位负责数据安全工作的是兼职人员。多数数字化建设项目没有规划配套的数据安全建设和运维资金,数据安全保护经费难以得到保障。

10.4 有关数据和数据安全的术语定义

数据是指任何以电子或其他方式对信息的记录。

数据处理包括数据的收集、存储、使用、加工、传输、提供、公开等。

数据安全是指通过采取必要措施,确保数据处于有效保护和合法利用的状态,以及具备保障持续安全状态的能力。

10.5 数据安全管理职责分工

维护数据安全,应坚持总体国家安全观,建立健全数据安全治理体系,提高数据安全保障能力。各地区、各部门应按照上述原则,依据职责分工,配合开展数据安全管理工作。

第五条 中央国家安全领导机构负责国家数据安全工作的决策和议事协调,研究制定、指导实施国家数据安全战略和有关重大方针政策,统筹协调国家数据安全的重大事项和重要工作,建立国家数据安全工作协调机制。

中央国家安全委员会是国家数据安全工作的最高领导机关,负责国家数据安全工作的决策和议事协调,研究制定和指导实施重大战略、方针政策,统筹协调重大事项和重要工作,领导各单位、各地区开展数据安全工作。中央国家安全委员会办公室建立国家数据安全工作协调机制,落实任务分工,承担日常统筹协调、督促落实等工作。数据安全工作上升到由国家安全最高领导机构负责,既体现了数据安全工作的极端重要性,也充分体现了党中央、国务院对数据安全工作的高度重视。

第六条　各地区、各部门对本地区、本部门工作中收集和产生的数据及数据安全负责。

工业、电信、交通、金融、自然资源、卫生健康、教育、科技等主管部门承担本行业、本领域数据安全监管职责。

公安机关、国家安全机关等依照本法和有关法律、行政法规的规定，在各自职责范围内承担数据安全监管职责。

国家网信部门依照本法和有关法律、行政法规的规定，负责统筹协调网络数据安全和相关监管工作。

各地区、各部门按照中央要求和数据安全法规定，组织本地区、本部门开展数据安全工作，对本地区、本部门工作中收集和产生的数据及数据安全负责，承担数据安全的主体责任。

工业、电信、交通、金融、自然资源、卫生健康、教育、科技等主管（包括监管）部门，以及能源、水利、公检法、司法、发改、财政等重要行业部门，承担本行业、本领域数据安全主管（监管）职责，结合法律和国家政策，出台行业规范，指导并组织本行业、本领域开展数据安全工作。

公安机关、国家安全机关等依照本法和有关法律、行政法规的规定，在各自职责范围内承担数据安全的国家监管职责，开展威胁情报工作，侦查打击危害数据安全的违法犯罪活动，保卫数据安全。《数据安全法》确立了公安机关在数据安全方面作为监管部门的法律定位，强化了公安机关的数据监管职责。

10.6　国家在数据安全与发展方面的总体原则

第七条　国家保护个人、组织与数据有关的权益，鼓励数据依法合理有效利用，保障数据依法有序自由流动，促进以数据为关键要素的数字经济发展。

本条体现了国家保护个人和组织依法、合理使用数据，促进数据依法有序自由流动和数字经济发展的坚定态度。国家"十四五"规划提出，加快数字化发展，推进数字产业化和产业数字化，推动数字经济与实体经济深度融合。国家以法律形式保护数据应用和发展，体现了数字经济发展的极端重要性，为国家经济发展注入了强大动力。

数据应用和数据安全是数据的两个重要方面，要找好平衡点，既不能过度强调应用而忽视安全，也不能因为重视安全而阻碍应用。为了解决这对矛盾，各地区、各部门要积极探索，该保护好的重要数据、核心数据应保护好，对一般数据应积极应用，促进经济发展。

第九条 国家支持开展数据安全知识宣传普及，提高全社会的数据安全保护意识和水平，推动有关部门、行业组织、科研机构、企业、个人等共同参与数据安全保护工作，形成全社会共同维护数据安全和促进发展的良好环境。

党中央高度重视数据安全，习近平总书记多次作出重要指示批示，提出加强综合治理和安全监管，切实保障国家数据安全。近年来，在公安部组织全国公安机关开展的大数据安全专项整治和网络安全等级保护工作中发现，非法采集、加工、使用数据及数据遭窃取、泄露等问题突出，严重危害国家安全、社会稳定和经济发展。各地区、各部门可以采取多种方式，积极宣传数据安全的法律、政策，调动有关部门、行业组织、科研机构、企业、个人等社会力量的积极性，共同参与数据安全保护工作，共同维护数据安全。

第十一条 国家积极开展数据安全治理、数据开发利用等领域的国际交流与合作，参与数据安全相关国际规则和标准的制定，促进数据跨境安全、自由流动。

国家重视有关数据工作的国际交流合作。各地区、各部门应积极与有关国家、地区、组织等在数据安全治理、数据开发利用等领域开展国际交流与合作，积极参与数据安全相关国际规则和标准的制定，促进数据跨境安全、自由流动，推动世界数字经济发展，掌握国际数据治理的主动权和话语权。

10.7 对个人和组织在数据处理方面的一般性要求

第二条 在中华人民共和国境内开展数据处理活动及其安全监管，适用本法。

在中华人民共和国境外开展数据处理活动，损害中华人民共和国国家安全、公共利益或者公民、组织合法权益的，依法追究法律责任。

《数据安全法》明确了域外管辖。随着互联网的广泛应用，出现了网络跨国应用、数据处理设施跨国运营、大量公民数据跨国存储的情况，《数据安全法》的立法核心之一就是划定我国的数据主权领地，明确我国的法律管辖范围。《数据安全法》的适用范围扩大至在境外开展数据处理活动但损害我国国家安全和利益的情形，为维护我国国家安全提供了法律武器。任何组织或个人，在我国境内开展数据处理活动及其安全监管，应按照《数据安全法》要求，落实有关责任和义务，维护数据安全和国家安全；在境外开展数据处理活动时，如果损害了我国的国家安全、公共利益或者公民、组织的合法权益，违反了我国的法律规定，将依法追究其法律责任。

第八条　开展数据处理活动，应当遵守法律、法规，尊重社会公德和伦理，遵守商业道德和职业道德，诚实守信，履行数据安全保护义务，承担社会责任，不得危害国家安全、公共利益，不得损害个人、组织的合法权益。

任何组织或个人在开展数据处理活动时：一是要守法，不进行违反有关数据安全法律规定的活动；二是要遵守社会公德和伦理道德，不能违反商业道德和职业道德；三是要诚实守信，数据处理活动复杂，涉及搜集、生产、存储、使用、传输、销毁、交易等活动，在这些活动中，应坚持诚实守信的原则，才能使数据应用健康发展；四是要履行数据安全保护义务，共同承担社会责任，把核心数据、重要数据保护好；五是对数据和个人信息的处理应确保数据使用目的合规、过程可控，所使用的产品和服务应安全可控，不得危害国家安全、社会公共利益及公民和组织的合法权益，也不得损害个人隐私。

第十条　相关行业组织按照章程，依法制定数据安全行为规范和团体标准，加强行业自律，指导会员加强数据安全保护，提高数据安全保护水平，促进行业健康发展。

有关数据安全的协会、联盟等行业组织，应根据有关规定制定自律章程，按照章程组织专家制定数据安全行为规范和团体标准，加强行业自律，指导会员加强数据安全保护和保障，通过多种方式检验数据保护措施的有效性，及时整改问题隐患，提高数据安全保护能力和水平，促进数据安全行业健康发展。

第十二条　任何个人、组织都有权对违反本法规定的行为向有关主管部门投诉、举报。收到投诉、举报的部门应当及时依法处理。

有关主管部门应当对投诉、举报人的相关信息予以保密，保护投诉、举报人的合法权益。

任何个人、组织都有监督违反数据安全法律规定行为的义务，当发现违反数据安全法律法规规定的活动和行为时，要及时向公安机关、网信部门、地方数据管理部门、行业主管部门等有关部门投诉、举报。有关主管部门应设立举报电话、邮箱等措施，畅通举报渠道；收到投诉、举报后，应及时按照法律规定和职责分工，依法进行处理。受理投诉、举报的部门，应对投诉人、举报人的相关信息予以保密，保护投诉人、举报人的合法权益，严防投诉人、举报人遭受危害。

10.8 国家在数据安全与发展方面的责任义务

第十三条 国家统筹发展和安全,坚持以数据开发利用和产业发展促进数据安全,以数据安全保障数据开发利用和产业发展。

发展和安全是相互促进的,二者互为支撑,不能强调一方面而忽视另一方面,因此,要找到数据应用和数据安全的平衡点,把数据开发利用及产业发展与数据安全同步规划、同步实施。数字化面临的最大威胁是网络攻击,网络攻击使数字经济和国家经济安全的脆弱性及风险进一步加大,因此,在发展数字经济的同时,要保护好数据生态安全。

第十四条 国家实施大数据战略,推进数据基础设施建设,鼓励和支持数据在各行业、各领域的创新应用。

省级以上人民政府应当将数字经济发展纳入本级国民经济和社会发展规划,并根据需要制定数字经济发展规划。

各地区、各部门可以根据经济建设和发展的需要,建设大数据中心、数据应用中心等数据基础设施。各行业、各领域可以在大数据应用方面加强创新,按照"大数据+N+安全"的模式,将大数据和各领域以及大数据安全有机结合,构成大数据应用的新业态,促进经济和社会健康发展。

省级以上人民政府应开展数字政府、数字交通、数字能源、数字金融等数字化建设,发展数字经济,将数字经济发展纳入本级国民经济和社会发展规划,研究和创新发展数字经济,制定发展规划,使经济转型升级。

第十五条 国家支持开发利用数据提升公共服务的智能化水平。提供智能化公共服务,应当充分考虑老年人、残疾人的需求,避免对老年人、残疾人的日常生活造成障碍。

基于大数据,利用大数据分析、人工智能分析等技术,可以提升公共服务的智能化水平。同时,要考虑老年人、残疾人的特殊需求,以满足智能化、差异化的公共服务需要。

第十六条 国家支持数据开发利用和数据安全技术研究,鼓励数据开发利用和数据安全等领域的技术推广和商业创新,培育、发展数据开发利用和数据安全产品、产业体系。

开发利用基于大数据的数字技术、数据安全技术是新技术领域的一个重要方面。各行业、各领域可以基于数据进行开发利用,大力研究和推广数据安全技术,创新商业模式,培育、发展数据开发利用和数据安全产品,加快构建数字产业和数据安全产业体系,促进经济的升级换代和数字化转型。

第十七条　国家推进数据开发利用技术和数据安全标准体系建设。国务院标准化行政主管部门和国务院有关部门根据各自的职责，组织制定并适时修订有关数据开发利用技术、产品和数据安全相关标准。国家支持企业、社会团体和教育、科研机构等参与标准制定。

中央网信办、公安部、工业和信息化部等部门，会同国家标准化管理委员会、全国信息安全标准化技术委员会等部门，积极组织社会力量，加快制定出台数据安全标准，为各地区、各部门开展数据安全工作提供标准保障。

第十八条　国家促进数据安全检测评估、认证等服务的发展，支持数据安全检测评估、认证等专业机构依法开展服务活动。

国家支持有关部门、行业组织、企业、教育和科研机构、有关专业机构等在数据安全风险评估、防范、处置等方面开展协作。

数据安全检测评估、认证等服务属于第三方服务。服务机构应满足一定的条件、具备一定的服务能力，才能开展数据安全服务业务。有关部门应及时出台数据安全检测评估、认证等专业机构的条件、能力评估规范、评估流程等标准规范。取得相应资格的服务机构，方可开展数据安全检测评估、认证等业务。

第十九条　国家建立健全数据交易管理制度，规范数据交易行为，培育数据交易市场。

有关部门应及时出台数据交易和管理规范，明确数据交换的条件、流程、监管等内容，使数据交易处于规范和监管之下，避免造成数据滥用。在数据交易过程中，交易行为要合法，交易的数据也要符合交易要求。数据交易过程中存在非法交易的，有关部门应根据法律法规要求，加强数据交易监管，对非法交易进行打击处理，确保数据交易过程中的核心数据、重要数据安全。

第二十条　国家支持教育、科研机构和企业等开展数据开发利用技术和数据安全相关教育和培训，采取多种方式培养数据开发利用技术和数据安全专业人才，促进人才交流。

目前，我国数据开发利用技术和数据安全技术人才缺乏，高等教育机构、研究机构、企业和培训机构，要充分发挥技术优势，建立数据安全人才教育训练体系，采取多种方式、利用多种渠道，加快培养数据开发利用技术和数据安全技术人才，同时促进人才合理流动。

10.9 建立数据安全制度和机制

《数据安全法》确定建立数据安全制度，对数据安全作出了制度性安排，体现了国家对数据安全的高度重视。建立数据安全制度，出台配套政策和标准，实施一系列工程，是落实《数据安全法》的最佳途径。

第二十一条 国家建立数据分类分级保护制度，根据数据在经济社会发展中的重要程度，以及一旦遭到篡改、破坏、泄露或者非法获取、非法利用，对国家安全、公共利益或者个人、组织合法权益造成的危害程度，对数据实行分类分级保护。国家数据安全工作协调机制统筹协调有关部门制定重要数据目录，加强对重要数据的保护。

关系国家安全、国民经济命脉、重要民生、重大公共利益等数据属于国家核心数据，实行更加严格的管理制度。

各地区、各部门应当按照数据分类分级保护制度，确定本地区、本部门以及相关行业、领域的重要数据具体目录，对列入目录的数据进行重点保护。

国家建立数据分类分级保护制度。国家数据安全工作协调机制统筹协调有关部门，制定数据分类分级政策、标准和指南，以便各地区、各部门结合本行业、本领域实际情况制定数据识别指南，开展数据识别认定工作。

在制定数据分类分级政策、标准和指南的过程中，要与网络安全等级保护制度衔接。网络（包括信息系统）分为五级，第二级、第三级、第四级分别属于一般系统、重要系统、极端重要系统。数据的安全级别可以划分为一般数据、重要数据、核心数据，与网络的安全保护级别存在一定的关联，以便网络运营者和数据处理者落实网络安全等级保护制度和数据安全制度。根据数据的种类和级别，制定核心数据和重要数据目录，加强对核心数据和重要数据的保护。

在数据分级中，将关系国家安全、国民经济命脉、重要民生、重大公共利益等的数据确定为国家核心数据。国家核心数据类似于国家关键信息基础设施，是网络安全保护的重中之重，包括人口、资源、生物、金融、教育、医疗等方面的数据。有关部门应制定政策规范，借鉴关键信息基础设施的识别认定经验，组织确定国家核心数据，并在此基础上，采取更加严格的管理措施和技术保护措施，确保国家核心数据安全。

有关数据分类分级政策、标准和指南出台后，各地区、各部门应按照有关政策、标准和指南，识别重要数据、核心数据，形成重要数据、核心数据目录，对目录中的数据实施重点保护。

第二十二条 国家建立集中统一、高效权威的数据安全风险评估、报告、信息共享、监测预警机制。国家数据安全工作协调机制统筹协调有关部门加强数据安全风险信息的获取、分析、研判、预警工作。

国家在数据安全方面要建立风险评估机制、事件报告机制、信息共享机制、监测预警机制。这些机制应在已有机制的基础上建立，并与网络安全的风险评估机制、事件报告机制、信息共享机制、监测预警机制衔接。网络安全包括网络和信息系统的安全、信息安全、数据安全。因此，应充分借鉴已有经验和做法，结合数据安全的特殊性建立有关机制。国家已经建立了网络与信息安全通报预警机制，国家、省、地市分别建立了网络与信息安全信息通报机构，由各级公安机关网络安全保卫部门承担，自 2004 年起在全国范围内开展网络安全监测、通报预警、事件处置等工作。各地区、各部门应在此基础上，建立数据安全信息通报预警机制，开展数据安全信息共享、安全监测、通报预警工作，有效处置数据安全事件和威胁。

第二十三条 国家建立数据安全应急处置机制。发生数据安全事件，有关主管部门应当依法启动应急预案，采取相应的应急处置措施，防止危害扩大，消除安全隐患，并及时向社会发布与公众有关的警示信息。

国家已经建立了网络安全应急处置机制，数据安全应急处置机制应在网络安全应急处置机制基础上建立。将两个机制有机衔接，才能开展好数据安全事件应急处置工作。各地区、各部门应按照国家数据安全应急处置机制要求，建立本地区、本部门的数据安全应急处置机制，制定应急预案，开展应急演练。当发生数据安全事件时，有关主管部门应依法启动应急预案，采取相应的应急处置措施，防止危害扩大，消除安全隐患，并及时向公安机关等有关部门报告；有关部门应及时向社会发布与公众有关的警示信息；公安机关应指导事件处置，并及时开展事件分析、固定证据、溯源和侦查调查，属于案件的应及时立案打击。

公安机关要督促重点行业、网络运营者、数据处理者，按照《数据安全法》及国家有关法律法规和政策要求，制定数据安全应急预案，加强应急力量建设和应急资源储备，落实 7×24 小时值班值守制度，建立数据安全事件报告制度和应急处置机制；组织数据处理者定期开展应急演练，针对应急演练中发现的突出问题和漏洞隐患，及时整改加固，完善数据安全保护措施。

第二十四条　国家建立数据安全审查制度，对影响或者可能影响国家安全的数据处理活动进行国家安全审查。

依法作出的安全审查决定为最终决定。

国家已经建立了网络安全审查制度。数据安全审查制度应在网络安全审查制度的基础上建立，对影响或可能影响国家安全的数据处理活动进行国家安全审查，以确保核心数据、重要数据安全，保障数据在采集、存储、使用、传输、交易、出境等过程中对国家安全不构成威胁和损害。有关部门建立数据安全审查制度，该机制依法作出的安全审查决定为最终决定。

第二十五条　国家对与维护国家安全和利益、履行国际义务相关的属于管制物项的数据依法实施出口管制。

国家已经建立了物资物品等管制物项的出口管制制度，以维护国家安全和利益。数据关系国家安全和利益，为其建立数据出口管制制度非常重要。应对关系国家安全和利益的数据实施出口管制，同时履行国际义务。

第二十六条　任何国家或者地区在与数据和数据开发利用技术等有关的投资、贸易等方面对中华人民共和国采取歧视性的禁止、限制或者其他类似措施的，中华人民共和国可以根据实际情况对该国家或者地区对等采取措施。

与数据开发利用技术有关的投资、贸易等，有利于全球经济发展，是世界各国、各地区应该共同支持的事项。但是，有些国家和地区出于遏制打压我国经济发展的目的，对我国采取歧视性的禁止、限制或其他类似措施。在此情况下，我国可以根据实际情况对这些国家或地区对等采取相关措施。

10.10　数据安全保护义务

第二十七条　开展数据处理活动应当依照法律、法规的规定，建立健全全流程数据安全管理制度，组织开展数据安全教育培训，采取相应的技术措施和其他必要措施，保障数据安全。利用互联网等信息网络开展数据处理活动，应当在网络安全等级保护制度的基础上，履行上述数据安全保护义务。

重要数据的处理者应当明确数据安全负责人和管理机构，落实数据安全保护责任。

《数据安全法》的显著特点之一，是加强数据安全全流程监管，系统性完善数据安全保护和管理制度。近年来，由于法律法规缺少对数据处理的全链条监管，导致一些互联网企业将数据作为可"增值"资产进行"二次开发"，数据流转在一定程度上失控。因此，《数据安全法》强调对数据全生命周期的监管，明确了对数据的收集、存储、使用、加工、传输、提供、公开等全生命周期予以监管，并确定了分级分类、风险评估、应急处置、安全审查、出口管制等相关制度。

网络运营者、数据处理者应依据《网络安全法》《数据安全法》等法律法规和有关政策、标准的要求，落实数据安全保护责任和保护措施。一是要确定数据安全管理机构，明确数据安全保护职责，有条件的机构可以设立专门的数据安全保护部门。二是要制定本单位的数据安全保护制度，梳理并编制数据资产清单，认真排查数据在采集、存储、传输、处理、交换、应用、销毁等全生命周期各环节中的威胁风险和安全隐患，落实安全保护措施，建立并实施评价考核及监督问责机制，落实保护责任。三是建立健全数据分级分类、共享交换、使用管理等方面的安全保护制度，制定数据安全应急预案，并落实数据脱敏、溯源、访问控制、加密与完整性保护、备份恢复、数据监测与审计等安全保护措施，确保数据生产、采集、提供、交易、交换、存储、传输、加工、使用、共享、公开、销毁等全生命周期的安全。四是提供大数据、云计算、数据中心服务的，应具有与其所处理的数据安全等级相应的安全保护能力，按照网络安全等级保护的标准要求开展定级、备案、安全建设整改和测评工作。五是采集数据应符合法律法规的规定；向第三方提供数据的，应确保第三方具有符合法律和标准规定的安全保护措施。六是组织开展数据安全教育培训，提升保护数据安全的能力和水平。

《数据安全法》的显著特点之二，是将网络安全等级保护制度延伸至数据安全保护领域，强化了数据安全与网络安全保护制度的衔接。利用互联网等信息网络开展的数据处理活动，即在网络系统中处理数据的活动，应落实网络安全等级保护制度，在开展网络、信息系统、数据定级备案、等级测评、安全建设整改的基础上，对核心数据、重要数据采取加强保护措施，保护核心数据、重要数据安全。网络安全与数据安全是"一体两面"的关系，维护网络安全的目的是保护网络运行安全及数据安全、个人信息安全。长期以来，网络安全等级保护制度作为《网络安全法》确定的基础制度，在保护数据安全方面发挥了重要作用。各单位、各部门应在落实网络安全等级保护制度的基础上，履行数据安全保护义务。

各行业主管部门要明确本行业数据安全保护的管理机构，组织制定本行业数据安全保护政策和标准规范，指导本行业相关单位落实数据安全保护措施。

第二十八条　开展数据处理活动以及研究开发数据新技术，应当有利于促进经济社会发展，增进人民福祉，符合社会公德和伦理。

任何组织或个人在开展数据处理活动以及研究开发数据新技术、拓展新应用的过程中，应坚持三条原则：一是有利于促进经济社会发展，让数据充分发挥经济转型和提档升级作用；二是增进人民福祉，提高人民生活水平，满足人民群众的精神和物质需要；三是符合社会公德和伦理，遵守社会公德、伦理道德、商业道德、职业道德，诚实守信，承担社会责任，不能唯利是图、损害公民的合法权益和个人隐私。

第二十九条　开展数据处理活动应当加强风险监测，发现数据安全缺陷、漏洞等风险时，应当立即采取补救措施；发生数据安全事件时，应当立即采取处置措施，按照规定及时告知用户并向有关主管部门报告。

各地区、各行业和网络运营者、数据处理者在开展数据处理活动时，应依托网络与信息安全信息通报机制，强化数据安全监测，及时收集、汇总、分析各方数据安全信息，加强数据安全威胁情报工作，组织开展数据安全威胁分析和态势研判；在发现数据安全缺陷、漏洞等风险和网络攻击事件时，应及时开展通报预警和应急处置，立即采取补救措施，按照有关规定，及时告知用户，并向公安机关和有关主管部门报告。公安机关要加强监督指导，及时处置网络安全事件，及时排查消除数据安全风险，提高数据安全保护能力。

第三十条　重要数据的处理者应当按照规定对其数据处理活动定期开展风险评估，并向有关主管部门报送风险评估报告。

风险评估报告应当包括处理的重要数据的种类、数量，开展数据处理活动的情况，面临的数据安全风险及其应对措施等。

与传统的网络安全活动相比，数据处理活动更加复杂多样，包括生产、采集、提供、交易、交换、存储、传输、加工、使用、共享、公开、销毁等活动。重要数据的处理者应对数据处理活动中数据的安全性及可能存在的风险开展安全检测、风险评估，检验保护数据安全措施的有效性，及时发现问题隐患并整改。核心数据、重要数据应存储在我国境内，不得跨境远程维护。数据处理活动可能危害和影响我国国家安全的，应按照要求进行安全审查。数据确需出境的，应依法进行安全评估。有关部门应出台风险评估报告统一格式，规范评估内容、流程及报告内容。风险评估报告主要包括处理的重要数据的种类、级别、数量，开展数据处理活动的情况，存在的问题隐患和面临的安全风险，以及采取的应对措施等内容。

第三十一条　关键信息基础设施的运营者在中华人民共和国境内运营中收集和产生的重要数据的出境安全管理，适用《中华人民共和国网络安全法》的规定；其他数据处理者在中华人民共和国境内运营中收集和产生的重要数据的出境安全管理办法，由国家网信部门会同国务院有关部门制定。

《网络安全法》第三十七条规定，关键信息基础设施运营者在我国境内运营中收集和产生的个人信息和重要数据，应在我国境内存储；因业务需要，确需向境外提供的，应按照国家网信部门会同国务院有关部门制定的办法进行安全评估；法律、行政法规另有规定的，依照其规定。

国家网信部门会同公安部、工业和信息化部等国务院有关部门，研究制定重要数据出境管理办法，对关键信息基础设施运营者和其他数据处理者在我国境内运营中收集和产生的重要数据的出境活动进行规范，防范重要数据出境给国家安全、国家利益、公共安全带来危害和威胁。

第三十二条　任何组织、个人收集数据，应当采取合法、正当的方式，不得窃取或者以其他非法方式获取数据。

法律、行政法规对收集、使用数据的目的、范围有规定的，应当在法律、行政法规规定的目的和范围内收集、使用数据。

任何组织、个人收集、采集数据，应遵循"合法、正当、必要"的原则，并采取合法、正当的方式，不得收集与其提供服务无关的个人信息，不得违反法律、行政法规的规定和双方的约定收集、使用个人信息，不得窃取或者以其他非法方式获取数据。

法律、行政法规对收集、使用数据的目的、范围有规定的，有关机构和个人应在法律、行政法规规定的目的和范围内收集、使用数据。

第三十三条　从事数据交易中介服务的机构提供服务，应当要求数据提供方说明数据来源，审核交易双方的身份，并留存审核、交易记录。

数据交易是数据处理中的重要活动。有关部门应及时出台数据交易政策规范，以保证数据交易处于正常状态和监管之下。数据交易涉及提供中介服务机构和数据交易平台。中介服务机构在提供数据交易中介服务时，应按照有关数据交易规范，要求数据提供方说明数据来源，审核数据是否属于可交易范围，审核交易双方的身份，并留存审核、交易记录，确保交易过程可查、可追溯，确保交易过程合法、安全。数据通过交易平台进行交易的，中介服务机构要确保交易平台安全，防止交易过程被攻击、交易数据被篡改。

第三十四条　法律、行政法规规定提供数据处理相关服务应当取得行政许可的，服务提供者应当依法取得许可。

有关法律、行政法规对提供数据处理相关服务的行为设置了行政许可。数据服务提供者依法取得许可后，方可开展数据处理服务。有关部门应及时研究出台数据处理服务许可的行政法规和配套政策文件，规范数据处理相关服务活动。

第三十五条　公安机关、国家安全机关因依法维护国家安全或者侦查犯罪的需要调取数据，应当按照国家有关规定，经过严格的批准手续，依法进行，有关组织、个人应当予以配合。

公安机关、国家安全机关是打击数据犯罪、网络犯罪的重要职能部门，因侦查打击犯罪、维护国家安全需要调取数据时，应按照国家有关规定，经过严格的批准手续依法调取。有关组织、个人应积极配合公安机关的执法活动，如实提供有关数据文件资料，并提供技术支持和协助。《数据安全法》规定了包括企业、网络运营者在内的组织应为公安机关依法维护国家安全和侦查犯罪提供数据方面的支持和协助，同时规定了有关组织、个人违反该规定需要承担的法律责任。

第三十六条　中华人民共和国主管机关根据有关法律和中华人民共和国缔结或者参加的国际条约、协定，或者按照平等互惠原则，处理外国司法或者执法机构关于提供数据的请求。非经中华人民共和国主管机关批准，境内的组织、个人不得向外国司法或者执法机构提供存储于中华人民共和国境内的数据。

国家主管机关在处理外国司法或者执法机构关于提供数据的请求时，应按照我国有关法律、我国缔结或者参加的国际条约、协定执行，或者按照平等互惠原则处理有关请求。非经我国主管机关批准，境内的任何组织或个人不得向外国司法或者执法机构提供存储于我国境内的数据。

10.11　政务数据安全与开放

第三十七条　国家大力推进电子政务建设，提高政务数据的科学性、准确性、时效性，提升运用数据服务经济社会发展的能力。

近年来，国家建设了政务外网和内网，以及一系列电子政务平台，强化了数字政府建设和电子政务建设，提高了政务数据应用的科学性、准确性和时效性，提升了各级政府部门运用数据服务经济社会发展的能力。但是，与形势发展和人民群众的要求相比，电子政务建设和数字政府建设还存在一些不足和不平衡，各地区、各部门需要进一步解放思想，加强创新，为人民群众提供更多、更好的数字化服务，有力支持经济社会发展。

第三十八条 国家机关为履行法定职责的需要收集、使用数据，应当在其履行法定职责的范围内依照法律、行政法规规定的条件和程序进行；对在履行职责中知悉的个人隐私、个人信息、商业秘密、保密商务信息等数据应当依法予以保密，不得泄露或者非法向他人提供。

政务数据是指各级政府部门在履职过程中，依法产生、收集、存储、使用、管理的各类数据资源，包括政府部门因履行职责依托政务网络形成的数据、直接依法收集和管理的数据、通过第三方依法收集和管理的数据。

政府部门在开展政务活动时，应在其履行法定职责的范围内，依照法律、行政法规规定的条件及程序，收集、存储、使用数据，不能超越法定职责和规定条件处理数据，也不能违反程序处理数据。政府部门和人员在履行职责时，应采取严格的管理制度和措施，对知悉的个人隐私、个人信息、商业秘密、保密商务信息等数据依法予以保密，不得泄露或者非法向他人提供。

政府部门对本部门建设、运营、维护的政务网络和系统及在履职过程中产生、收集和管理的政务数据的安全负主体责任。网络安全监管部门和行业主管（监管）部门在各自职责范围内履行监管和主管责任。

第三十九条 国家机关应当依照法律、行政法规的规定，建立健全数据安全管理制度，**落实数据安全保护责任，保障政务数据安全。**

国家机关各单位、各部门要高度重视数据安全保护工作，依照法律、行政法规的规定，建立健全数据安全管理制度，加强统筹领导和规划设计，认真研究解决数据安全机构设置、人员配置、经费投入、安全措施建设等重大问题，落实数据安全保护责任，保障政务数据安全。网络安全职能部门应加强数据安全保护标准和规范的制定工作。行业主管部门应制定本行业的标准规范和实施方案，加强宣贯和应用指导，促进数据安全保护工作规范化和常态化。要充分调动数据安全企业、科研机构、专家等社会力量积极参与数据安全核心技术研发攻关，积极推进安全可控的数据安全体系建设，加强数据安全协同、互动互补、共治共享和群防群治。

在政务数据安全保护工作中,要加强对大数据中心、云平台上的信息系统和数据、服务终端、供应链的安全管理。特别是大型互联网企业参与政务网络和信息系统、云平台、大数据中心建设的,要加强网络、系统建设全链条、全方位的安全管理,加强数据、信息的全生命周期管理。政务网络和信息系统建设应禁止项目转包,严密防范建设方、运维方等第三方机构非法获取、使用政务数据。公安机关应加强对政务网络和信息系统、云平台、大数据中心、数据、信息的安全监管,严厉打击危害政务网络安全、数据安全的违法犯罪活动。要加强政务网络和数据的安全审查、安全审计,加强安全保卫、保护和保障工作,提升政务网络安全综合防护能力,为政府部门正常履职提供保障。

第四十条 国家机关委托他人建设、维护电子政务系统,存储、加工政务数据,应当经过严格的批准程序,并应当监督受托方履行相应的数据安全保护义务。受托方应当依照法律、法规的规定和合同约定履行数据安全保护义务,不得擅自留存、使用、泄露或者向他人提供政务数据。

国家机关各单位、各部门在开展电子政务系统建设和处理政务数据时,委托企业、机构建设、维护电子政务系统,以及存储和加工政务数据的,应按照国家有关招投标政策规定实施,并经过严格的批准程序。同时,国家机关各单位、各部门应与受托方签署保密协议,建立监督制度,严格监督受托方履行相应的数据安全保护义务,确保重要数据全生命周期安全。受托方应对实施人员加强保密教育,确保实施人员签署个人承诺书,依照法律、法规的规定和合同约定,对委托方履行数据安全保护义务,不得擅自留存、使用、泄露或者向他人提供政务数据。

第四十一条 国家机关应当遵循公正、公平、便民的原则,按照规定及时、准确地公开政务数据。依法不予公开的除外。

国家机关各单位、各部门在开展政务活动时,应遵循公正、公平、便民的原则,按照有关规定,及时、准确地向社会公开政务数据,以便人民群众及时了解情况,满足人民群众的知情权,以及实施人民群众的监督权。依法不予公开的除外。

第四十二条 国家制定政务数据开放目录,构建统一规范、互联互通、安全可控的政务数据开放平台,推动政务数据开放利用。

国家机关各单位、各部门应为数字经济发展提供支持和保障,制定政务数据开放目录,将可以公开的数据公开,并建设统一规范、互联互通、安全可控的政务数据开放平台,推动政务数据开放利用,有力促进数字经济发展和社会进步。

第四十三条 法律、法规授权的具有管理公共事务职能的组织为履行法定职责开展数据处理活动,适用本章规定。

经法律、法规授权,具有管理公共事务职能的单位、部门及社会组织,为履行法定职责开展数据处理活动,均应按照《数据安全法》第五章规定执行。

10.12 各地区、各部门开展数据安全保护工作

现代社会已迈入数字社会、信息社会、网络社会,数据与土地、劳动力、资本、技术已成为五大生产要素,对国家安全、经济发展、社会进步、国家综合治理能力和治理体系现代化产生了深刻影响。数据的重要性决定了数据安全的极端重要性,没有数据安全就没有数字社会、数字经济的健康发展,也就没有国家安全。数据安全涉及社会方方面面,既有与网络安全密切关联的方面,也有与网络安全存在差异的方面。数据安全保护与网络安全保护和关键信息基础设施安全保护紧密关联,开展数据安全保护工作,应与网络安全保护工作同步规划、同步实施,切不可脱离网络安全保护工作,另搞一套。各地区、各部门在开展数据安全保护工作时,应与落实网络安全等级保护制度、关键信息基础设施安全保护制度紧密结合、有机衔接,只有落实网络安全等级保护、关键信息基础设施安全保护国家标准要求,才能做好数据安全保护工作。数据安全与网络安全的差异,主要体现在数据确权、数据交易、数据出境、出口管制、域外管辖、境内外对等措施、数据大集中等方面,需要建立新的制度、机制、政策规范,采取有针对性的措施,加强新领域的数据安全工作,确保数据全链条、全生命周期安全,确保数据被合法使用而不被滥用。

各地区、各部门应坚持上述原则,按照《数据安全法》要求,在中央国家安全领导机构的领导下,在国家数据安全工作协调机制的具体组织和统筹协调下,重点开展以下数据安全保护工作。

(1)组织开展数据资产排查。各行业、各地区要落实《数据安全法》规定的数据分级分类制度,首先要组织开展数据资产排查。各机构应对本机构产生、汇总、存储、加工、使用、提供等并以电子方式记录的数据进行全面梳理,形成数据资产清单。

(2)明确数据权属关系。开展数据确权,明确数据权属关系即确定数据所有权,是依法保护数据安全、开发应用数据的重要基础。应在排查数据资产的基础上开展数据确权,

明确数据权属。对数据的掌控能力和开发利用能力已成为国家核心竞争力的重要内容,因此,各地区、各部门要高度重视数据权属问题,坚持"党管数据,主权在国,主体在民,政府管理,企业开发、开发共享"的原则,研究数据在国家层面、政府部门层面、企业层面、个人层面的管理权、使用权、保护权、交易权、司法权等问题,为数据全链条、全生命周期安全奠定坚实基础。

(3) 组织开展数据分类分级和数据认定工作。按照国家出台的数据分类分级指南,行业主管部门和地区主管部门应组织制定本行业、本地区的数据分类分级指南和数据认定规则;各行业、各地区应按照数据分类分级指南和数据认定规则,组织本行业、本地区数据分类分级和数据认定工作。建议按照核心数据、重要数据、一般数据三个级别对数据进行分级。在制定数据分类分级指南和数据认定规则、开展数据认定的过程中,应征求公安机关意见,召开专家评审会进行评审,确保数据分类分级指南和数据认定规则制定、数据认定是科学、准确的。

(4) 开展数据备案。各行业、各地区、各部门应按照有关规定和具体要求,将数据分类分级指南和数据认定规则、数据认定结果、数据目录清单向公安机关备案。有主管部门的,数据处理者还要将数据分类分级指南和数据认定规则、数据认定结果、数据目录清单向主管部门备案。数据目录清单实行动态管理,相关类别或数据等级等重要信息发生较大变化的,应及时修订并重新报送。

(5) 开展数据安全保护工作。按照《数据安全法》《网络安全法》《关键信息基础设施安全保护条例》等法律法规要求,在落实网络安全等级保护制度的基础上,建立数据分类分级保护制度,落实数据安全责任部门、人员,确定数据安全保护责任分工,建立数据安全保护管理制度,建立完善安全检测评估、安全审查和出境安全评估、安全风险监测预警、突发事件应急处置和报告制度,建立数据流转、交易、出境等方面的管理制度,加强对第三方合作机构的安全管理,提升数据安全保护能力。

(6) 落实数据安全保护措施。网络运营者、数据处理者应在落实网络安全等级保护制度和有关国家标准的基础上,按照有关数据安全标准,根据数据的类别和等级,履行数据安全建设整改、检测评估等责任,排查消除漏洞隐患,完善安全保护管理制度和技术措施,提升数据安全防护能力,有效应对来自境内外的网络攻击、数据窃取、数据滥用等的风险和挑战,切实维护国家安全和社会公共利益,保障和促进数字经济发展。

(7) 加强信息共享和监测预警工作。行业主管部门、网络运营者、数据处理者要加强数据安全的态势感知、信息共享；建设数据安全监测手段和平台，强化数据安全实时监测；依托本地区、本行业、本部门的网络和信息安全信息通报机制，加强数据安全监测和通报预警，及时收集、汇总、分析各方数据安全信息；组织开展数据安全威胁分析和态势研判，及时通报预警，提升数据安全信息通报和预警能力。

（8）加强数据安全应急处置工作。重要行业部门、网络运营者、数据处理者要按照国家有关规范要求制定数据安全应急预案，加强应急力量建设和应急资源储备，落实 7×24 小时值班值守制度，建立数据安全事件报告制度和应急处置机制；定期开展数据安全事件应急演练，针对应急演练中发现的突出问题和漏洞隐患，及时开展整改加固，完善数据安全保护措施。

（9）加强教育训练和宣传。重要行业部门、网络运营者、数据处理者可通过培训、比武、演练等方式，加强数据安全领域专业人才的培养，提升国家数据安全整体职业水平；多渠道挖掘选拔高精尖技术人才，建设人才库，建立健全人才发现、培养、选拔、评价和使用体系；开展多种形式的数据安全普及宣传活动，帮助群众了解掌握数据安全知识、数据安全事件和相关风险，提升全民数据安全意识和安全保护能力。

10.13 法律责任

《数据安全法》对数据安全违法行为设立了多项处罚措施。对违反国家核心数据和重要数据管理制度，危害国家主权、国家安全和发展利益，损害公民合法权益，不履行规定保护义务，交易来源不明数据，拒不配合数据调取，国家机关不履行安全保护义务，未经审批向境外提供数据，国家工作人员违法，窃取或非法获取数据给他人造成损害等情况，《数据安全法》从第四十四条到第五十二条，设立了约谈、责令改正、给予警告、罚款、责令暂停相关业务、停业整顿、吊销相关业务许可证或吊销营业执照、依法给予处分、依法追究民事责任的处罚措施；构成违反治安管理行为的，依法给予治安管理处罚；构成犯罪，依法追究刑事责任。

10.14 公安机关认真履行数据安全监管和保卫职责

《数据安全法》第六条规定，公安机关依照本法和有关法律和行政法规的规定，在职责范围内承担数据安全监管职责;第二十七规定,利用互联网等信息网络开展数据处理活动,应在网络安全等级保护制度的基础上,履行上述数据安全保护义务;第三十五条规定,公安机关因依法维护国家安全或者侦查犯罪的需要调取数据,有关组织和个人应当予以配合。《数据安全法》第六章规定,公安机关等有关主管部门在履行数据安全监管职责的过程中,可以对有关组织和个人进行约谈、责令改正、给予警告、罚款、责令暂停相关业务、停业整顿、吊销相关业务许可证或者吊销营业执照,依法给予处分;构成违反治安管理行为的,依法给予治安管理处罚;构成犯罪的,依法追究刑事责任。

公安机关是国家网络安全的监管部门,承担着网络安全保卫、打击网络犯罪的职责任务。按照法律赋予的职责任务,公安机关在数据安全方面,应该开展以下工作。

(1)建立健全数据安全制度体系。公安机关应配合中央国家安全领导机构建立国家数据安全工作协调机制;会同有关部门,建立健全数据安全的政策体系、标准体系、技术体系、服务体系、人才体系、经费保障体系,确保数据安全工作规范化、体系化;坚持总体国家安全观,建立健全数据安全综合治理体系,提高数据安全保障能力。

(2)加强对数据安全工作的指导和监督。公安机关应组织各地区、各部门在落实网络安全等级保护制度和关键信息基础设施安全保护制度的基础上,全面加强数据安全保护工作;深入排查并消除数据安全风险隐患,进一步提升数据安全保卫能力,有效应对来自境内外的网络攻击、数据窃取,切实维护国家安全和社会公共利益;加强对数据确权、数据交易、数据出境、出口管制、域外管辖、境内外对等措施、数据大集中等方面的安全监管,确保数据全链条、全生命周期安全。

(3)加强数据安全威胁情报工作。大力加强数据安全威胁情报工作是保卫数据安全、防控化解数据安全威胁风险、提升数据安全保护能力的重要保障。近年来,敌对势力、黑客组织和不法分子针对我国重要数据、核心数据实施网络攻击、渗透破坏、控制窃密等违法犯罪活动突出,给我国国家安全带来重大威胁。各级公安机关应切实加强数据安全威胁情报工作,充分发挥情报的引领性、先导性和基础性作用,及时预警防范数据安全事件,有效化解数据安全威胁风险,有力支持数据安全保护、侦查打击和事件处置,维护国家安全和网络空间安全。

(4)依法打击数据违法犯罪。公安机关应认真履行刑事执法职能,落实"一案双查"要求,对非法采集、获取、使用、提供、交易数据和个人信息,窃取数据,为违法犯罪分子甚至境内外敌对势力、恐怖主义和极端主义势力提供帮助的违法犯罪活动,依照《治安管理处罚法》《网络安全法》《反恐怖主义法》《刑法》等有关规定追究其法律责任，严厉打击数据违法犯罪。同时，公安机关要打击整治过渡采集、滥用、肆意买卖个人信息数据等违法犯罪活动，确保核心数据、重要数据安全和数据主权安全，维护国家安全、社会公共安全和人民群众合法权益。

（5）加强数据安全监督检查和行政处罚。公安机关应组织开展数据安全执法检查，检查数据分类分级情况、核心数据和重要数据保护情况、数据安全职责落实情况、安全保护责任分工情况、安全保护管理制度和安全保护技术措施落实情况、数据流转安全管控情况、第三方合作机构管理情况、安全检测评估情况、数据安全审查和出境安全评估情况、安全风险监测预警情况、突发事件应急处置和报告情况等；对不落实《数据安全法》《网络安全法》等法律法规要求的，要加强行政执法力度，督促其限期整改；对拒不整改的，要依法采取约谈、警告、罚款等处罚。

（6）加强监测预警与应急处置。各级公安机关要充分运用安全保卫平台，加强本地区数据安全实时监测，依托网络和信息安全信息通报机制，及时收集、汇总、分析数据安全信息，开展数据安全威胁分析和态势研判，及时进行通报预警和事件处置，提升信息通报和预警能力。公安机关要建设网络安全监控指挥中心，常态化、实战化、体系化开展数据安全应急处置工作；督促指导重点行业部门、网络运营者制定数据安全应急预案，建立数据安全事件报告制度和应急处置机制；定期开展数据安全事件应急演练，针对发现的突出问题隐患及时开展整改加固。

（7）建设完善数据安全保卫技术体系。公安机关要研究绘制网络空间地理信息图谱，实现挂图作战；督促行业主管部门、网络运营者建设本行业、本单位的网络安全保护业务平台，建设平台指挥大脑，依托平台和大数据开展数据安全实时监测、通报预警、应急处置、安全防护、指挥调度等工作，并与公安机关对接，形成纵横联通、协同联动的数据安全保卫技术体系。

（8）指导开展数据分类分级和数据认定并受理备案。公安机关应指导网络运营者、数据处理者开展数据资产排查，对产生、汇总、存储、加工、使用、提供等并以电子方式记录的数据进行全面梳理，形成数据资产清单；指导网络运营者、数据处理者制定数据分类分级指南和数据认定规则，开展数据分类分级和数据认定工作，确保数据分类分级指南和数据认定规则制定、数据认定是科学、准确的；督促指导各行业、各部门、各机构，将数据分类分级指南和数据认定规则、数据认定结果、数据目录清单向公安机关备案。

附录 A 《关键信息基础设施安全保护条例》

第一章 总则

第一条 为了保障关键信息基础设施安全，维护网络安全，根据《中华人民共和国网络安全法》，制定本条例。

第二条 本条例所称关键信息基础设施，是指公共通信和信息服务、能源、交通、水利、金融、公共服务、电子政务、国防科技工业等重要行业和领域的，以及其他一旦遭到破坏、丧失功能或者数据泄露，可能严重危害国家安全、国计民生、公共利益的重要网络设施、信息系统等。

第三条 在国家网信部门统筹协调下，国务院公安部门负责指导监督关键信息基础设施安全保护工作。国务院电信主管部门和其他有关部门依照本条例和有关法律、行政法规的规定，在各自职责范围内负责关键信息基础设施安全保护和监督管理工作。

省级人民政府有关部门依据各自职责对关键信息基础设施实施安全保护和监督管理。

第四条 关键信息基础设施安全保护坚持综合协调、分工负责、依法保护，强化和落实关键信息基础设施运营者（以下简称运营者）主体责任，充分发挥政府及社会各方面的作用，共同保护关键信息基础设施安全。

第五条 国家对关键信息基础设施实行重点保护，采取措施，监测、防御、处置来源于中华人民共和国境内外的网络安全风险和威胁，保护关键信息基础设施免受攻击、侵入、干扰和破坏，依法惩治危害关键信息基础设施安全的违法犯罪活动。

任何个人和组织不得实施非法侵入、干扰、破坏关键信息基础设施的活动，不得危害关键信息基础设施安全。

第六条 运营者依照本条例和有关法律、行政法规的规定以及国家标准的强制性要求，在网络安全等级保护的基础上，采取技术保护措施和其他必要措施，应对网络安全事件，防范网络攻击和违法犯罪活动，保障关键信息基础设施安全稳定运行，维护数据的完整性、保密性和可用性。

第七条　对在关键信息基础设施安全保护工作中取得显著成绩或者作出突出贡献的单位和个人，按照国家有关规定给予表彰。

第二章　关键信息基础设施认定

第八条　本条例第二条涉及的重要行业和领域的主管部门、监督管理部门是负责关键信息基础设施安全保护工作的部门（以下简称保护工作部门）。

第九条　保护工作部门结合本行业、本领域实际，制定关键信息基础设施认定规则，并报国务院公安部门备案。

制定认定规则应当主要考虑下列因素：

（一）网络设施、信息系统等对于本行业、本领域关键核心业务的重要程度；

（二）网络设施、信息系统等一旦遭到破坏、丧失功能或者数据泄露可能带来的危害程度；

（三）对其他行业和领域的关联性影响。

第十条　保护工作部门根据认定规则负责组织认定本行业、本领域的关键信息基础设施，及时将认定结果通知运营者，并通报国务院公安部门。

第十一条　关键信息基础设施发生较大变化，可能影响其认定结果的，运营者应当及时将相关情况报告保护工作部门。保护工作部门自收到报告之日起 3 个月内完成重新认定，将认定结果通知运营者，并通报国务院公安部门。

第三章　运营者责任义务

第十二条　安全保护措施应当与关键信息基础设施同步规划、同步建设、同步使用。

第十三条　运营者应当建立健全网络安全保护制度和责任制，保障人力、财力、物力投入。运营者的主要负责人对关键信息基础设施安全保护负总责，领导关键信息基础设施安全保护和重大网络安全事件处置工作，组织研究解决重大网络安全问题。

第十四条　运营者应当设置专门安全管理机构，并对专门安全管理机构负责人和关键岗位人员进行安全背景审查。审查时，公安机关、国家安全机关应当予以协助。

第十五条　专门安全管理机构具体负责本单位的关键信息基础设施安全保护工作，履行下列职责：

（一）建立健全网络安全管理、评价考核制度，拟订关键信息基础设施安全保护计划；

（二）组织推动网络安全防护能力建设，开展网络安全监测、检测和风险评估；

（三）按照国家及行业网络安全事件应急预案，制定本单位应急预案，定期开展应急演练，处置网络安全事件；

（四）认定网络安全关键岗位，组织开展网络安全工作考核，提出奖励和惩处建议；

（五）组织网络安全教育、培训；

（六）履行个人信息和数据安全保护责任，建立健全个人信息和数据安全保护制度；

（七）对关键信息基础设施设计、建设、运行、维护等服务实施安全管理；

（八）按照规定报告网络安全事件和重要事项。

第十六条　运营者应当保障专门安全管理机构的运行经费、配备相应的人员，开展与网络安全和信息化有关的决策应当有专门安全管理机构人员参与。

第十七条　运营者应当自行或者委托网络安全服务机构对关键信息基础设施每年至少进行一次网络安全检测和风险评估，对发现的安全问题及时整改，并按照保护工作部门要求报送情况。

第十八条　关键信息基础设施发生重大网络安全事件或者发现重大网络安全威胁时，运营者应当按照有关规定向保护工作部门、公安机关报告。

发生关键信息基础设施整体中断运行或者主要功能故障、国家基础信息以及其他重要数据泄露、较大规模个人信息泄露、造成较大经济损失、违法信息较大范围传播等特别重大网络安全事件或者发现特别重大网络安全威胁时，保护工作部门应当在收到报告后，及时向国家网信部门、国务院公安部门报告。

第十九条　运营者应当优先采购安全可信的网络产品和服务，采购网络产品和服务可能影响国家安全的，应当按照国家网络安全规定通过安全审查。

第二十条　运营者采购网络产品和服务，应当按照国家有关规定与网络产品和服务提供者签订安全保密协议，明确提供者的技术支持和安全保密义务与责任，并对义务与责任履行情况进行监督。

第二十一条　运营者发生合并、分立、解散等情况，应当及时报告保护工作部门，并按照保护工作部门的要求对关键信息基础设施进行处置，确保安全。

第四章　保障和促进

第二十二条　保护工作部门应当制定本行业、本领域关键信息基础设施安全规划，明确保护目标、基本要求、工作任务、具体措施。

第二十三条　国家网信部门统筹协调有关部门建立网络安全信息共享机制，及时汇总、研判、共享、发布网络安全威胁、漏洞、事件等信息，促进有关部门、保护工作部门、运营者以及网络安全服务机构等之间的网络安全信息共享。

第二十四条　保护工作部门应当建立健全本行业、本领域的关键信息基础设施网络安全监测预警制度，及时掌握本行业、本领域关键信息基础设施运行状况、安全态势，预警通报网络安全威胁和隐患，指导做好安全防范工作。

第二十五条　保护工作部门应当按照国家网络安全事件应急预案的要求，建立健全本行业、本领域的网络安全事件应急预案，定期组织应急演练；指导运营者做好网络安全事件应对处置，并根据需要组织提供技术支持与协助。

第二十六条　保护工作部门应当定期组织开展本行业、本领域关键信息基础设施网络安全检查检测，指导监督运营者及时整改安全隐患、完善安全措施。

第二十七条　国家网信部门统筹协调国务院公安部门、保护工作部门对关键信息基础设施进行网络安全检查检测，提出改进措施。

有关部门在开展关键信息基础设施网络安全检查时，应当加强协同配合、信息沟通，避免不必要的检查和交叉重复检查。检查工作不得收取费用，不得要求被检查单位购买指定品牌或者指定生产、销售单位的产品和服务。

第二十八条　运营者对保护工作部门开展的关键信息基础设施网络安全检查检测工作，以及公安、国家安全、保密行政管理、密码管理等有关部门依法开展的关键信息基础设施网络安全检查工作应当予以配合。

第二十九条　在关键信息基础设施安全保护工作中，国家网信部门和国务院电信主管部门、国务院公安部门等应当根据保护工作部门的需要，及时提供技术支持和协助。

第三十条　网信部门、公安机关、保护工作部门等有关部门、网络安全服务机构及其工作人员对于在关键信息基础设施安全保护工作中获取的信息，只能用于维护网络安全，并严格按照有关法律、行政法规的要求确保信息安全，不得泄露、出售或者非法向他人提供。

第三十一条　未经国家网信部门、国务院公安部门批准或者保护工作部门、运营者授权，任何个人和组织不得对关键信息基础设施实施漏洞探测、渗透性测试等可能影响或者危害关键信息基础设施安全的活动。对基础电信网络实施漏洞探测、渗透性测试等活动，应当事先向国务院电信主管部门报告。

第三十二条　国家采取措施，优先保障能源、电信等关键信息基础设施安全运行。

能源、电信行业应当采取措施，为其他行业和领域的关键信息基础设施安全运行提供重点保障。

第三十三条　公安机关、国家安全机关依据各自职责依法加强关键信息基础设施安全保卫，防范打击针对和利用关键信息基础设施实施的违法犯罪活动。

第三十四条　国家制定和完善关键信息基础设施安全标准，指导、规范关键信息基础设施安全保护工作。

第三十五条　国家采取措施，鼓励网络安全专门人才从事关键信息基础设施安全保护工作；将运营者安全管理人员、安全技术人员培训纳入国家继续教育体系。

第三十六条　国家支持关键信息基础设施安全防护技术创新和产业发展，组织力量实施关键信息基础设施安全技术攻关。

第三十七条　国家加强网络安全服务机构建设和管理，制定管理要求并加强监督指导，不断提升服务机构能力水平，充分发挥其在关键信息基础设施安全保护中的作用。

第三十八条　国家加强网络安全军民融合，军地协同保护关键信息基础设施安全。

第五章　法律责任

第三十九条　运营者有下列情形之一的，由有关主管部门依据职责责令改正，给予警告；拒不改正或者导致危害网络安全等后果的，处 10 万元以上 100 万元以下罚款，对直接负责的主管人员处 1 万元以上 10 万元以下罚款：

（一）在关键信息基础设施发生较大变化，可能影响其认定结果时未及时将相关情况报告保护工作部门的；

（二）安全保护措施未与关键信息基础设施同步规划、同步建设、同步使用的；

（三）未建立健全网络安全保护制度和责任制的；

（四）未设置专门安全管理机构的；

（五）未对专门安全管理机构负责人和关键岗位人员进行安全背景审查的；

（六）开展与网络安全和信息化有关的决策没有专门安全管理机构人员参与的；

（七）专门安全管理机构未履行本条例第十五条规定的职责的；

（八）未对关键信息基础设施每年至少进行一次网络安全检测和风险评估，未对发现的安全问题及时整改，或者未按照保护工作部门要求报送情况的；

（九）采购网络产品和服务，未按照国家有关规定与网络产品和服务提供者签订安全保密协议的；

（十）发生合并、分立、解散等情况，未及时报告保护工作部门，或者未按照保护工作部门的要求对关键信息基础设施进行处置的。

第四十条　运营者在关键信息基础设施发生重大网络安全事件或者发现重大网络安全威胁时，未按照有关规定的要求向保护工作部门、公安机关报告的，由保护工作部门、公安机关依据职责责令改正，给予警告；拒不改正或者导致危害网络安全等后果的，处10万元以上100万元以下罚款，对直接负责的主管人员处1万元以上10万元以下罚款。

第四十一条　运营者采购可能影响国家安全的网络产品和服务，未按照国家网络安全规定进行安全审查的，由国家网信部门等有关主管部门依据职责责令改正，处采购金额1倍以上10倍以下罚款，对直接负责的主管人员和其他直接责任人员处1万元以上10万元以下罚款。

第四十二条　运营者对保护工作部门开展的关键信息基础设施网络安全检查检测工作，以及公安、国家安全、保密行政管理、密码管理等有关部门依法开展的关键信息基础设施网络安全检查工作不予配合的，由有关主管部门责令改正；拒不改正的，处5万元以上50万元以下罚款，对直接负责的主管人员和其他直接责任人员处1万元以上10万元以下罚款；情节严重的，依法追究相应法律责任。

第四十三条　实施非法侵入、干扰、破坏关键信息基础设施，危害其安全的活动尚不构成犯罪的，依照《中华人民共和国网络安全法》有关规定，由公安机关没收违法所得，处5日以下拘留，可以并处5万元以上50万元以下罚款；情节较重的，处5日以上15日以下拘留，可以并处10万元以上100万元以下罚款。

单位有前款行为的，由公安机关没收违法所得，处10万元以上100万元以下罚款，并对直接负责的主管人员和其他直接责任人员依照前款规定处罚。

违反本条例第五条第二款和第三十一条规定，受到治安管理处罚的人员，5年内不得从事网络安全管理和网络运营关键岗位的工作；受到刑事处罚的人员，终身不得从事网络安全管理和网络运营关键岗位的工作。

第四十四条　网信部门、公安机关、保护工作部门和其他有关部门及其工作人员未履行关键信息基础设施安全保护和监督管理职责或者玩忽职守、滥用职权、徇私舞弊的，依法对直接负责的主管人员和其他直接责任人员给予处分。

第四十五条　公安机关、保护工作部门和其他有关部门在开展关键信息基础设施网络安全检查工作中收取费用，或者要求被检查单位购买指定品牌或者指定生产、销售单位的产品和服务的，由其上级机关责令改正，退还收取的费用；情节严重的，依法对直接负责的主管人员和其他直接责任人员给予处分。

第四十六条　网信部门、公安机关、保护工作部门等有关部门、网络安全服务机构及其工作人员将在关键信息基础设施安全保护工作中获取的信息用于其他用途，或者泄露、出售、非法向他人提供的，依法对直接负责的主管人员和其他直接责任人员给予处分。

第四十七条　关键信息基础设施发生重大和特别重大网络安全事件，经调查确定为责任事故的，除应当查明运营者责任并依法予以追究外，还应查明相关网络安全服务机构及有关部门的责任，对有失职、渎职及其他违法行为的，依法追究责任。

第四十八条　电子政务关键信息基础设施的运营者不履行本条例规定的网络安全保护义务的，依照《中华人民共和国网络安全法》有关规定予以处理。

第四十九条　违反本条例规定，给他人造成损害的，依法承担民事责任。

违反本条例规定，构成违反治安管理行为的，依法给予治安管理处罚；构成犯罪的，依法追究刑事责任。

第六章　附则

第五十条　存储、处理涉及国家秘密信息的关键信息基础设施的安全保护，还应当遵守保密法律、行政法规的规定。

关键信息基础设施中的密码使用和管理，还应当遵守相关法律、行政法规的规定。

第五十一条　本条例自2021年9月1日起施行。

附录 B 网络安全监督检查通知书

（此处印制公安机关名称）

网络安全监督检查通知书

×公网安 检字[   ]   号

被检查单位名称＿＿＿＿＿＿＿＿＿＿＿＿＿＿＿＿＿＿＿＿＿＿＿＿＿＿

检查时间＿＿＿＿＿＿＿＿＿＿＿＿＿＿＿＿＿＿＿＿＿＿＿＿＿＿＿＿＿

检查地点＿＿＿＿＿＿＿＿＿＿＿＿＿＿＿＿＿＿＿＿＿＿＿＿＿＿＿＿＿

检查单位＿＿＿＿＿＿＿＿＿＿＿＿＿＿＿＿＿＿＿＿＿＿＿＿＿＿＿＿＿

承 办 人＿＿＿＿＿＿＿＿＿＿＿＿＿＿＿＿＿＿＿＿＿＿＿＿＿＿＿＿＿

批 准 人＿＿＿＿＿＿＿＿＿＿＿＿＿＿＿＿＿＿＿＿＿＿＿＿＿＿＿＿＿

检查人员＿＿＿＿＿＿＿＿＿＿＿＿＿＿＿＿＿＿＿＿＿＿＿＿＿＿＿＿＿

填发日期＿＿＿＿＿＿＿＿＿＿＿＿＿＿＿＿＿＿＿＿＿＿＿＿＿＿＿＿＿

存根

（此处印制公安机关名称）

网络安全监督检查通知书

×公网安 检字[ ] 号

＿＿＿＿＿＿＿＿＿＿＿＿＿＿＿＿＿＿：

根据《网络安全法》《人民警察法》《计算机信息系统安全保护条例》等规定，我单位决定于____年__月__日至____年__月__日对你单位网络安全工作进行监督检查。具体包括下列事项：

☐1．《网络安全法》等国家法律法规和网络安全责任制落实情况；

☐2．网络安全保障工作落实情况；

☐3．网络安全等级保护工作落实情况；

☐4．关键信息基础设施安全保护工作落实情况；

☐5．网络安全信息通报预警和应急处置工作落实情况；

☐6．重要数据和公民个人信息保护工作落实情况；

☐7．其他网络安全保护工作情况。

请你单位分管网络安全工作的负责同志及有关人员届时参加并做好准备工作。

联系人：　　　　　　　　　联系电话：

（公安机关印章）

年　月　日

一式两份，一份交被通知单位，一份附卷。

附录 C　网络安全监督检查记录单

（此处印制公安机关名称）

网络安全监督检查记录单

×公网安 检字[　]　　　号

检查民警（签名）_____

被检查单位（部门）名称_____

检查时间_____年____月____日

检查地点_____

被检查单位网络安全负责人_____

联系电话_____

被检查单位网络安全联系人_____

联系电话_____

记录人（签名）_____

被检查单位人员（签名）_____

此记录由公安机关存档。

检查内容	检查结果（如否说明情况）
一、网络安全保障工作开展情况	
1-1 是否成立网络安全领导机构（办公室）	□是　□否
1-2 是否由本单位主要领导同志担任领导机构负责人	□是　□否
1-3 是否成立网络安全专门管理机构，并科学配备专门人员	□是　□否
1-4 是否对网络安全机构负责人和关键岗位人员进行背景审查	□是　□否
1-5 是否制定出台 □本行业 □本单位 网络安全有关政策文件和标准规范	□是　□否
1-6 是否制定 □本行业 □本单位 网络安全工作规划和实施方案	□是　□否
1-7 是否制定 □本行业 □本单位 网络安全责任制、考核评价制度和责任追究制度	□是　□否
1-8 是否制定 □本行业 □本单位 人员管理制度、网络安全教育训练制度	□是　□否
1-9 是否建立 □本行业 □本单位 网络安全经费保障机制	□是　□否
1-10 是否落实新技术新应用网络安全风险管控措施	□是　□否
1-11 本年度是否发生重大网络安全案事件	□是　□否
1-12 是否建设网络安全保护类平台	□是　□否
如是，请简述平台功能及应用情况：	
1-13 是否申报过网络安全审查	□是　□否
如是，请简要说明情况：	
1-14 网络安全服务是否采用外包	□是　□否
如是，请简述如何确保网络安全服务外包等供应链安全：	
1-15 数据是否分级分类	□是　□否
如是，请简述分级分类情况：	
二、网络安全等级保护工作开展情况	
2-1 是否制定出台 □本行业 □本单位 网络安全等级保护政策文件	□是　□否
2-2 是否组织和部署 □本行业 □本单位 开展网络安全等级保护工作	□是　□否
2-3 是否依据有关法律法规和标准规范，制定 □本行业 □本单位 网络安全等级保护标准规范	□是　□否
2-4 是否有未定级的网络，安全保护等级是否科学合理	□是　□否
2-5 新建及在建网络是否及时进行定级、并及时向公安机关备案	□是　□否
2-6 新建及在建网络是否落实"同步规划、同步建设、同步运行"的网络安全保护措施	□是　□否
2-7 第三级（含）以上网络是否每年开展一次网络安全等级测评工作	□是　□否

续表

检查内容	检查结果（如否说明情况）
2-8 根据等级测评发现的问题，是否制定网络安全建设整改方案并开展整改工作	□是　□否
2-9 是否按照有关规定的条件选择等级测评机构，是否与测评机构签署安全保密协议	□是　□否
2-10 是否按照网络安全等级保护国家标准开展网络安全防护	□是　□否
2-11 是否落实数据安全和个人信息安全保护措施	□是　□否
如是，请简述主要措施：	
2-12 是否使用互联网远程运维工具	□是　□否
如是，采取了哪些安全管控措施：	
2-13 第三级以上网络是否使用安全可信的网络产品及服务	□是　□否
2-14 是否组织 □本行业 □本单位 对网络安全等级保护工作开展自查	□是　□否
三、关键信息基础设施安全保护工作开展情况（如没有，不需填写）	
3-1 是否制定出台关键信息基础设施安全保护工作政策文件，并组织、部署全行业开展关键信息基础设施安全保护工作	□是　□否
3-2 是否依据有关法律法规和标准规范，制定关键信息基础设施安全保护行业标准规范	□是　□否
3-3 是否制定行业关键信息基础设施认定规则并开展认定工作	□是　□否
3-4 新建及在建网络是否按认定规则及时认定为关键信息基础设施	□是　□否
3-5 关键信息基础设施认定后，是否及时向公安机关备案	□是　□否
3-6 关键信息基础设施是否落实"同步规划、同步建设、同步运行"安全保护措施	□是　□否
3-7 关键信息基础设施是否按要求开展年度检测评估	□是　□否
3-8 是否按要求选择符合条件的检测评估机构	□是　□否
3-9 根据检测评估发现的问题，是否制定安全建设整改方案并开展整改工作	□是　□否
3-10 是否采购、使用安全可信的网络安全产品、服务	□是　□否
3-11 是否组织 □本行业 □本单位 对关键信息基础设施安全保护工作开展自查	□是　□否
3-12 关键信息基础设施在境内运营中收集和产生的个人信息、重要数据是否存储在境内	□是　□否
如否，请说明情况，并明确跨境传输前是否进行安全评估并采取了风险防控措施？	
3-13 请简述关键岗位人员管理、供应链安全、数据安全等重点保护措施落实情况：	

续表

检查内容	检查结果（如否说明情况）
四、网络安全信息通报预警和应急处置工作情况	
4-1 是否加入国家（地方）网络与信息安全信息通报机制	□是　□否
4-2 □本行业　□本单位　是否建立网络与信息安全信息通报机制	□是　□否
4-3 是否有专门的责任部门负责开展网络与信息安全信息通报工作	□是　□否
4-4 是否能及时响应本级（国家、地方）网络与信息安全信息通报中心通报预警	□是　□否
4-5 是否组织　□本行业　□本单位　开展网络安全监测、通报预警、应急处置工作	□是　□否
4-6 是否制定　□本行业　□本单位　网络安全事件应急预案和应急处置机制	□是　□否
4-7 是否定期组织　□本行业　□本单位　开展应急演练或实战演练	□是　□否
4-8 是否制定　□本行业　□本单位　网络安全重大威胁报告和处置制度	□是　□否
4-9 是否制定　□本行业　□本单位　网络安全案事件报告和处置制度	□是　□否
4-10 是否与属地公安机关网安部门建立联动处置机制	□是　□否
其他需要说明的情况	

此记录由公安机关存档。

现场检查民警（签名）＿＿＿＿＿＿＿＿＿＿＿＿＿＿＿＿＿　　　年　　月　　日

被检查单位主管人员（签名）＿＿＿＿＿＿＿＿＿＿＿＿＿＿＿　　　年　　月　　日

附录 D 网络安全监督检查限期整改通知书

（此处印制公安机关名称）

网络安全监督检查限期整改通知书

×公网安 限字[　　]第　　号

_____：

根据《网络安全法》《人民警察法》《计算机信息系统安全保护条例》等法律法规规定，我单位民警　　　　　于____年__月__日对你单位网络安全保护工作进行了监督检查，发现存在下列违规行为：

1.（具体的不符合行为描述，可自行添加）；

2.；

根据_____，请你单位于____年__月__日前完成整改，并在期限届满前将整改情况函告我单位。

在期限届满之前，你单位应当采取必要的安全保护管理和技术措施，确保网络安全。

（公安机关印章）

年　　月　　日

一式两份，一份交被检查单位，一份附卷。

附录 E 网络安全监督检查情况通报书

（此处印制公安机关名称）

网络安全监督检查情况通报书

×公网安 通字[   ]第   号

被通报单位名称_____

通报事由_____

_____

_____

_____

办理单位：_____

承 办 人：_____

批 准 人：_____

填发日期：_____

存根

（此处印制公安机关名称）
网络安全监督检查情况通报书

×公网安 通字[ ] 第 号

_____：

根据《网络安全法》《人民警察法》《计算机信息系统安全保护条例》等法律法规规定，我单位民警_____于___年__月__日对_____（单位名称）_____网络安全工作进行了监督检查，发现存在违规行为并发出《网络安全监督检查限期整改通知书》(×公网安 限字[ ]第 号)。但在整改期限结束后，未收到整改结果报告，我单位于___年__月__日对其做出了_____处罚。

鉴于你单位为其上级主管部门，建议你单位督促其按照《网络安全监督检查限期整改通知书》的要求完成整改工作，并及时反馈结果。

特此通报。

（公安机关印章）

年 月 日

一式两份，一份交被检查单位，一份附卷。

附录 F 网络安全监督检查自查表

表一：行业主管部门填写。

一、行业主管部门基本情况				
行业主管部门名称				
单位地址				
网络安全分管领导	姓名		职务/职称	
网络安全责任部门				
责任部门负责人	姓　名		职务/职称	
	办公电话		移动电话	
责任部门联系人	姓　名		职务/职称	
	办公电话		移动电话	
	传　真		邮箱地址	
全行业网络（包括基础网络、信息系统、大数据平台等）总数		第四级网络数		第三级网络数	
		第二级网络数		未定级网络数	
全行业网络等级测评总数		第四级网络数		第三级网络数	
		第二级网络数		未测评网络数	
全行业网络安全建设整改总数		第四级网络数		第三级网络数	
		第二级网络数		未整改网络数	
本级单位网络总数		第四级网络数		第三级网络数	
		第二级网络数		未整改网络数	

续表

二、行业主管部门网络安全工作情况
1、行业网络安全工作的组织领导情况
重点包括：行业网络安全领导机构成立情况；行业网络安全职能部门设立和履行职责情况；全行业网络安全工作组织部署情况等。
2、行业网络安全保障工作情况
重点包括：行业网络安全工作经费落实情况；行业网络安全工作年度考核情况；行业主管部门组织对地方对口部门或所属企事业单位网络安全检查情况；对网络安全机构负责人和关键岗位人员进行背景审查情况等。
3、行业网络安全顶层设计和政策标准制定情况
重点包括：行业网络安全顶层设计情况；行业网络安全工作的短期目标和长远规划制定情况；行业出台网络安全有关政策文件和行业标准规范（含网络安全等级保护、关键信息基础设施安全保护）情况，注明具体文件名称、文号及出台时间；行业网络安全保护策略制定情况等。
4、行业网络安全等级保护工作开展情况
重点包括：全行业网络定级、备案、年度等级测评、整改情况；按照网络安全等级保护国家标准开展网络安全防护工作情况及主要措施等。
5、行业关键信息基础设施安全保护工作开展情况（如没有，不需填写）
重点包括：行业关键信息基础设施认定规则制定情况；关键信息基础设施认定、备案、年度检测评估、整改情况；新建及在建网络是否及时认定关键信息基础设施、是否及时向公安机关备案，是否落实"同步规划、同步建设、同步运行"安全保护措施情况；关键信息基础设施安全保护的保障机制建立和落实情况等。
6、行业网络安全信息通报工作开展情况
重点包括：加入国家网络与信息安全通报机制情况；建立全行业网络与信息安全信息通报机制情况；组织行业开展网络安全监测、通报预警、应急处置情况等。
7、行业网络安全事件应急预案和演练情况
重点包括：制定行业网络安全事件应急预案及应急处置机制情况；组织行业开展网络安全应急演练或实战演练情况等。
8、行业网络安全事件（事故）处置情况
重点包括：制定行业网络安全重大威胁和网络安全事件（事故）发现、报告和处置制度情况；本年度发生重大网络安全事件（事故）情况；与相关部门建立网络安全应急处置机制情况等。
9、行业重要数据和公民个人信息保护情况
重点包括：行业数据中心建设情况；行业数据资源存储情况，有无跨境存储，如有是否进行安全评估并采取哪些风险防控措施；行业数据资源安全保护情况；行业数据资源灾备中心建设情况和数据备份恢复情况；行业数据资源存储、应用、运维等是否由社会第三方提供，提供服务的单位、人员具体情况及采取管理措施情况；数据分级分类情况等。
10、行业网络安全责任追究和宣传培训工作情况
重点包括：建立行业网络安全责任追究制度情况；依据责任追究制度对行业发生的网络安全事件（事故）进行追责情况；行业组织开展网络安全宣传教育情况；行业组织开展网络安全领导干部培训、业务骨干培训和网络安全员培训情况等。

续表

11、行业网络安全应急队伍建设情况	
重点包括：建立行业网络安全应急队伍及网络安全专家队伍情况；与社会企业签订应急支持协议情况；行业应急队伍建设规划情况等。	
12、网络安全保护平台建设使用情况	
重点包括：部署行业建设网络安全保护类平台情况；平台是否包含实时监测、通报预警、事件处置、威胁情报、态势感知、指挥调度等基本功能；行业网络安全保护类平台上下级联通情况；与公安机关网安部门网络安全保卫平台对接情况；利用平台联合开展网络安全保护、事件处置、重大活动安保、数据共享情况等。	
13、行业新技术新应用安全保护情况	
重点包括：行业大数据、云计算、物联网、工业控制系统、App 等新技术新应用使用情况；采取哪些网络安全风险管控措施等。	
14、采购使用网络安全产品、服务情况	
重点包括：采购使用网络安全产品是否获得计算机信息系统安全专用产品销售许可证；第三级（含）以上网络使用安全可信的网络产品、服务情况；网络安全服务是否采用外包，采取哪些措施确保服务外包等供应链安全；使用互联网远程运维工具情况；申报网络安全审查情况等。	

表二：网络运营者填写。

一、网络运营者基本情况					
单位名称					
单位地址					
网络安全分管领导	姓名			职务/职称	
网络安全责任部门					
责任部门负责人	姓名			职务/职称	
	办公电话			移动电话	
责任部门联系人	姓名			职务/职称	
	办公电话			移动电话	
单位网络（包括基础网络、信息系统、大数据平台）总数		第四级网络数		第三级网络数	
		第二级网络数		未定级网络数	
单位网络等级测评总数		第四级网络数		第三级网络数	
		第二级网络数		未测评网络数	
单位网络安全建设整改总数		第四级网络数		第三级网络数	
		第二级网络数		未整改网络数	
单位网络安全自查总数		第四级网络数		第三级网络数	
		第二级网络数		未自查网络数	

续表

二、网络运营者网络安全工作情况
1、单位网络安全工作组织领导情况
重点包括：网络安全领导机构成立情况；网络安全职能部门设立和履行职责情况；网络安全工作部署情况等。
2、单位网络安全保障工作情况
重点包括：出台网络安全政策、规划、管理制度（人员、机房、设备、介质、网络安全建设、运维、服务外包等）等文件情况，注明具体文件名称、文号及出台时间；网络安全工作经费落实情况；网络安全工作年度考核情况；开展网络安全自查情况；对网络安全机构负责人和关键岗位人员进行背景审查情况等。
3、单位网络安全等级保护工作开展情况
重点包括：网络定级、备案、年度等级测评、整改情况；测评机构资质核验情况；与测评机构签署安全保密协议并进行监督管理情况；按照网络安全等级保护国家标准开展网络安全防护工作情况及主要措施；针对单位网络开展恶意代码扫描、渗透性测试和风险评估等安全检测情况等。
4、单位关键信息基础设施安全保护工作开展情况（如没有，不需填写）
重点包括：按照关键信息基础设施认定规则，认定关键信息基础设施及备案情况；关键信息基础设施按要求开展年度检测评估情况；根据检测评估发现的问题，制定安全建设整改方案并开展整改工作情况；新建及在建网络是否及时认定关键信息基础设施、是否及时向公安机关备案，是否落实"同步规划、同步建设、同步运行"安全保护措施；关键信息基础设施安全保护的保障机制建立和落实情况等。
5、单位网络安全信息通报预警、应急演练工作开展情况
重点包括：加入地方网络与信息安全通报机制情况；建立本单位网络与信息安全信息通报机制情况；制定网络安全应急预案及应急处置机制情况；组织开展网络安全监测、通报预警、应急处置、应急演练或实战演练情况等。
6、单位网络安全事件（事故）处置情况
重点包括：制定网络安全重大威胁和网络安全事件（事故）发现、报告和处置制度情况；本年度发生重大网络安全事件（事故）情况；与属地公安机关网安部门及有关单位建立网络安全应急处置机制情况等。
7、单位重要数据和公民个人信息保护情况
重点包括：数据中心建设情况；数据资源存储情况，有无跨境存储，如有是否进行了安全评估并采取了哪些风险防控措施；数据资源安全保护情况；数据资源灾备中心建设情况和数据备份恢复情况；数据资源存储、应用、运维等是否由社会第三方提供，提供服务的单位、人员具体情况及采取管理措施情况；数据分级分类情况等。
8、单位网络安全责任追究和宣传培训工作情况
重点包括：建立网络安全责任追究制度情况；依据责任追究制度对本单位发生的网络安全事件（事故）进行追责情况；组织开展网络安全宣传教育及培训情况等。
9、单位新技术新应用安全保护情况
重点包括：大数据、云计算、物联网、工业控制系统、App 等新技术新应用使用情况；采取哪些网络安全风险管控措施等。
10、单位采购使用网络安全产品、服务情况
重点包括：采购使用的网络安全产品是否获得计算机信息系统安全专用产品销售许可证；第三级（含）以上网络使用安全可信的网络产品、服务情况；网络安全服务是否采用外包，采取哪些措施确保服务外包等供应链安全；使用互联网远程运维工具情况等。

续表

三、网络运营者网络（信息系统）基本情况							
序号	网络名称	安全保护等级	是否备案	等级保护备案编号	本年度是否测评	IP 地址或域名	系统类型
1							□基础网络 □办公系统 □业务系统 □门户网站 □邮件或通信系统 □云平台 □大数据 □移动 App □工控系统 □其他
2							□基础网络 □办公系统 □业务系统 □门户网站 □邮件或通信系统 □云平台 □大数据 □移动 App □工控系统 □其他

附录 G 《网络产品安全漏洞管理规定》

第一条 为了规范网络产品安全漏洞发现、报告、修补和发布等行为，防范网络安全风险，根据《中华人民共和国网络安全法》，制定本规定。

第二条 中华人民共和国境内的网络产品（含硬件、软件）提供者和网络运营者，以及从事网络产品安全漏洞发现、收集、发布等活动的组织或者个人，应当遵守本规定。

第三条 国家互联网信息办公室负责统筹协调网络产品安全漏洞管理工作。工业和信息化部负责网络产品安全漏洞综合管理，承担电信和互联网行业网络产品安全漏洞监督管理。公安部负责网络产品安全漏洞监督管理，依法打击利用网络产品安全漏洞实施的违法犯罪活动。

有关主管部门加强跨部门协同配合，实现网络产品安全漏洞信息实时共享，对重大网络产品安全漏洞风险开展联合评估和处置。

第四条 任何组织或者个人不得利用网络产品安全漏洞从事危害网络安全的活动，不得非法收集、出售、发布网络产品安全漏洞信息；明知他人利用网络产品安全漏洞从事危害网络安全的活动的，不得为其提供技术支持、广告推广、支付结算等帮助。

第五条 网络产品提供者、网络运营者和网络产品安全漏洞收集平台应当建立健全网络产品安全漏洞信息接收渠道并保持畅通，留存网络产品安全漏洞信息接收日志不少于 6 个月。

第六条 鼓励相关组织和个人向网络产品提供者通报其产品存在的安全漏洞。

第七条 网络产品提供者应当履行下列网络产品安全漏洞管理义务，确保其产品安全漏洞得到及时修补和合理发布，并指导支持产品用户采取防范措施：

（一）发现或者获知所提供网络产品存在安全漏洞后，应当立即采取措施并组织对安全漏洞进行验证，评估安全漏洞的危害程度和影响范围；对属于其上游产品或者组件存在的安全漏洞，应当立即通知相关产品提供者。

（二）应当在 2 日内向工业和信息化部网络安全威胁和漏洞信息共享平台报送相关漏

洞信息。报送内容应当包括存在网络产品安全漏洞的产品名称、型号、版本以及漏洞的技术特点、危害和影响范围等。

（三）应当及时组织对网络产品安全漏洞进行修补，对于需要产品用户（含下游厂商）采取软件、固件升级等措施的，应当及时将网络产品安全漏洞风险及修补方式告知可能受影响的产品用户，并提供必要的技术支持。

工业和信息化部网络安全威胁和漏洞信息共享平台同步向国家网络与信息安全信息通报中心、国家计算机网络应急技术处理协调中心通报相关漏洞信息。

鼓励网络产品提供者建立所提供网络产品安全漏洞奖励机制，对发现并通报所提供网络产品安全漏洞的组织或者个人给予奖励。

第八条　网络运营者发现或者获知其网络、信息系统及其设备存在安全漏洞后，应当立即采取措施，及时对安全漏洞进行验证并完成修补。

第九条　从事网络产品安全漏洞发现、收集的组织或者个人通过网络平台、媒体、会议、竞赛等方式向社会发布网络产品安全漏洞信息的，应当遵循必要、真实、客观以及有利于防范网络安全风险的原则，并遵守以下规定：

（一）不得在网络产品提供者提供网络产品安全漏洞修补措施之前发布漏洞信息；认为有必要提前发布的，应当与相关网络产品提供者共同评估协商，并向工业和信息化部、公安部报告，由工业和信息化部、公安部组织评估后进行发布。

（二）不得发布网络运营者在用的网络、信息系统及其设备存在安全漏洞的细节情况。

（三）不得刻意夸大网络产品安全漏洞的危害和风险，不得利用网络产品安全漏洞信息实施恶意炒作或者进行诈骗、敲诈勒索等违法犯罪活动。

（四）不得发布或者提供专门用于利用网络产品安全漏洞从事危害网络安全活动的程序和工具。

（五）在发布网络产品安全漏洞时，应当同步发布修补或者防范措施。

（六）在国家举办重大活动期间，未经公安部同意，不得擅自发布网络产品安全漏洞信息。

（七）不得将未公开的网络产品安全漏洞信息向网络产品提供者之外的境外组织或者个人提供。

（八）法律法规的其他相关规定。

第十条　任何组织或者个人设立的网络产品安全漏洞收集平台，应当向工业和信息化部备案。工业和信息化部及时向公安部、国家互联网信息办公室通报相关漏洞收集平台，并对通过备案的漏洞收集平台予以公布。

鼓励发现网络产品安全漏洞的组织或者个人向工业和信息化部网络安全威胁和漏洞信息共享平台、国家网络与信息安全信息通报中心漏洞平台、国家计算机网络应急技术处理协调中心漏洞平台、中国信息安全测评中心漏洞库报送网络产品安全漏洞信息。

第十一条　从事网络产品安全漏洞发现、收集的组织应当加强内部管理，采取措施防范网络产品安全漏洞信息泄露和违规发布。

第十二条　网络产品提供者未按本规定采取网络产品安全漏洞补救或者报告措施的，由工业和信息化部、公安部依据各自职责依法处理；构成《中华人民共和国网络安全法》第六十条规定情形的，依照该规定予以处罚。

第十三条　网络运营者未按本规定采取网络产品安全漏洞修补或者防范措施的，由有关主管部门依法处理；构成《中华人民共和国网络安全法》第五十九条规定情形的，依照该规定予以处罚。

第十四条　违反本规定收集、发布网络产品安全漏洞信息的，由工业和信息化部、公安部依据各自职责依法处理；构成《中华人民共和国网络安全法》第六十二条规定情形的，依照该规定予以处罚。

第十五条　利用网络产品安全漏洞从事危害网络安全活动，或者为他人利用网络产品安全漏洞从事危害网络安全的活动提供技术支持的，由公安机关依法处理；构成《中华人民共和国网络安全法》第六十三条规定情形的，依照该规定予以处罚；构成犯罪的，依法追究刑事责任。

第十六条　本规定自 2021 年 9 月 1 日起施行。

附录 H 《数据安全法》

第一章 总则

第一条 为了规范数据处理活动，保障数据安全，促进数据开发利用，保护个人、组织的合法权益，维护国家主权、安全和发展利益，制定本法。

第二条 在中华人民共和国境内开展数据处理活动及其安全监管，适用本法。

在中华人民共和国境外开展数据处理活动，损害中华人民共和国国家安全、公共利益或者公民、组织合法权益的，依法追究法律责任。

第三条 本法所称数据，是指任何以电子或者其他方式对信息的记录。

数据处理，包括数据的收集、存储、使用、加工、传输、提供、公开等。

数据安全，是指通过采取必要措施，确保数据处于有效保护和合法利用的状态，以及具备保障持续安全状态的能力。

第四条 维护数据安全，应当坚持总体国家安全观，建立健全数据安全治理体系，提高数据安全保障能力。

第五条 中央国家安全领导机构负责国家数据安全工作的决策和议事协调，研究制定、指导实施国家数据安全战略和有关重大方针政策，统筹协调国家数据安全的重大事项和重要工作，建立国家数据安全工作协调机制。

第六条 各地区、各部门对本地区、本部门工作中收集和产生的数据及数据安全负责。

工业、电信、交通、金融、自然资源、卫生健康、教育、科技等主管部门承担本行业、本领域数据安全监管职责。

公安机关、国家安全机关等依照本法和有关法律、行政法规的规定，在各自职责范围内承担数据安全监管职责。

国家网信部门依照本法和有关法律、行政法规的规定，负责统筹协调网络数据安全和相关监管工作。

第七条 国家保护个人、组织与数据有关的权益，鼓励数据依法合理有效利用，保障数据依法有序自由流动，促进以数据为关键要素的数字经济发展。

第八条　开展数据处理活动，应当遵守法律、法规，尊重社会公德和伦理，遵守商业道德和职业道德，诚实守信，履行数据安全保护义务，承担社会责任，不得危害国家安全、公共利益，不得损害个人、组织的合法权益。

第九条　国家支持开展数据安全知识宣传普及，提高全社会的数据安全保护意识和水平，推动有关部门、行业组织、科研机构、企业、个人等共同参与数据安全保护工作，形成全社会共同维护数据安全和促进发展的良好环境。

第十条　相关行业组织按照章程，依法制定数据安全行为规范和团体标准，加强行业自律，指导会员加强数据安全保护，提高数据安全保护水平，促进行业健康发展。

第十一条　国家积极开展数据安全治理、数据开发利用等领域的国际交流与合作，参与数据安全相关国际规则和标准的制定，促进数据跨境安全、自由流动。

第十二条　任何个人、组织都有权对违反本法规定的行为向有关主管部门投诉、举报。收到投诉、举报的部门应当及时依法处理。

有关主管部门应当对投诉、举报人的相关信息予以保密，保护投诉、举报人的合法权益。

第二章　数据安全与发展

第十三条　国家统筹发展和安全，坚持以数据开发利用和产业发展促进数据安全，以数据安全保障数据开发利用和产业发展。

第十四条　国家实施大数据战略，推进数据基础设施建设，鼓励和支持数据在各行业、各领域的创新应用。

省级以上人民政府应当将数字经济发展纳入本级国民经济和社会发展规划，并根据需要制定数字经济发展规划。

第十五条　国家支持开发利用数据提升公共服务的智能化水平。提供智能化公共服务，应当充分考虑老年人、残疾人的需求，避免对老年人、残疾人的日常生活造成障碍。

第十六条　国家支持数据开发利用和数据安全技术研究，鼓励数据开发利用和数据安全等领域的技术推广和商业创新，培育、发展数据开发利用和数据安全产品、产业体系。

第十七条　国家推进数据开发利用技术和数据安全标准体系建设。国务院标准化行政主管部门和国务院有关部门根据各自的职责，组织制定并适时修订有关数据开发利用技术、产品和数据安全相关标准。国家支持企业、社会团体和教育、科研机构等参与标准制定。

第十八条　国家促进数据安全检测评估、认证等服务的发展，支持数据安全检测评估、认证等专业机构依法开展服务活动。

国家支持有关部门、行业组织、企业、教育和科研机构、有关专业机构等在数据安全风险评估、防范、处置等方面开展协作。

第十九条　国家建立健全数据交易管理制度，规范数据交易行为，培育数据交易市场。

第二十条　国家支持教育、科研机构和企业等开展数据开发利用技术和数据安全相关教育和培训，采取多种方式培养数据开发利用技术和数据安全专业人才，促进人才交流。

第三章　数据安全制度

第二十一条　国家建立数据分类分级保护制度，根据数据在经济社会发展中的重要程度，以及一旦遭到篡改、破坏、泄露或者非法获取、非法利用，对国家安全、公共利益或者个人、组织合法权益造成的危害程度，对数据实行分类分级保护。国家数据安全工作协调机制统筹协调有关部门制定重要数据目录，加强对重要数据的保护。

关系国家安全、国民经济命脉、重要民生、重大公共利益等数据属于国家核心数据，实行更加严格的管理制度。

各地区、各部门应当按照数据分类分级保护制度，确定本地区、本部门以及相关行业、领域的重要数据具体目录，对列入目录的数据进行重点保护。

第二十二条　国家建立集中统一、高效权威的数据安全风险评估、报告、信息共享、监测预警机制。国家数据安全工作协调机制统筹协调有关部门加强数据安全风险信息的获取、分析、研判、预警工作。

第二十三条　国家建立数据安全应急处置机制。发生数据安全事件，有关主管部门应当依法启动应急预案，采取相应的应急处置措施，防止危害扩大，消除安全隐患，并及时向社会发布与公众有关的警示信息。

第二十四条　国家建立数据安全审查制度，对影响或者可能影响国家安全的数据处理活动进行国家安全审查。

依法作出的安全审查决定为最终决定。

第二十五条 国家对与维护国家安全和利益、履行国际义务相关的属于管制物项的数据依法实施出口管制。

第二十六条 任何国家或者地区在与数据和数据开发利用技术等有关的投资、贸易等方面对中华人民共和国采取歧视性的禁止、限制或者其他类似措施的，中华人民共和国可以根据实际情况对该国家或者地区对等采取措施。

第四章 数据安全保护义务

第二十七条 开展数据处理活动应当依照法律、法规的规定，建立健全全流程数据安全管理制度，组织开展数据安全教育培训，采取相应的技术措施和其他必要措施，保障数据安全。利用互联网等信息网络开展数据处理活动，应当在网络安全等级保护制度的基础上，履行上述数据安全保护义务。

重要数据的处理者应当明确数据安全负责人和管理机构，落实数据安全保护责任。

第二十八条 开展数据处理活动以及研究开发数据新技术，应当有利于促进经济社会发展，增进人民福祉，符合社会公德和伦理。

第二十九条 开展数据处理活动应当加强风险监测，发现数据安全缺陷、漏洞等风险时，应当立即采取补救措施；发生数据安全事件时，应当立即采取处置措施，按照规定及时告知用户并向有关主管部门报告。

第三十条 重要数据的处理者应当按照规定对其数据处理活动定期开展风险评估，并向有关主管部门报送风险评估报告。

风险评估报告应当包括处理的重要数据的种类、数量，开展数据处理活动的情况，面临的数据安全风险及其应对措施等。

第三十一条 关键信息基础设施的运营者在中华人民共和国境内运营中收集和产生的重要数据的出境安全管理，适用《中华人民共和国网络安全法》的规定；其他数据处理者在中华人民共和国境内运营中收集和产生的重要数据的出境安全管理办法，由国家网信部门会同国务院有关部门制定。

第三十二条 任何组织、个人收集数据，应当采取合法、正当的方式，不得窃取或者以其他非法方式获取数据。

法律、行政法规对收集、使用数据的目的、范围有规定的，应当在法律、行政法规规定的目的和范围内收集、使用数据。

第三十三条　从事数据交易中介服务的机构提供服务，应当要求数据提供方说明数据来源，审核交易双方的身份，并留存审核、交易记录。

第三十四条　法律、行政法规规定提供数据处理相关服务应当取得行政许可的，服务提供者应当依法取得许可。

第三十五条　公安机关、国家安全机关因依法维护国家安全或者侦查犯罪的需要调取数据，应当按照国家有关规定，经过严格的批准手续，依法进行，有关组织、个人应当予以配合。

第三十六条　中华人民共和国主管机关根据有关法律和中华人民共和国缔结或者参加的国际条约、协定，或者按照平等互惠原则，处理外国司法或者执法机构关于提供数据的请求。非经中华人民共和国主管机关批准，境内的组织、个人不得向外国司法或者执法机构提供存储于中华人民共和国境内的数据。

第五章　政务数据安全与开放

第三十七条　国家大力推进电子政务建设，提高政务数据的科学性、准确性、时效性，提升运用数据服务经济社会发展的能力。

第三十八条　国家机关为履行法定职责的需要收集、使用数据，应当在其履行法定职责的范围内依照法律、行政法规规定的条件和程序进行；对在履行职责中知悉的个人隐私、个人信息、商业秘密、保密商务信息等数据应当依法予以保密，不得泄露或者非法向他人提供。

第三十九条　国家机关应当依照法律、行政法规的规定，建立健全数据安全管理制度，落实数据安全保护责任，保障政务数据安全。

第四十条　国家机关委托他人建设、维护电子政务系统，存储、加工政务数据，应当经过严格的批准程序，并应当监督受托方履行相应的数据安全保护义务。受托方应当依照法律、法规的规定和合同约定履行数据安全保护义务，不得擅自留存、使用、泄露或者向他人提供政务数据。

第四十一条　国家机关应当遵循公正、公平、便民的原则，按照规定及时、准确地公开政务数据。依法不予公开的除外。

第四十二条　国家制定政务数据开放目录，构建统一规范、互联互通、安全可控的政务数据开放平台，推动政务数据开放利用。

第四十三条　法律、法规授权的具有管理公共事务职能的组织为履行法定职责开展数据处理活动，适用本章规定。

第六章　法律责任

第四十四条　有关主管部门在履行数据安全监管职责中，发现数据处理活动存在较大安全风险的，可以按照规定的权限和程序对有关组织、个人进行约谈，并要求有关组织、个人采取措施进行整改，消除隐患。

第四十五条　开展数据处理活动的组织、个人不履行本法第二十七条、第二十九条、第三十条规定的数据安全保护义务的，由有关主管部门责令改正，给予警告，可以并处五万元以上五十万元以下罚款，对直接负责的主管人员和其他直接责任人员可以处一万元以上十万元以下罚款；拒不改正或者造成大量数据泄露等严重后果的，处五十万元以上二百万元以下罚款，并可以责令暂停相关业务、停业整顿、吊销相关业务许可证或者吊销营业执照，对直接负责的主管人员和其他直接责任人员处五万元以上二十万元以下罚款。

违反国家核心数据管理制度，危害国家主权、安全和发展利益的，由有关主管部门处二百万元以上一千万元以下罚款，并根据情况责令暂停相关业务、停业整顿、吊销相关业务许可证或者吊销营业执照；构成犯罪的，依法追究刑事责任。

第四十六条　违反本法第三十一条规定，向境外提供重要数据的，由有关主管部门责令改正，给予警告，可以并处十万元以上一百万元以下罚款，对直接负责的主管人员和其他直接责任人员可以处一万元以上十万元以下罚款；情节严重的，处一百万元以上一千万元以下罚款，并可以责令暂停相关业务、停业整顿、吊销相关业务许可证或者吊销营业执照，对直接负责的主管人员和其他直接责任人员处十万元以上一百万元以下罚款。

第四十七条　从事数据交易中介服务的机构未履行本法第三十三条规定的义务的，由有关主管部门责令改正，没收违法所得，处违法所得一倍以上十倍以下罚款，没有违法所得或者违法所得不足十万元的，处十万元以上一百万元以下罚款，并可以责令暂停相关业务、停业整顿、吊销相关业务许可证或者吊销营业执照；对直接负责的主管人员和其他直接责任人员处一万元以上十万元以下罚款。

第四十八条　违反本法第三十五条规定，拒不配合数据调取的，由有关主管部门责令改正，给予警告，并处五万元以上五十万元以下罚款，对直接负责的主管人员和其他直接责任人员处一万元以上十万元以下罚款。

违反本法第三十六条规定，未经主管机关批准向外国司法或者执法机构提供数据的，由有关主管部门给予警告，可以并处十万元以上一百万元以下罚款，对直接负责的主管人员和其他直接责任人员可以处一万元以上十万元以下罚款；造成严重后果的，处一百万元以上五百万元以下罚款，并可以责令暂停相关业务、停业整顿、吊销相关业务许可证或者吊销营业执照，对直接负责的主管人员和其他直接责任人员处五万元以上五十万元以下罚款。

第四十九条　国家机关不履行本法规定的数据安全保护义务的，对直接负责的主管人员和其他直接责任人员依法给予处分。

第五十条　履行数据安全监管职责的国家工作人员玩忽职守、滥用职权、徇私舞弊的，依法给予处分。

第五十一条　窃取或者以其他非法方式获取数据，开展数据处理活动排除、限制竞争，或者损害个人、组织合法权益的，依照有关法律、行政法规的规定处罚。

第五十二条　违反本法规定，给他人造成损害的，依法承担民事责任。

违反本法规定，构成违反治安管理行为的，依法给予治安管理处罚；构成犯罪的，依法追究刑事责任。

第七章　附则

第五十三条　开展涉及国家秘密的数据处理活动，适用《中华人民共和国保守国家秘密法》等法律、行政法规的规定。

在统计、档案工作中开展数据处理活动，开展涉及个人信息的数据处理活动，还应当遵守有关法律、行政法规的规定。

第五十四条　军事数据安全保护的办法，由中央军事委员会依据本法另行制定。

第五十五条　本法自 2021 年 9 月 1 日起施行。